海南省哲学社会科学规划课题：海南省海洋渔业生态经济系统脆弱性及发展效率研究 [HNSK(QN)20-12]

教育部人文社会科学重点研究基地重大课题：中国海洋经济可持续发展的基础理论与实证研究（16JJD790021）

旅游型海岛海洋渔业资源环境系统可持续发展研究——以长山群岛为例

曹威威　孙才志　著

中国商业出版社

图书在版编目（CIP）数据

旅游型海岛海洋渔业资源环境系统可持续发展研究：以长山群岛为例 / 曹威威，孙才志著 . -- 北京：中国商业出版社，2022.9

ISBN 978-7-5208-2236-7

Ⅰ . ①旅… Ⅱ . ①曹… ②孙… Ⅲ . ①海洋渔业—水产资源—渔业经济—经济可持续发展—研究—辽宁 Ⅳ . ① F326.4

中国版本图书馆 CIP 数据核字 (2022) 第 171661 号

责任编辑：王　静

中国商业出版社出版发行

（www.zgsycb.com 100053 北京广安门内报国寺 1 号）

总编室：010-63180647　编辑室：010-83114579

发行部：010-83120835/8286

新华书店经销

定州启航印刷有限公司印刷

*

710 毫米 ×1000 毫米　16 开　14.25 印张　250 千字

2022 年 9 月第 1 版　2023 年 1 月第 1 次印刷

定价：88.00 元

*　*　*　*

（如有印装质量问题可更换）

前　言

长山群岛海域是我国重要的海洋渔业区，长期的过度捕捞和高密度的海水养殖活动导致渔业资源衰退、近海生态环境遭到破坏。近年来，虽然长山群岛加大了海洋渔业生态管理力度，开展了海洋渔业环境的专项整治，但在经济发展和渔民生计需求之下，生态压力依然较大，迫切需要深入研究人海关系演变过程中海洋渔业资源环境系统的可持续发展问题。

本书以自然地理学中的人海互馈关系为研究视角，首先构建由渔业资源、环境、经济和社会子系统构成的复合海洋渔业资源环境系统，分析系统中海洋捕捞和海水养殖活动与渔业资源环境之间的交互作用关系；其次利用渔业生态足迹模型、数据包络分析技术、综合指标评价方法分别评价海洋渔业资源环境系统的生态压力、生态效率和脆弱性，并在此基础上综合评价长山群岛海洋渔业资源环境系统的可持续发展水平；最后提出长山群岛海洋渔业资源环境系统的可持续发展原则和对策。

本书主要研究成果和结论如下。

（1）海洋渔业资源环境系统是在一定海域空间范围内，以人海关系为纽带，以海洋渔业资源和海域生态环境为依托，由海洋渔业社会、渔业经济、渔业资源、海洋生态环境相互关联、耦合的复合型人海关系地域系统。该系统由海洋渔业资源子系统、海洋生态环境子系统和渔业经济社会子系统组成，是人与渔业资源环境在海洋生态系统中相互联系、相互作用而形成的一种动态系统，具有地域性、协调性、开放性、整体性等特征。

（2）人海交互作用关系研究发现：在人类捕捞活动的影响下，长山群岛渔获物平均营养级（Mean Trophic Level，MTL）呈现出周期性波动，MTL 从波谷到波峰的变化时间为8.5～15年，渔业资源承载能力在2.22～6.16 t/km^2；受近岸养殖业快速发展的影响，长山群岛海域水质环境内梅罗污染指数在2006—2013 年波动上升，海域水质变差，2014 年以后，随着长山群岛海水养殖业效率的提高，海域水质环境有所好转。海洋渔业活动与资源环境的交互作用关系表明：人类渔业活动和海洋渔业资源环境之间呈现出拮抗式演进关系，并推动海洋渔业资源环境系统可持续发展，最终达到生态保护与开发的平衡发展状态。

（3）利用渔业生态足迹模型对1965—2018年长山群岛海洋渔业资源环境系统评价发现，生态压力和生态安全状态呈阶段性变化特征：1965—1989年，基本处于安全或较安全的生态安全状态；1990—2004年，海洋渔业资源环境系统出现生态超载，生态安全状态在中度、重度不安全之间波动变化；2005—2018年，海洋渔业资源环境系统严重超载，生态安全处于极度不安全状态，但2013年以后随着渔业生态管理的深入，生态压力减小。基于DEA模型的系统生态效率评价结果显示：1965—2018年，生态效率大幅提升，按照变化特征将其分为原始开发阶段（1965—1984年）、波动变化阶段（1985—2008年）、快速上升阶段（2009—2018年）三个阶段。从生态压力和生态效率的关系评价发现，两者耦合协调关系逐渐增强，耦合度由低度耦合增至高度耦合，协调度经历了“稳步增长—波动变化—快速提升”三个阶段，由中度失调过渡至高度协调。

（4）基于人地关系系统脆弱性的内涵，从暴露性、敏感性和适应性三个维度评价长山群岛海洋渔业资源环境系统的脆弱程度。结果表明，1965—1998年，海洋渔业资源环境系统脆弱性指数呈阶段性上升，由中度脆弱上升至极度脆弱；1999年以后，脆弱性指数出现大幅下降，至2011年降至轻度脆弱。进一步利用障碍度模型分析发现：在早期，长山群岛人类渔业活动较弱的背景下，海洋渔业资源环境系统的稳定性和抵御外部胁迫的能力主要依赖生态环境系统的自然属性；随着人类活动强度不断增加，在中期和后期，海洋渔业资源环境系统的社会属性成为影响脆弱性程度的关键因素。

（5）基于DPSR模型，采用熵权TOPSIS方法综合评价长山群岛海洋渔业资源环境系统的可持续发展水平。研究表明，海洋渔业资源环境系统可持续发展水平整体呈上升趋势，分为三个阶段：1966—1984年为低水平发展阶段，表现为粗放式发展特征；1985—2009年为波动变化阶段，表现为拮抗式发展特征；2010—2018年为持续提升阶段，表现为优化式发展特征。在演变过程中，经济发展水平、生态效率、环境治理能力是影响可持续发展的主要因素；部门管理能力、环境治理能力、科技支撑能力在促进可持续发展方面未能发挥出应有的作用，制约了可持续发展水平的提升，而海洋渔业资源环境系统生态效率和脆弱性的共同作用促进了海洋渔业资源环境系统可持续发展水平的提升。

（6）基于长山群岛海洋渔业资源环境系统人海关系研究和可持续发展评价结果的研究发现，生态压力过大、生态效率有待提升、脆弱性存在潜在风险、发展矛盾突出是阻碍长山群岛海洋渔业资源环境系统可持续发展的主要问题。在此基础上，提出海洋渔业资源环境系统可持续发展的三项原则：分类管理，突出重点；统筹协调，整体推进；协作共赢，一体发展原则。同时，建议长山群岛在海洋渔业发展中采取以下措施：减轻渔业生态压力，提升系统生态效率；推进海洋牧场建设，增强抵御风险能力；加强资源环境保护，提高生态管理水平。

曹威威　孙才志

2022 年 6 月

目 录

图索引

表索引

1　绪论

1.1 研究背景

1.1.1 旅游型海岛的发展

在经济全球化的背景下，海洋对世界政治经济秩序和国家安全与发展的影响越来越大，已经成为人类生存与发展空间拓展的主要领域。在海洋产业快速发展的背景之下，我国高度重视海洋资源开发及海洋产业发展。海洋旅游业是海洋产业的重要组成部分之一，随着旅游业的发展以及产业融合的不断深入，其越来越受到世界各国的普遍重视，许多国家和地区通过开展海洋旅游事业促进海洋产业发展与保护。国家旅游局（现为文化和旅游部）也将2013年的旅游主题确定为“中国海洋旅游年”。在我国，海洋旅游产业早已成为沿海地区经济发展的引擎，在推动地方经济社会快速发展方面发挥着极其重要的作用。根据《中国海洋经济统计公报》统计，2015年，滨海旅游业全年实现增加值10 874亿元，至2019年，增加至18 086亿元，年均增速达13.56%。

自改革开放以来，我国完成了从旅游短缺型国家到旅游大国的历史性跨越。旅游业已全面融入国家战略体系，走入国民经济建设的前沿，成为国民经济战略性支柱产业。我国拥有1.8万千米的大陆海岸线和1.4万千米的海岛岸线，有10 100多个岛屿，地跨温带、亚热带、热带3个气候带。自2011年之后，国家相继出台了一系列关于海洋海岛开发的政策，尤其最近关于无居民海岛的开发，国家开展了相关的测量与论证，而旅游开发就成为无居民海岛开发的有效途径。作为海洋旅游业重要构成的海岛旅游业在其中发挥着重要作用。海岛作为相对独立的地域单元，旅游者的进入对其社会的冲击尤为明显，海岛旅游发展对海岛地区的人口特质的演变产生了深刻的影响。因此，深入研究旅游业发展对海岛地区资源环境、经济社会的影响不仅是对旅游学、地理学、生态学等相关理论的拓展，还是对旅游业影响下区域人地关系地域系统变动的探索，有利于促进海岛旅游与资源环境的持续健康协调发展。

1.1.2 全球海洋渔业的发展

目前，全球粮食安全形势日益严峻，已成为各国家和地区关注的焦点问题之一。“消除饥饿，实现粮食安全”作为 2015 年 9 月联合国可持续发展峰会确立的 17 项可持续发展目标（Sustainable Development Goals，SDGs）之一，被列为全球优先事项。鱼类是人类重要的食物来源，具有极高的食物替代价值。根据联合国粮食及农业组织（Food and Agriculture Organization of the United Nations，FAO）有关世界渔业和水产养殖状况的统计数据，1961 年人均鱼类食品消费量为 9.0 kg，而这一数字在 2015 年增至 20.2 kg，年均增长率约为 1.5%。2016 年，世界捕捞和水产养殖总产量为 1.71 亿吨，其中人类食用量为 1.51 亿吨，占总产量的 88.42%。此外，鱼类也为人类提供了丰富的动物蛋白。2015 年，在全球人类动物蛋白消费量中，鱼类占 17%。

在全球渔业中，海洋渔业占据重要位置。2016 年，海洋和内陆水域渔业分别占 87.2% 和 12.8%。作为“蓝色粮仓”，海洋被形容为人类获取蛋白质的巨大资源银行，在保障人类生存所需营养和粮食安全方面发挥着重要作用。作为全球主要的自然资源，自第二次世界大战以后，人类对海洋渔业资源的开发力度不断加大，全球海洋渔业进入加速发展阶段。根据 Sea Around Us（http://www.seaaroundus.org）发布的全球渔业统计数据，1950 年，全球海洋渔业产量为 1 769.64 万吨，至 2017 年这一数字达到 14 406.88 万吨，增长了 714.11%（见图 1.1）。其中，海洋捕捞业一直是全球海洋渔业产品的主要来源。1950 年，海洋捕捞产量为 1 731.75 万吨，占全球海洋渔业产量的 97.86%，虽然近年来海水养殖规模扩大，但是 2017 年海洋捕捞在全球海洋渔业产量中依然占 56.71%。20 世纪 80 年代后期，由于过度捕捞，全球渔业生物资源遭到破坏。FAO 对所评估种群开展的监测显示，1974 年，在生物不可持续水平上捕捞的鱼类种群比例为 10%，2015 年这一数字已增长到 33.1%，其中 20 世纪 70 年代末和 20 世纪 80 年代增幅最大。随着渔业养殖技术的不断提升，海洋捕捞业基本保持稳定，海水养殖业快速发展，近海和沿岸空间资源得到大面积开发，海洋渔业不断从海洋捕捞转向海水养殖，因此海水养殖产量持续增长，在海洋渔业产量中的比重不断上升。1950 年，全球海水养殖产量仅为 37.89 万吨，占全球海洋渔业产量的 2.14%，2017 年则升至 6 236.30 万吨，占比达到 43.29%。

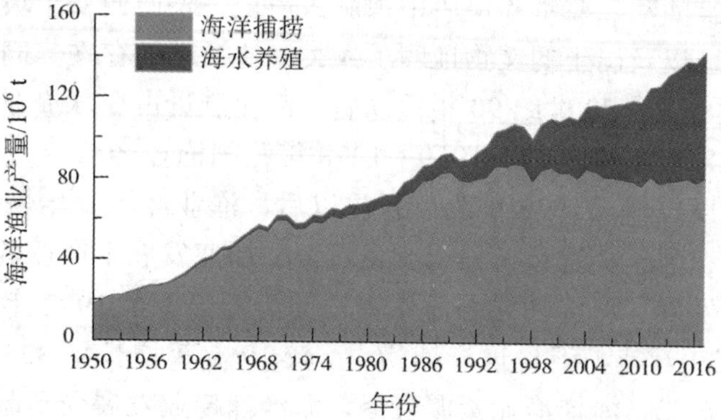

图 1.1　1950—2017 年全球海洋捕捞和水产养殖产量的年际变化

说明：数据来源于 FAO 渔业和水产养殖部数据库（http://www.fao.org/fishery/statistics/en）。

在全球渔业快速扩张中，海洋渔业资源环境承受了巨大的冲击和挑战。研究表明，过度捕捞和海水养殖对全球渔业资源生物多样性、生态环境和生态系统结构功能等产生了深刻影响。然而，有学者指出，空间尺度对渔业活动中的人海关系研究具有重要意义，一些渔业问题可能源于空间分化。首先，海洋渔业资源环境存在空间差异，资源禀赋和自然环境在全球尺度上表现出明显的地带性分异规律，即使在中观和微观尺度，受海域水文、海底地质地貌条件影响，也呈现出非地带性空间分异。其次，受区域经济社会发展水平影响，渔业发展条件差异显著，如在西欧、东亚、北美一些沿海发达国家和地区，海洋渔业发达，渔业活动强度大，海域渔业资源环境承受的生态压力较强，而在非洲、南美洲部分沿海欠发达国家和地区，渔业生产技术和方式较为落后，渔业资源开发仍处于传统阶段，资源开发强度大，资源利用效率和生态效益却较低。最后，受地区社会管理水平影响，全球范围内区域生态管理能力存在差异，一些欠发达国家和地区一方面出于经济发展的需要，粗放式开发海洋渔业资源；另一方面由于生态管理制度、技术落后，难以约束资源破坏活动。因此，有针对性地开展特定区域人海关系的研究，对海洋渔业资源环境系统可持续发展具有重要意义，应对小尺度上的人类海洋渔业活动与海洋渔业资源环境的交互作用进行更深入的研究。

1.1.3　我国海洋渔业的发展

在我国，渔业资源是最早被应用的自然资源之一。早在原始社会时期，就已经出现渔猎活动。北京周口店山顶洞人遗址、陕西西安半坡遗址、浙江河姆渡遗址等遗址以及出土的文物证明了人类渔业活动的存在。同时，我国是世界渔业大国，尤其是 20 世纪 90 年代以后，渔业产量占全球渔业总产量的 50% 以上。受社会发展条件制约，1950—1978 年我国渔业经济一直处于曲折前进阶段，发展速度缓慢。1979 年改革开放以后，渔业经济开始恢复发展。1985 年，中共中央、国务院发布《关于放宽政策、加速发展水产业的指示》，海洋渔业得到快速发展，海洋捕捞与海水养殖同步增长。至 1997 年，海洋渔业产量增至 1 784.39 万吨（不含远洋捕捞），较 1985 年增长了 325.11%。由于海洋渔业的快速扩张，海洋渔业资源衰退，海洋捕捞业发展受到制约。2004 年，海水养殖产量首次超过海洋捕捞，两者占海洋渔业产量的比重分别为 50.96% 和 49.04%。其后，海洋捕捞业的发展基本保持稳定，2005—2018 年平均产量为 1 164.33 万 t。而海水养殖业自 1985 年持续快速发展，逐渐成为海洋渔业主要发展力量，产量由 1985 年的 71.23 万吨增至 2017 年的 2 031.22 万吨，年均增速达到 10.69%。2018 年海水养殖与海洋捕捞产量占海洋渔业产量比重分别为 66.04% 和 33.96%。从 1950—2018 年发展趋势来看（见图 1.2），我国海洋渔业经历了由缓慢发展到快速扩张的过程，对海洋渔业资源环境产生了深刻影响。尤其是进入 21 世纪，海洋渔业发展与生态环境保护矛盾日渐突出，成为制约海洋生态文明建设的主要原因之一。纪建悦等指出，近年来我国海洋渔业生态经济系统的生态安全水平虽然整体以健康为主，但沿海近半数省市海洋渔业生态与经济共生性呈下降趋势。

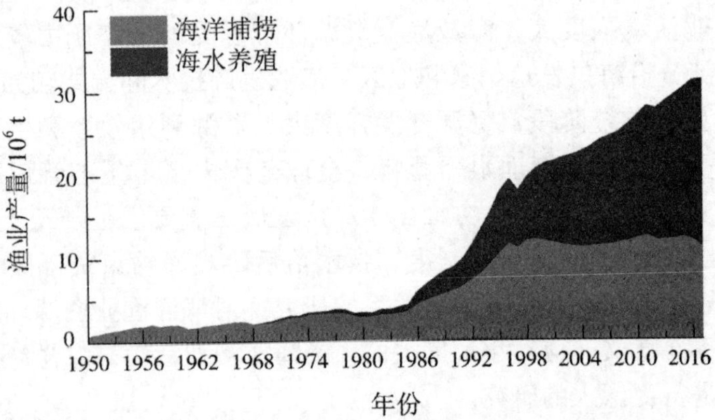

图 1.2　1950—2018 年中国海洋捕捞和水产养殖产量的年际变化

说明：数据来源于《全国水产统计资料 1949—1985》和《2019 中国渔业统计年鉴》。

面对海洋渔业资源开发强度的不断增大，我国政府从20世纪80年代开始就已陆续出台一系列促进海洋渔业生态环境健康发展的政策措施。1995年，在东海和黄渤海海域实行伏季休渔制度，之后在各海域逐步施行了全面的伏季休渔管理。总体而言，伏季休渔政策对渔业资源的保护起到了一定的积极作用，但也存在一些问题。朱玉贵指出，我国的伏季休渔政策只是降低了休渔期的捕捞强度，为成鱼产卵、幼鱼生长提供了一定时间，休渔期以后积蓄的捕捞能力以更大强度开展捕捞作业，使资源基础未能与产量同步好转。2019年12月，全国人民代表大会常务委员会执法检查组在第十三届全国人民代表大会常务委员会第十五次会议上作了有关《中华人民共和国渔业法》实施情况的报告，指出：一些地方存在“休渔结束开捕后捕捞力量的投入高峰基本抵消了休渔养护效果”的问题。其实，在国际渔业发展历史上也有类似问题出现。早在第一次世界大战期间，北海区域因战争而停止了商业捕捞活动，休渔使渔业资源得以恢复，促使了战后更加毫无节制的捕捞活动，而且这种经历在第二次世界大战前后又重复出现。因此，在生态管理和追求利益最大化的“经济人”属性下，人类与海洋渔业资源环境的关系，尤其是人类的“生态行为”，依然需要深入研究。

1.1.4 长山群岛海洋渔业的发展

长山群岛地处我国黄海北部海域，位于海洋岛渔场的中心位置，是我国海洋渔业重要发展区域。海洋渔业在本区历史极为悠久。考古研究表明，早在距今6 000多年前，长山群岛就已经开始渔猎活动。中华人民共和国成立以后，长山群岛海洋渔业得到快速发展（见图1.3）。1965年，长山群岛开始有海水养殖产量统计数据，主要以藻类和贝类养殖为主，当年养殖产量为843吨，仅占海洋水产总量的3.59%。整体来看，20世纪80年代以前，长山群岛海洋渔业生产一直以捕捞为主，捕捞产量占总产量的80%以上。随着市场经济体制改革，在海洋生物资源因过度捕捞而减少的背景下，为充分发挥长山群岛近海海域空间资源优势，自20世纪70年代末期开始大规模发展海水养殖业，海水养殖规模大幅扩张。1977年，海水养殖面积为488.12 hm^2，较1976年扩张了87.42%。此后，以农牧化为主的海水养殖业有了快速发展，海水养殖业占海洋渔业比重逐年提高。1987年，海水养殖和海洋捕捞产量分别达到6.04万吨和5.93万吨，海水养殖产量占水产品比重首次超过海洋捕捞。进入21世纪，渔业技术不断进步，渔业生产要素投入大幅增加。渔业生产投入的机动渔船吨位在2012年达到历史最大值9.73万吨，海水养殖面积在2013年达到历史最大值 51.09 万 hm^2，渔业产量则在 2013 年达到历史最大值 80.35 万吨。发达的海洋渔业经济奠定了本区域经济发展的基础，但也对海域渔业资源环境产生了深刻而复杂的影响。长期的过度捕捞和高密度海水养殖活动导致海洋生物多样性压力加大，近海和海岸带的生态环境被破坏，海域水质污染、富营养化和海水养殖病害频发等问题凸显，海洋渔业资源环境系统生态压力持续增大。

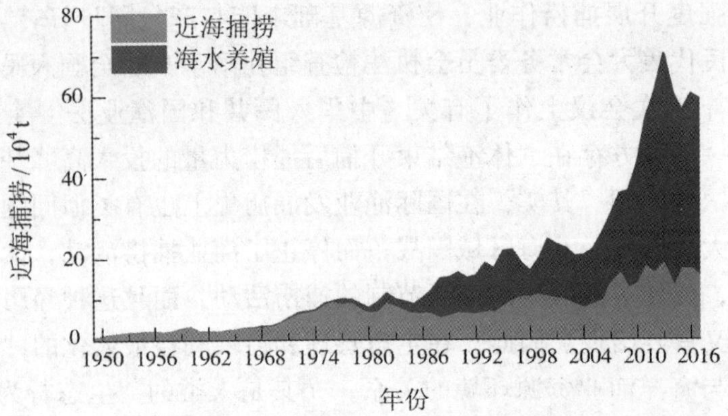

图 1.3　1950—2017 年长山群岛近海捕捞和海水养殖产量的年际变化

在不断增大的人类活动压力和气候变化影响下，长山群岛海洋渔业资源环境损失也在持续增加。以獐子岛渔业为例，自 2014 年以来，连续多次出现扇贝“跑路”和死亡事件。根据獐子岛集团股份有限公司于 2019 年 11 月发布的《关于 2019 年秋季底播虾夷扇贝存量抽测的风险提示公告》，獐子岛集团底播扇贝在 2019 年出现大比例死亡，其中部分海域死亡比例达 80% 以上。近年来，长山群岛加大了海洋渔业管理力度，持续多年实施伏季休渔政策、打击非法捕捞、严格管控各类渔船渔具、实施养殖用海专项整治，对海洋渔业资源环境保护与恢复起到了积极作用。整体上长山群岛海洋渔业资源生物群落处于较为健康的状态，海域生态环境质量未遭受剧烈影响，海水水质较为良好。但在渔业资源环境恢复的同时，长山群岛渔业发展面临着诸多挑战，渔业资源环境的恢复诱使渔民进一步加强渔业活动强度，渔民生计和经济发展的需求也使传统渔业在短时间内转型面临困难。作为有着悠久渔业历史的人类海洋活动区域，长山群岛的渔业经济在 1949 年以后经历了多个发展时期，人海关系发生了显著变化。在长时间序列下，海洋渔业资源环境系统中的人海关系有何演变特征；在持续的生态治理之下，海洋渔业资源环境系统的可持续发展水平如何变化，这些问题在可持续发展的要求下仍有待深入研究。

1.2 国内外研究综述

1.2.1 旅游型海岛资源环境的国内外相关研究

旅游业是资源依托型产业，它不仅对地区经济发展产生了直接影响，还推动了产业结构、资源环境、人类生产生活方式等诸多方面发生改变。从微观层面看，旅游业对当地居民的生活生产方式、生活环境和价值观、资源环境利用都会产生影响；从宏观层面看，旅游发展会对旅游地经济社会和生态环境变迁起到重大影响。因此，海岛旅游与海岛资源环境的耦合协调一直是学术研究广泛关注的问题。

海岛旅游业作为各国海岛开发利用的重点领域，正逐渐成为海岛地区的主导产业。国外学者对海岛旅游带来的环境效应保持了密切关注，尤其是在解决传统海洋渔业衰退、资源枯竭、转型发展方面的问题上有了清晰的认识。相关研究在海岛旅游评价体系、海岛旅游开发模式、海岛旅游规划管理等方面积累了丰富成果，整体来看，从海岛旅游出发，围绕旅游资源评价、旅游产品开发、旅游环境影响、旅游地生态管理的研究内容较多。

在海岛旅游领域相关文献的总体发展态势上，我国学术界对海岛旅游的关注度越来越高，各个研究发展阶段都与我国基本的国情及战略举措密切相关，研究上呈高速发展态势；在文献研究区域上，我国海岛旅游研究基本涵盖我国所有沿海省份及关键海岛，总体上属于个案研究阶段，并不具有整体推广性，重视实践，大多处于微观研究；在主流研究主题上，目前我国海岛旅游文献研究主要集中于开发对策与发展战略以及海岛经济研究、可持续发展研究等相关主题研究。

近年来，随着海洋渔业资源的衰退，海岛渔业产业结构调整、产业转型成为海岛可持续发展的重要问题，海岛旅游与海岛渔业之间的均衡博弈，是管理学、经济学、生态学等学科的重要话题。旅游型海岛作为具有典型产业特征的人地关系地域系统，在从传统渔业开发模式向高质量发展的协调发展模式转型的过程中涉及海洋渔业、海岛经济、海岛社会等多个领域的协同发展，需要深入探究旅游发展背景下渔业经济转型所带来的环境效应以及人类经济和环境行为特征。

1.2.2 人类活动对海洋渔业资源环境的影响研究

人类活动是影响海洋渔业资源环境可持续发展的重要因子。自 20 世纪末期以来，人地矛盾从局部扩展到全球，人地系统内部过程失控导致出现了一系列生态环境问题，人和地的关系被社会各界高度关注。人海关系地域系统是海洋地理学研究的主要对象，从国内外人海关系研究的发展历程来看，在 19 世纪末期，人们就开始关注渔业捕捞技术进步带来的过度捕捞问题，但当时关注的重点是资源稀缺带来的社会冲突。为了满足迅速增长的人口对食物的需要，海洋渔业资源的开发愈演愈烈。自 20 世纪 90 年代以来，人类活动与海洋资源环境的交互影响研究日渐受到关注。Halpern 等指出，除了两极地区以外，世界上很少有不被人类影响的海域，其中 41% 的海域受到人类的强烈影响。人类活动对海洋渔业资源环境的影响是长期的、深刻的且复杂的。一方面，渔业活动改变了渔业生物的生长环境；另一方面，渔业活动通过捕获渔业资源生物，使海洋生态系统中生物种群数量减少。从生态学角度看，渔业活动被认为是改变海洋生态系统的因素之一。人类通过捕捞和养殖活动，从海洋生态系统获取渔业资源，并通过不断加大渔船、渔具以及饲料等的投入力度，提高获取能力和效率，维持人类活动影响下的海洋经济—资源—环境系统运行。

捕捞是海洋渔业资源环境系统变化的重要因素之一，通过移除食物网中的目标鱼类直接改变了种群规模和结构，进而使食物网结构发生变化；一方面使食物网上层鱼类的食物减少，另一方面改变了掠食下层生物的掠食者数量。Frid 等指出，捕捞活动对海洋生态系统的影响主要表现为直接捕捞目标物种、直接改变特定种群的个体大小结构、改变非目标鱼类和底栖生物的种群和群落、物理环境方面的改变、化学环境方面的改变、食物链效应（如营养级、改变捕食压力）。Pauly 等提出“捕捞降低海洋食物网”（Fishing down Marine Food Webs），即捕捞导致海洋生态系统中高营养级的渔业资源减少，低营养级物种比例增加。研究表明，过度捕捞不仅会造成被捕捞鱼类资源的崩溃，还会通过营养级联效应（Trophic Cascading）使整个海洋生态系统食物网发生连锁反应。宋金明等通过研究发现，过度捕捞活动使渤海湾底栖生物群落多样性降低、渔业资源衰退，营养级较低的浮游动物食性鱼类和底栖动物逐渐替代营养级较高的底栖动物食性鱼类，成为优势物种，进而导致渔业资源生物平均营养级下降。一些学者从进化论角度分析鱼类种群的生殖习性、生长率、食性以及生态群落结构等对人类活动的长期适应性响应及由此对渔业资源和持续产量的影响，取得了一系列研究成果。张国政等通过研究发现，1960 年、1985 年、

1998 年和 2008 年 4 年间，黄海中南部小黄鱼的生物学特征因捕捞影响而发生了明显变化。曾玲等通过研究发现，长期捕捞压力及外部环境变化对银鲳、小黄鱼、鳀鱼等鱼类的生殖能力产生了影响。李忠炉通过研究发现，过度捕捞导致小黄鱼性成熟体长减小，持续高强度捕捞压力会促进小黄鱼性成熟基因的变化，使雌性个体性成熟年龄向低龄进化。除了过度捕捞带来的影响外，自 20 世纪 80 年代以来，捕捞活动中兼捕或偶捕带来的副渔获物抛弃问题也引起学术界的密切关注。非目标种类渔获物（副渔获物）在捕捞产量中比重较大，其中只有部分具备利用价值且符合渔业法规要求的副渔获物上岸，其余大部分在海上直接被抛弃。副渔获物的种类、抛弃水平、抛弃物成活率、对生物资源多样性和生态环境的冲击都是副渔获物研究的重要内容。

由于近年来海洋渔业资源的衰退，渔业活动重心逐步从海洋捕捞转向海水养殖，大规模的养殖活动给海洋生态环境带来一系列问题。贾晓平等指出，作为沿海陆源污染物和海上排污的主要受纳场所，海水养殖区生态平衡遭到破坏、渔业水域环境恶化等问题较为突出。随着海水养殖技术的不断提升，集约化、工厂化的网箱养殖、浮筏养殖方式得以大规模推广应用，为增加人工养殖容量，提高产量，人工饲料投放量大幅增加，导致水体中无机氮和无机磷的含量增加，大量的营养盐沉积。同时，高密度的浮筏、网箱等养殖设施的布局致使海水流动性减弱，海水物质流动循环速度放缓，最终导致海水营养物富集、溶解氧降低、海水富营养化以及其他微量元素污染物含量升高，造成海洋生态环境污染。此外，人类陆上生产生活活动向海洋环境排放的污染物（如氮、磷、重金属和石油类）也对海洋渔业资源环境产生了巨大影响。许思思等指出，受污水处理量、农用化肥的施用量和黄河入海径流量的影响，渤海海水中氮、磷浓度发生了变化，使浮游植物群落结构受到影响，导致高营养级渔业生物食物来源被破坏，海域中主要的渔业资源生物种群增长率明显降低。

1.2.3 海洋渔业资源环境可持续管理研究

19 世纪中叶以前，由于世界人口规模不大以及水产品需求有限，人类并未过多关注渔业资源的有限性，反而认为其是一种可以永续利用的资源。渔业技术得到大幅提升，特别是第二次世界大战以后，渔业科技和管理水平提高，且人口快速增长，对水产品消费需求增大，多重因素造成渔业资源开发利用加强，致使一些传统经济渔业资源衰退，进而使人们意识到需要对渔业资源进行合理的管理。为此，人类对全球性渔业管理作了不断探索和实践。1958

年，第一次联合国海洋法会议召开，会议制定了《捕鱼和养护公海生物资源公约》(*Corvention on Fishing and Conservation of the Living Resources of the High Seas*)、《领海与毗连区公约》(*Convention on the Territorial Sea and the Contiguous Zone*)、《公海公约》(*Convention on the High Seas*)、《大陆架公约》(*Convention on the Continental Shelf*)四项公约，对全球渔业资源和渔业生产活动做了规范和管理规定。1992年5月，国际负责任捕捞会议在墨西哥坎昆召开，首次提出了“负责任捕捞”的概念。1995年，联合国粮食及农业组织通过了《负责任渔业行为守则》(*Code of Conduct for Responsible Fisheries*)，要求各国政府和从业者应当以承担相应责任的方式从事捕捞、养殖、渔业管理、贸易和渔业研究等活动。2014年6月，召开联合国粮食及农业组织渔业委员会第31届会议在意大利罗马，通过了《粮食安全和消除贫困背景下保障可持续小规模渔业自愿准则》(*Voluntary Guidelines for Securing Sustainable Small-Scale Fisheries in the Context of Food Security and Poverty Eradication*)。该准则是对1995年《负责任渔业行为守则》的补充，目的在于维护小规模渔民尤其是发展中国家小规模渔民的生计，改善其工作生活条件，减少渔业资源浪费，促进其赖以生存的渔业资源可持续利用。

随着可持续发展理论研究的不断深化，学术界对海洋渔业资源环境系统的可持续性评价研究也在不断深入。在研究视角上，从自然的单一角度转向自然、人文相结合的综合视角；在理论基础上，从传统地理学理论向管理科学、生态学、经济学等理论相结合的系统研究转变；在研究方法上，从定性分析向资源环境承载力、生态足迹、物质流模型、生态效率、能值分析、综合集成评价、系统动力学等定量模型和方法转变。尤其是，Pauly提出了渔获物平均营养级(Mean Trophic Level，MTL)概念，研究捕捞活动下渔业资源群落的演化，对海洋渔业资源研究产生了深远影响。MTL对了解海洋生态系统结构与功能的变化具有重要指示意义，因此被广泛应用在渔业管理中，以评估捕捞活动影响、渔业管理有效性以及指导未来渔业政策的制定。众多学者利用MTL指标对全球各海区的研究表明，过度捕捞导致了MTL的下降，渔业资源衰退。除MTL指标外，Shannon-Winener多样性指数、Pielou均匀度指数、Margalef丰富度指数、相对重要性指数(Index of Relative Importance，IRI)等生物多样性指标也经常被应用于人类活动影响下海洋渔业资源变动情况研究。目前对渔业资源动态的解析模型主要有产量模型、Delay-difference模型、消耗模型和年龄结构模型等。但这些模型主要建立在自然生态系统基础上，对单物种开展评估，已不能完全适应渔业可持续评价的要求。随着生态经济学研究的深入，一些学者将经济和社会因素引入资源环境系统。陈新军等提出了包括资源环境、社会、经济 3 个子系统的评价指标体系。孙康等以资源环境子系统、经济子系统等构建了海洋渔业资源可持续利用的评价指标体系，测度了我国沿海省市海洋渔业资源可持续利用水平。倪海儿等认为，渔业资源环境系统演化是一个随机过程，除了受确定性因素影响外，还受到众多随机因素的影响。随着人海关系地域系统内涵的不断演变，人海系统脆弱性评价、人海系统耦合度评价、人海系统动力学模型等成为新时期人海关系可持续性研究的重要内容。人海关系地域系统的研究方法也在不断发展。目前，以能值分析、生态足迹、资源环境承载力、生态遥感等综合表征手段为代表的集成研究逐渐发展起来，成为近年来人海关系地域系统研究的热点领域，推动了人海关系研究的不断深化发展。

1.2.4 长山群岛海洋渔业可持续发展研究

海洋渔业是长山群岛经济发展的支柱。由于海域渔业资源丰富，海洋渔业经济在我国占有重要地位，一些学者对长山群岛海洋渔业资源环境作了深入研究。早在 1985 年，许澄源就已经对长海县海域自然条件、营养盐、初级生产力等渔业发展条件做过初步评价。20 世纪 90 年代，由于对海洋渔业的重视，尤其是海洋捕捞向水产养殖的转型，一些学者对海水养殖环境作了初步评价。进入 21 世纪，随着长山群岛海洋牧场和海岛生态示范区的建设，海域环境保护与生态平衡引起了学者的关注。徐凯等指出，随着长山群岛渔业空间的扩张，自然灾害、病害等因素的影响逐渐增大，渔业经济的脆弱性问题凸显。宋伦等通过研究发现，在捕捞带来的生态压力不断增加的情况下，长山群岛海洋渔业生态系统的结构和功能发生显著变化，高营养级鱼类生物量明显下降，鱼类资源存量减少，种群结构退化，渔业生态系统处于不健康状态。在海洋捕捞业向海水养殖产业转向的过程中，单一品种养殖、粗放式管理、盲目的养殖扩张等导致海域生态环境恶化，使学者关注重点转向海水养殖与生态环境的关系研究。郑莉等通过对长山群岛周边海域水质进行监测分析发现，高密度的海水养殖和超负荷利用海域资源导致水体交换能力下降，海洋生物生存条件恶化，海域环境生态严重失调。付成东等指出，受单一品种养殖影响，养殖海域浮游植物数量增多、部分优势种发生改变。随着养殖规模的扩张，海水养殖系统近年来因自然灾害和病害侵袭而遭受的损失也在加重。长山群岛海域是我国虾夷扇贝增养殖的重要海域。然而，随着养殖规模的不断扩大，筏养虾夷扇贝已经持续近 10 年出现大量死亡现象，于佐安等认为养殖规模过大和病害是虾夷扇贝大规模死亡的重要原因和直接原因。

随着学科交叉融合，一些新的理论方法（如能值理论、生态足迹理论、GIS 分析等方法）得到应用，为长山群岛渔业资源环境的研究提供了新的思路，开拓了新的研究领域，并不断充实和创新渔业资源环境理论研究内容。刘述锡等基于“压力—状态—响应”（P–S–R）指标体系，构建了长山群岛海域生物资源承载力评价指标体系。陈东景等利用物质流分析方法分析了长山群岛生态效率的变化情况。李悦铮等探讨了国家海洋公园建设中的渔业资源保护与渔民转型的问题。曹威威等基于生态足迹理论分析了长山群岛人地关系变化特征。初佳兰等（2008）以长海县为例，利用卫星遥感探析了浮筏养殖监测技术等。也有学者利用地理信息技术（GIS）对长山群岛养殖用海规模结构、养殖适宜性、海域环境等进行研究。

1.2.5 总体评述

现有研究从生物学、生态学、社会学、经济学、管理学、地理学等学科较为全面地研究了人类活动与海洋渔业资源环境的关系。相关研究表明，全球人类活动与海洋渔业资源环境之间的关系总体上已经较为清晰，但在国家、海域等尺度上的研究仍有待扩展，同时对人类渔业活动研究仍有待深化。Holling 研究指出，过度捕捞造成的海洋渔业资源环境系统被破坏并非一直持续的过程，自然系统本身具有一定的弹性和稳定性。从行为学研究的角度看，人类并非完全追求经济利益最大化的“理性经济人”，其行为存在“生态理性”。当人类面对生态约束时，不仅会考虑改变客观环境，还会调整自身行为，来适应环境变化。通过人类自我调节和不同物种生物量的补偿性变化，海洋渔业资源环境系统会达到新的生态平衡。例如，在一些海域，特别是工业化渔业出现的地区，如果渔业资源遭到过度开发或者是高营养级渔获物减少，渔船就会向邻近区域转移或者扩展。此外，世界各国自 20 世纪 60 年代开始，均加强了对渔业资源的干预管理，使传统开放性准入的渔业资源开发模式逐步向限制性准入转变，通过制定法律法规限制渔船、渔具数量，实行休渔等管理行为，对海域实施严格的生态管制，以防止海洋生态系统因过度开发而崩溃，并使面临枯竭的渔业资源得以恢复。

综上所述，基于人海关系的海洋渔业资源环境系统研究尚存以下不足。一是人海关系评价对微观尺度海区关注不够。目前，人海关系研究主要集中在宏观大洋尺度和中观海区尺度的全球、国家以及省级海域人类活动与海洋渔业资源的关系研究，对微观尺度海区关注不够，从而导致对渔业人海关系的空间分异问题的解释能力不足。二是“人海关系”中“人”的内涵需要完善。目前，研究主要集中在人类活动影响下的海洋渔业资源环境的变化，缺乏人类对海洋渔业资源环境变化的响应研究，主要原因在于对“人”的理解过于笼统，片面强调追求经济利益最大化的“理性经济人”，忽视了在可持续观念和人类知识体系日益完善的背景下，人类对生态环境和自我认知的转变，在面对环境约束时，人类可通过生态治理和社会治理实现综合效益最优。三是人海关系长时间序列演变过程研究有待深化。目前，人海关系研究主要集中在现状和中短期的过程评价，缺乏长时间序列演变过程分析。四是人海关系演变的驱动因子及其机制研究有待加强。对人海关系的研究主要关注演变的影响因素，缺少各因素在不同时段的作用强度演化和驱动机制研究。

人类活动与自然环境的相互关系是人地关系研究的核心。在小尺度上，从人海关系视角深入理解“人”的“生态理性”行为对海洋渔业资源环境产生的影响，以及渔业资源环境变化导致的人类行为响应，综合评估人类渔业活动与海洋渔业资源环境的交互响应机制，进而评价人类活动影响下的海洋渔业资源环境系统的综合可持续发展水平，对于开展渔业资源环境可持续管理具有重要意义。鉴于上述问题，本研究选取长山群岛作为研究对象，探究1965—2018年人类渔业活动与海洋渔业资源环境之间的关系变化，选取生态压力、生态效率、脆弱性等人地关系地域系统可持续发展评价指数，采用综合协调的观点，系统评价海洋渔业资源环境系统的可持续发展水平，以期为区域人海关系可持续发展提供理论依据。

1.3 研究目的与意义

1.3.1 研究目的

本书旨在通过构建包含渔业经济社会子系统、海洋渔业资源子系统、海洋生态环境子系统的复合人海关系地域系统，审视长时间序列下人类渔业活动与海洋渔业资源环境关系不断演变过程中海洋渔业资源环境系统可持续发展水平的变化，探究人海关系地域系统演变特征，寻求促进海洋渔业资源环境系统可持续发展的有效策略，以期为推动人类经济社会与海洋资源环境的协调发展提供理论支持。具体目的如下。

（1）解析长山群岛人类渔业活动与海洋渔业资源环境的交互作用关系。

（2）揭示长时间序列下长山群岛海洋渔业资源环境系统可持续发展水平的演变过程。

（3）探究长山群岛海洋渔业资源环境系统可持续发展中存在的问题及其发展对策。

1.3.2 研究意义

1. 理论意义

傅伯杰指出，人类活动对自然地理过程有着深刻的影响，集成分析不同尺度自然地理过程中的自然人文要素耦合作用机理，对揭示资源环境系统演变规律、特征具有重要意义。本书从人海关系入手，通过综合方法构建复合型海洋渔业资源环境系统，探究人类经济社会条件发展变化下，海洋渔业资源环境系统中自然要素与人文要素的交互影响和耦合协调关系，并且探讨海洋渔业资源环境系统在长时间序列下的动态变化特征，深入解析人类生态行为影响下的海洋渔业资源环境系统发展特征与人海关系变化规律，有助于加深对人类环境行为的认知，更清晰地理解人海关系地域系统在人类活动影响下的演化过程。

2. 实践意义

“保护和可持续利用海洋和海洋资源，促进可持续发展”是联合国 2030 可持续发展的重要目标之一，也是我国海洋生态文明建设和海洋强国战略的具体要求。近年来，长山群岛在快速发展过程中遇到了诸多障碍性因素和人地关系矛盾，生态、经济、文化和社会的协调发展受到限制。因此，开展人海关系视角下的海洋渔业资源系统可持续发展研究对推动长山群岛的海洋生态文明建设、促进长山群岛海洋经济高质量发展具有重要意义，并可为地区、国家甚至更大尺度范围内开展海洋渔业资源可持续利用、海洋经济可持续发展提供智力支持。

1.4 研究思路、内容、方法与技术路线

1.4.1 研究思路

本书基于海洋渔业发展中的人海关系空间异化问题，以长山群岛为具体研究对象，围绕“在人海关系演变过程中的海洋渔业资源环境系统可持续发展水平如何变化”这一主线开展小尺度范围研究。根据海洋渔业资源环境系统

的构成要素及属性，梳理影响海洋渔业资源环境系统可持续发展的因素及其作用关系，基于此，提出海洋渔业资源环境系统可持续发展演化中的人海交互作用关系机制，并根据可持续发展的内涵，提出评价海洋渔业资源环境系统可持续发展的关键指标，即生态压力、生态效率、脆弱性，利用DPSR（Driving force–Pressure–State–Response，驱动力—压力—状态—响应）框架模型，构建海洋渔业资源环境系统可持续发展评价的理论模型，进而从海洋捕捞和海水养殖两个方面实证分析海洋渔业资源环境系统中人类渔业活动与海洋渔业资源环境交互作用关系的时间序列变化，并从生态压力、脆弱性和生态效率三个维度分别评价人海关系变化过程中海洋渔业资源环境系统可持续发展状态的演变过程。最后，结合外部驱动力因素，综合评价长山群岛海洋渔业资源环境系统可持续发展水平，梳理海洋渔业资源环境系统发展过程中存在的问题，并提出促进其可持续发展的策略。

1.4.2 研究内容

1. 长山群岛海洋渔业资源环境系统的构建

从“人海关系”视角出发，依据Ostrom提出的社会—生态系统理论框架（SES），构建由海洋渔业资源子系统、海洋渔业生态环境子系统和渔业经济社会子系统组成的相互关联、相互影响的复杂耦合系统，分析该系统的组成要素、功能与特征。基于ISM模型分析海洋渔业资源环境系统可持续发展演化的影响因素，探究人类渔业活动和海洋渔业资源环境交互作用关系下的可持续发展演变机制，并构建海洋渔业资源环境系统可持续发展水平的综合评价模型。

2. 长山群岛海洋渔业资源环境系统的人海关系分析

根据长山群岛海洋渔业资源环境系统的构成要素，通过定量建模，分析人类渔业活动与海洋渔业资源环境的交互作用关系。一方面，分析海洋捕捞活动与海洋渔业资源承载力的交互响应关系。首先，引入平均营养级和渔业均衡指数（FiB）评价人类捕捞活动影响下的海洋渔业资源结构变化特征和周期性变化规律；其次，基于营养动态模型估算渔业资源承载力；最后，利用VAR模型研究人类捕捞活动与渔业资源承载力的交互响应关系。另一方面，分析海水养殖活动与海域生态环境的耦合协调关系。首先，利用数据包络分析（DEA）方法，评价长山群岛海水养殖业发展水平；其次，根据海域污染状况，评价海域生态系统健康水平；最后，利用耦合协调度模型分析海水养殖业发展水平与海域生态环境的耦合协调关系。

3. 长山群岛海洋渔业资源环境系统生态压力与生态效率分析

首先，根据生态经济学理论，改进生态足迹方法，构建渔业生态足迹模型，测算长山群岛海洋渔业产生的生态足迹，利用生态足迹指数评价渔业活动对海洋渔业资源环境系统造成的生态压力。其次，构建生态效率评价指标体系，利用超效率 DEA 模型评价系统生态效率。最后，根据耦合协调度模型，分析 1965—2018 年生态压力与生态效率的耦合协调关系及其变化过程。

4. 长山群岛海洋渔业资源环境系统脆弱性分析

基于生态经济系统脆弱性的概念和内涵，从暴露性、敏感性和适应性三个维度构建针对长山群岛海洋渔业资源环境系统脆弱性的评价指标体系，评价海洋渔业资源环境系统的脆弱程度，并引入障碍度模型，识别影响长山群岛海洋渔业资源环境系统脆弱性的主要因素。

5. 长山群岛海洋渔业资源环境系统可持续发展水平综合评价分析

首先，基于 DPSR 模型，从外部驱动因素、渔业活动压力、渔业生态效率和脆弱性四个维度，以综合协调的观点评价海洋渔业资源环境系统的可持续发展水平；其次，根据海洋渔业资源环境系统生态压力、生态效率和脆弱性的长时间序列变化规律，分析海洋渔业资源环境系统可持续发展各阶段的演变特征；最后，利用障碍度模型，分析各指标对海洋渔业资源环境系统可持续发展的影响程度。

6. 长山群岛海洋渔业资源环境系统可持续发展策略研究

根据人类渔业活动与海洋渔业资源环境的交互作用关系，海洋渔业资源环境系统的生态压力、生态效率和脆弱性演变以及海洋渔业资源环境系统可持续发展水平的综合评价，梳理长山群岛海洋渔业资源环境系统在产业发展、资源环境开发利用、生态管理等方面存在的问题，按照我国海洋强国战略部署和海洋生态文明建设总体要求，探讨长山群岛渔业资源环境系统可持续发展的基本原则，并针对相应问题提出发展对策。

1.4.3 研究方法

1. 社会调查法

根据有关部门统计数据，收集整理长山群岛渔业、经济、社会和生态环境数据，收集整理不同空间尺度有关渔业经济发展、渔业资源环境保护等政策法规制定的时间、内容等资料，选择长山群岛典型海岛和渔业活动区域开展实地调研，调查渔业经济、社会、资源环境发展现状和存在的问题。

2. 归纳演绎法

对全球、中国、长山群岛三类不同空间尺度下海洋渔业发展历程和现状进行梳理，总结渔业发展趋势、渔业可持续管理、渔业人海关系存在的现实矛盾和问题，归纳影响长山群岛海洋渔业资源环境系统可持续发展的影响因素，并利用解释结构模型演绎影响因素的层次关系。同时，根据长山群岛海洋渔业资源环境系统可持续发展评价，归纳总结其存在的问题，在此基础上提出发展原则和对策。

3. 模型评价法

采用渔业资源结构评价模型、渔业资源承载力模型、内梅罗指数模型等评价人类渔业活动影响下的渔业资源结构特征、资源承载力、海域生态环境质量，利用向量自回归模型（VAR）评价人海交互响应关系，利用生态足迹模型、数据包络分析模型及综合指数模型分别评价人海关系的生态压力、生态效率及脆弱性，利用耦合协调模型评价人类渔业活动与海洋渔业资源环境的耦合协调关系。

1.4.4 技术路线

基于上述研究思路和研究内容设计，本书按照“研究背景—理论研究—实证研究—发展策略”的逻辑顺序依次展开。首先，从全球、中国、长山群岛三个空间尺度分析 1950 年以来海洋渔业的发展历程及其人海关系变化，提出小尺度下研究海洋渔业资源环境系统可持续发展的必要性。其次，从内涵、属性、功能和特征等方面界定海洋渔业资源环境系统概念，从资源环境承载力理论、人地关系理论和经济人理论等方面阐释本书的理论基础和研究依据。在此基础上，结合可持续发展概念和内容，从理论层面分析海洋渔业资源环境系统可持续发展的演化机制，并提出海洋渔业资源环境系统可持续发展评价的理论模型，为开展长山群岛海洋渔业资源环境系统可持续发展评价的实证研究搭建理论框架。再次，从海洋捕捞和海水养殖两个方面实证研究海洋渔业资源环境系统可持续发展演化过程中人类渔业活动与海洋渔业资源、海域生态环境交互作用关系的变化；以人海关系演化为基础，根据可持续发展评价的理论模型，利用相关定量模型评价方法，从生态压力、生态效率以及脆弱性等维度开展长山群岛海洋渔业资源环境系统可持续发展状态评价，并综合评价海洋渔业资源环境系统的可持续发展水平、影响因素及演变特征。最后，基于上述研究结果，分析长山群岛海洋渔业资源环境系统可持续发展存在的问题，提出海洋渔业资源环境系统可持续发展原则和对策建议。具体技术路线如图 1.4 所示。

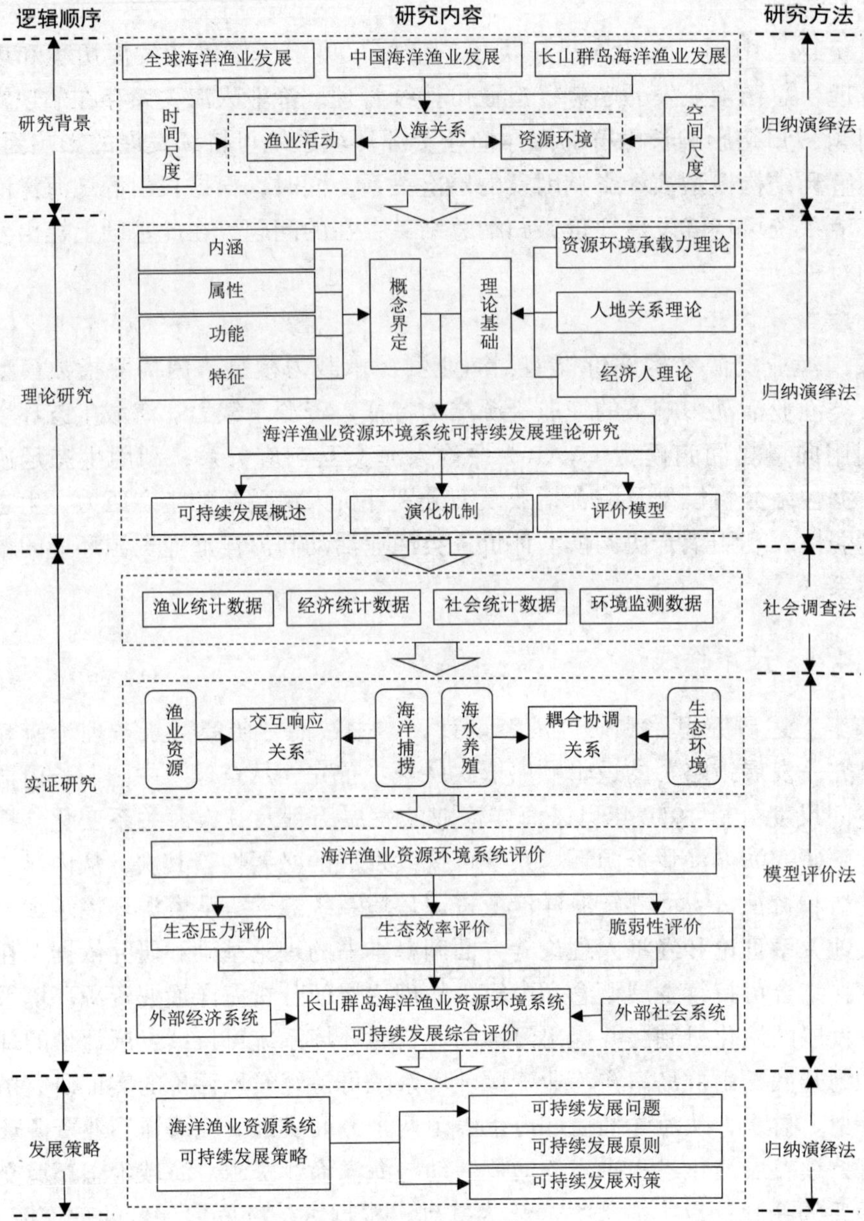
逻辑顺序
研究内容
研究方法
全球海洋渔业发展
中国海洋渔业发展
长山群岛海洋渔业发展
时间尺度
人海关系
渔业活动
资源环境
空间尺度
研究背景
归纳演绎法
内涵
属性
功能
特征
概念界定
理论基础
资源环境承载力理论
人地关系理论
经济人理论
理论研究
归纳演绎法
海洋渔业资源环境系统可持续发展理论研究
可持续发展概述
演化机制
评价模型
渔业统计数据
经济统计数据
社会统计数据
环境监测数据
社会调查法
渔业资源
交互响应关系
海洋捕捞
海水养殖
耦合协调关系
生态环境
实证研究
海洋渔业资源环境系统评价
生态压力评价
生态效率评价
脆弱性评价
外部经济系统
长山群岛海洋渔业资源环境系统可持续发展综合评价
外部社会系统
模型评价法
海洋渔业资源系统可持续发展策略
可持续发展问题
可持续发展原则
可持续发展对策
发展策略
归纳演绎法

图 1.4　技术路线

1.5 研究区概况

1.5.1 研究区域

长山群岛位于我国辽东半岛东侧，黄海北部海域，北起石城乡民子礁北端高潮线（39° 34′ 37″ N），南至獐子镇大莫顶南端高潮线（38° 55′ 48″ N），西始广鹿镇葫芦岛西端高潮线（122° 17′ 38″ E），东到我国北黄海领海测算基点之一的海洋镇南坨子东端高潮线（123° 13′ 16″ E）。习惯上将长山群岛分为外长山群岛（由海洋岛、獐子岛、大耗岛、小耗岛、东褡裢岛、西褡裢岛等岛屿组成）、里长山群岛（由大长山岛、小长山岛、广鹿岛、赛里岛、瓜皮岛、格仙岛、乌蟒岛等岛屿组成）及石城群岛（由石城岛、大王家岛、小王家岛等岛屿组成）三部分。

长山群岛行政区划经历多次变革。1949 年 11 月，长山群岛始设长山县，隶属旅大行政公署。因与山东省长山县重名，1953 年 1 月，经中央人民政府内务部批复，长山县改称长海县，隶属辽宁省旅大市（今大连市）。1960 年，原属庄河市管辖的石城岛、大王家岛及其所属岛屿划归长海县。至 1998 年末，长海县辖大长山岛镇、王家镇、獐子岛镇、广鹿乡、海洋乡、石城乡、小长山乡等 3 镇 4 乡。2003 年 6 月 1 日，长海县石城乡和王家镇划归庄河市代管。2004 年 9 月 11 日，经国务院批准，石城乡和王家镇正式划归庄河市管辖。2017 年，长海县完成广鹿、小长山、海洋撤乡设镇工作后，长山群岛共有 6 镇 1 乡，分别归长海县和庄河市管辖（见表 1.1）。考虑数据的可得性和统计口径的一致性，本书研究范围为外长山群岛和里长山群岛所属的长海县行政辖区，书中所涉数据均不包含石城乡和王家镇。

表 1.1 长山群岛行政区划

辖区归属	乡、镇名称	行政村、社区数量	行政村、社区名称
长海县	大长山岛镇	11	杨家村、三官庙村、小泡子村、小盐场村、城岭村、哈仙村、塞里村、四块石社区、三盘碾社区、东山社区、塔山社区

续 表

辖区归属	乡、镇名称	行政村、社区数量	行政村、社区名称
长海县	小长山镇	6	回龙村、房身村、复兴村、英杰村、蚆蛸村、乌蟒村
	广鹿镇	5	沙尖村、柳条村、塘洼村、瓜皮村、格仙村
	獐子岛镇	6	大耗村、小耗村、褡裢村、西獐社区、沙包社区、东獐社区
	海洋镇	2	盐场村、西邦村
庄河市	王家镇	4	东滩村、寿龙村、前庙村、林疃村
	石城乡	5	光明村、新民村、花山村、东升村、三胜村

资料来源：《大连统计年鉴 2018》。

1.5.2 海岛旅游发展概况

1. 海岛旅游资源

长山群岛区域面积广阔，陆域面积在 12 个海岛县中居第八位，海域面积居第三位，海岸线长居第五位，陆海比居第三位。大自然雕塑了绚丽多姿的海蚀地貌，岛屿、礁砣星罗棋布，奇礁怪石姿态万千，港湾沙滩绵延相间，滨海地貌十分发育。长山群岛有优美旖旎的天然风光，极具观赏、科考等价值的观赏资源，现已确定有观赏、开发、利用价值的自然景观 20 余处。长山群岛四季分明，气候温和适中，夏无酷暑，冬无严寒，日照充足，空气清新而温润，加上没有工业污染，空气清新，海水透明度高，为保健旅游、水上活动和休假提供了极好的气候环境，使之成了独特的避暑胜地。

早在 6 000 年前，长山群岛就已有人类活动，小珠山贝丘遗址见证了早期渔家历史文化。中日甲午战争、解放战争也在此留下众多遗迹，展现出了海岛极其重要的战略地位。“渔家风情迎春会”“大连长海国际钓鱼节”“广鹿岛马祖旅游文化节”“獐子岛渔民节”多种形式等活动展现了渔家风情，并不断注入乐新时代的内容，形成了有海岛特色的地域文化和民俗文化。此外，海上牧场、海岛渔村、度假村、渔业生产基地、海港等也为海岛旅游发展奠定了坚实的物质基础。

2. 海岛旅游发展

2008 年 11 月，辽宁省委、省政府和大连市委、市政府确立了长山群岛旅游避暑度假区的功能定位，并明确了长山群岛国际旅游胜地和现代海洋牧场两大建设任务。2009 年 4 月，长山群岛局部正式对外开放，同时作为海洋生态经济区，被国家纳入辽宁沿海经济带发展规划，确定为重点支持区域。2010 年 4 月，大连市委、市政府批准设立大连长山群岛旅游避暑度假区（长山群岛海洋生态经济区），由此开启了长山群岛从渔业型海岛向旅游型海岛的转型。经过十余年的发展，长山群岛旅游经济得到全面发展，高端酒店、度假别墅、旅游景区、游艇码头等旅游设施建设持续推进，体育竞技、群岛避暑、海钓体验、极品海鲜、主题民俗、海洋文化、生态渔业和海岛休闲度假养生等旅游产品初具规模；长山大桥、跨海引水、海水淡化、环岛旅游公路、海岛供电、机场扩建等基础设施建设项目逐一落实，海岛的整体社会服务功能大幅提升，旅游避暑胜地建设的根基进一步牢固。目前，旅游市场已有一定规模，旅游人数快速增长，旅游收入稳步提高。至 2019 年，上岛游客 134 万人次，旅游综合收入 16.1 亿元，建有各类旅游景点 45 处，拥有渔家旅店和度假村 459 户、星级宾馆 4 家，全县床位数量 2.6 万个，成为中国北方知名的海岛旅游目的地。2008—2019 年长山群岛旅游人次和旅游收入变化趋势如图 1.5 所示。

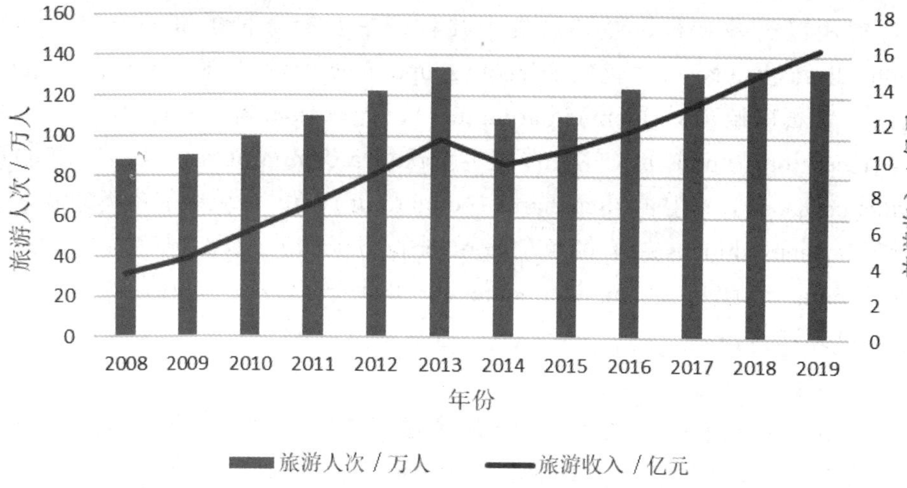

图 1.5　2008—2019 年长山群岛旅游人次和旅游收入变化趋势

1.5.3 海洋渔业资源环境概况

1. 海域空间资源

长山群岛海域空间资源丰富，按照现有国内的海水养殖技术水平，长山群岛在水深 25 ～ 40 m 的海域内，适宜浮筏养殖贝、藻的浅海水域面积为 133.3 km^2，占水域面积的 4%。根据海域底质状况和生物资源的分布情况，按照人工育苗海底底播和置放人造鱼礁的技术增殖资源，全海域适宜增殖的海底面积为 286.5 km^2，其中岩礁底面积为 66.6 km^2，石砾底面积为 86.6 km^2，贝壳底面积为 93.3 km^2，软泥质底面积为 40 km^2。潮间带面积为 38.7 km^2，根据生物资源的分布和便于养殖等条件，适宜养殖的面积约 13.3 km^2。其中，适宜养殖蛤仔、对虾的滩涂面积约 4 km^2，适宜养殖牡蛎、贻贝的岩礁面积为 9.3 km^2。

2. 海洋生物资源

长山群岛是我国仅次于舟山群岛的第二大群岛，群岛海域位于中国海洋岛渔场范围之内，各海岛及其周边中蕴藏着丰富的资源。海岸绵长曲折，海水水质营养丰富，适宜多种生物生长，渔业资源十分丰富，素有“天然鱼仓”的美誉，是全国重要的海产品生产基地。海域内有各种经济鱼类近百种，可食用藻类数十种，经济贝类十几种，主要经济种类资源有皱纹盘鲍（Haliotis discus hannai）、刺参（Stichopus japonicus）、栉孔扇贝（Azumapecten farreri）、紫石房蛤（Saxidomus purpuratus）、光棘球海胆（又称大连紫海胆，Strongylocentrotus nudus）、布氏香螺（Neptunea cumingi Crosse）、厚壳贻贝（Mytilus coruscus）、魁蚶（Scapharca broughtonii）等。海域中的鱼类资源主要有对虾（Penaeus chinensis）、鲐鱼（Scomber japonicus）、马面鲀（Thamnaconus septentrionalis）、鲳鱼（Pampus argenteus）和甲壳类资源，尤其是刺参、皱纹盘鲍等海珍品闻名遐迩。

3. 海域生态环境

长山群岛海域生态环境优良，近岸海域功能区各类污染物均值均符合国家各类功能区海水水质标准，海域水质状况良好，以一、二类水质为主。近年来，随着海水养殖业的发展，渔业养殖作业排放的氮、磷等污染物明显影响了海水净化能力。海水养殖、水产品加工产生的异味和废水对近岸海域的海水水质以及土壤、地下水污染较为严重。沿岸小型无环保措施的机动船对大气污染较重，也有可能造成海域溢油污染。根据长海县环境监测数据，长海县海域功能区分为三类，长海县近岸海域水质中主要污染物有石油类、无机氮、活性磷酸盐等（见表 1.2）。

表 1.2　2018年长山群岛海域环境质量

区　域	指　标	pH 值	溶解氧	化学需氧量	石油类	活性磷酸盐	无机氮
一类区	标准值	7.8 ～ 8.5	> 6	≤ 2	≤ 0.05	≤ 0.015	≤ 0.2
	年均值	8.07 ～ 8.14	9.1	0.89	0.007	0.003	0.060
二类区	标准值	7.8 ～ 8.5	> 5	≤ 3	≤ 0.05	≤ 0.030	≤ 0.3
	年均值	8.00 ～ 8.13	8.4	1.40	0.003	0.011	0.059
三类区	标准值	6.8 ～ 8.8	> 4	≤ 4	≤ 0.30	≤ 0.030	≤ 0.4
	年均值	7.96 ～ 8.19	8.4	1.46	0.003	0.012	0.086

数据来源：2018 年长海县环境监测站 2018 年度海域水质监测报告。

1.5.4　海洋渔业发展现状

目前，海洋渔业依然是长山群岛经济的主导产业。2018 年，长海县全年农林牧渔业产值 97.19 亿元，其中渔业产值 87.84 亿元，占比 90.38%。2018 年，海洋渔业总产量达到 534 200.06 t，贝类是其主导产品，占水产总量的 64.90%（见表 1.3）。海洋捕捞业是长山群岛传统产业，海洋捕捞实力居全国领先水平。但自 20 世纪 80 年代以后，海洋捕捞业占海洋渔业比重逐年下降。2018 年，捕捞产量为 129 031 t，占海洋渔业总产量的 24.15%。其中，近海沿岸捕捞产量 86 105 t、远洋渔业 42 926 t，海洋捕捞业产值为 14.10 亿元，占水产品产值比重 25.40%。自 2008 年以来，长山群岛着力推进现代海洋牧场建设，海水养殖业发展质量明显提升，2018 年国家级海洋牧场示范区达到 6 家，海水养殖产量达到 405 169.06 t，占海洋渔业总产量的 75.85%，海水养殖业产值为 41.40 亿元，占水产品产值比重 74.60%。长山群岛海水养殖主要为浅海养殖。2018 年，浅海养殖面积为 396 630 hm^2，占海水养殖的 95.40%；养殖方式主要以筏式、底播、吊笼和网箱为主，养殖品种以贝类和藻类为主，2018 年贝类 344 511.60 t、藻类 48 733 t，分别占养殖总产量的 85.03% 和 12.03%。

表 1.3 2018年长山群岛海洋渔业产量数据

种类	海洋捕捞			海水养殖 /t	总计 /t	比重 /%
	近海捕捞 /t	远洋渔业 /t	合计 /t			
鱼类	61 640	21 463	83 103	2 015	85 118	15.93
甲壳类	5 036	0	5 036	48	5 084	0.95
贝类	2 188	0	2 188	344 511.60	346 699.60	64.90
藻类	66	0	66	48 733	48 799	9.13
头足类	3 574	0	3 574	0	3 574	0.67
其他类	13 601	21 463	35 064	9 861.46	44 925.46	8.41
总计 /t	86 105	42 926	129 031	405 169.06	534 200.06	100
比重 /%	16.12	8.04	24.15	75.85	100	

数据来源：《长海县统计年鉴 2018》。

1.6 小结

本章基于全球、我国及长山群岛海洋渔业发展的时间序列变化以及不同空间尺度下海洋渔业发展历程和人海关系问题，提出本书研究的背景及必要性。从人类活动对海洋渔业资源环境的影响、海洋渔业资源环境可持续发展、长山群岛海洋渔业可持续发展等方面总结国内外研究成果，提出本书研究的目的与意义，介绍本书研究的思路、研究内容、总体研究方法及技术路线。最后，介绍本书研究对象长山群岛海洋生物资源、海域空间资源概况以及海洋渔业发展现状。

2　概念界定与理论基础

2.1 海洋渔业资源环境系统相关概念界定

2.1.1 海洋渔业资源环境系统的内涵

1. 渔业资源

渔业资源又称水产资源，属于自然资源的一种。《农业大词典》中将其定义为栖息于天然水域中具有开发利用价值的经济动植物的总称。《辞海》将渔业资源定义为“天然水域中蕴藏并具有开发利用价值的各种经济动植物的种类和数量的总称”。陈新军认为，渔业资源是指天然水域中可供捕捞的经济动植物（鱼类、贝类、甲壳类、头足类、海兽类、藻类等）种类和数量的总称。俞存根等认为，渔业资源是水域中蕴藏着的可以作为捕捞对象的各种有经济价值的动物群体。从上述概念可以看出，各类概念界定中有以下共通之处：首先，渔业资源蕴藏于自然环境（天然水域）中；其次，渔业资源可被人类通过捕捞直接从水域中获取；最后，渔业资源为水域中自然生长的各类生物资源，具有经济价值。可见，渔业资源有别于人类通过养殖活动获取的水产品，后者主要为人类利用水域环境资源，通过培育而得的产品。因此，本书将渔业资源界定为天然水体中可被人类直接获取的具有经济价值的各类动植物资源的总称。

2. 渔业环境

根据《农业大词典》的定义，渔业环境指适合渔业生物正常栖息、繁殖的天然和人工水域环境，包括生物环境（如饵料生物、敌害生物、共栖生物、竞食者等）和非生物环境（如水文、地形、地质、气候等）。按照性质，渔业环境可分为内陆渔业环境和海洋渔业环境。其中，依据《中国农业百科全书》的定义，海洋渔业环境为海洋中渔业生物栖息繁衍的海域环境，按照深度不同可分为浅海和深海渔业环境两部分。海洋渔业环境主要为沿海国家和地区提供渔业发展的空间资源和生物资源。空间资源表现为海水养殖和海洋捕捞活动所需的广阔的物理性空间，应具备适合渔业生物生长的各种物理条件，如合适的温度、水流，适宜的海底地形地质条件；生物资源则表现为在渔业空间内能够为渔业生物繁殖、生长提供充足的饵料生物。由于海洋空间资源和生物资源具有明显的开放性和流动性，海洋渔业环境呈现出显著的公共物品特征。虽然渔业空间具有开放性，但是在一定的渔业空间范围内所能承载的渔业生物量有限，即渔业环境能够供养的渔业资源数量存在上限，这主要是由特定水域渔业环境的初级生产力决定的。通过上述分析可以看出，渔业环境具有自然属性，自然环境是渔业环境的组成部分。但是，渔业活动是社会化、经济化的人类生产活动。一方面，在渔业活动中，人类可以通过自身条件对渔业自然环境进行有目的的改造，使之适应渔业发展需求。另一方面，人类活动对渔业自然环境造成非期望性影响。比如，在海水养殖中，人类能够通过利用网箱、浮筏、人工鱼礁等方式提升、营造和规划渔业空间，改造渔业环境，这在一定程度上提高了空间利用率和生物资源承载能力，但过度的饵料投放和渔业空间拓展也会超出海水自净能力和空间承载能力，导致水质污染和渔业生物生存质量下降。从当前全球渔业发展的趋势来看，渔业环境正受到人类经济社会活动的深刻影响，社会化属性不断增强。因此，本书认为渔业的人文环境也是渔业环境的重要组成部分，人文环境的主要因素包括渔业人口、渔业科技、渔业发展态度（如地区渔业发展政策、渔民的环境认知）、渔业文化等。综上，本书认为渔业环境是指为渔业生物提供生存繁衍所需的各类物理性空间、生物资源以及人类经济社会投入要素的统称，包括自然环境要素和人文环境要素两部分内容。

3. 渔业资源环境

渔业资源是渔业活动从天然水域中能够直接获取的动植物资源，渔业环境则是由自然环境和人文环境组成的渔业活动支持系统，两者有一定区别。自然资源学理论认为，自然资源与自然环境的概念不尽相同，但其具体对象和范围又是同一客体。《辞海》将自然资源定义为天然存在的并有利用价值自然物，如土地、矿藏、气候、水利、生物、森林、海洋等资源。《不列颠百科全书》对自然资源的解释为人类可以利用的自然生成物，以及作为这些成分之源泉的环境功能。从这两个定义可以看出，对自然资源的定义既强调自然资源的天然属性，又指出空间（场所）属于自然资源范畴。

在海洋渔业活动中，无论海水养殖还是海洋捕捞，其获取水生动植物产品必须依赖海域环境，养殖活动本身就是利用天然或人工海域环境培育水产品，而捕捞活动的对象——各类水生动植物亦需要适宜的海域环境才能繁衍、生存，海域环境中的溶解物质、海水热学特性、密度都对渔业资源有重要意义。同时，需要强调的是，在现代科技和社会文明条件下，人类社会对自然环境影响深远。尤其是渔业养殖活动中，技术对渔业环境的改善发挥着重要作用。所以，环境要素既包含自然生态环境要素，又包含人文社会环境要素。封志明认为，与海水水体有直接关系的物质和能量、可以利用的海洋空间都属于海洋资源范畴。李加林等认为，海洋环境也在海洋资源范畴之内，属于环境资源，海洋自然资源及相关的环境要素共同构成海洋资源环境。鉴于渔业资源环境并无统一概念，为突出本书人类渔业活动与渔业资源、渔业环境关系的研究主题，本研究认为渔业资源是指被人类渔业活动直接利用的天然水体中各类动植物资源，渔业环境是指人类开展渔业活动所依赖的自然和人文环境，渔业资源环境是渔业资源与渔业环境的总称。渔业资源和渔业环境存在相互依存、相互影响的关系，两者共同构成了渔业资源环境的概念体系（见图 2.1）。

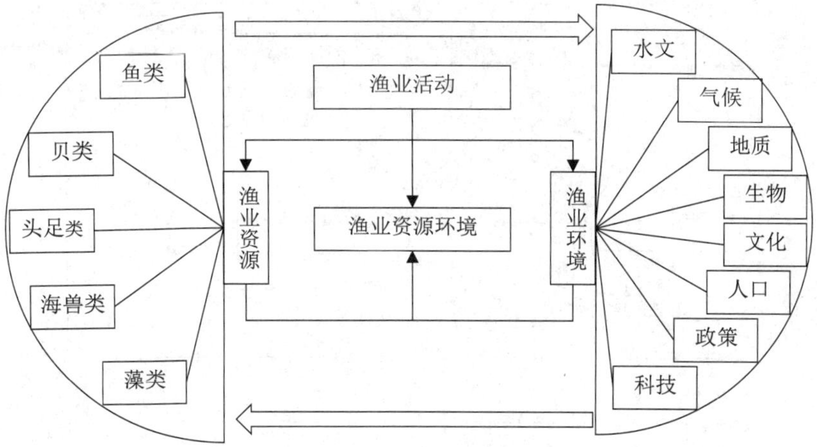

图 2.1　渔业资源环境概念体系

4. 海洋渔业资源环境系统

王玉梅等认为，作为开放的、复杂的、巨大的生态系统，海洋生态系统在人类活动的强烈干扰下，已成为由“海洋自然生态子系统”和“海洋经济社会子系统”共同构成的开放型复合生态系统。在海洋渔业资源方面，由于海洋生态系统的开放性特征，作为“公共池塘”而引发的“公地悲剧”问题一直是各领域致力研究的重要内容。2009 年，美国学者 Ostrom 提出一个“社会—生态”系统（Social-ecological System，SES）分析框架。她认为，“社会—生态”系统是由资源系统（Resource System）、资源单位（Resource Units）、治理系统（Governance System）、用户（Users）4 个内部变量以及社会、经济、政治背景（Social，Economic，and Political Settings）、外部关联生态系统（Related Ecosystem）2 个外部变量组成的复合系统。在外部的社会、经济、政治和生态背景下，“社会—生态”系统内 4 个内部变量产生相互作用关系（Interaction），同时与外部关联生态系统相互作用，在内外部变量的共同作用下，推动整个“社会—生态”系统发展演变，即产生特定的结果（Outcomes）

（见图 2.2）。SES 分析框架具有系统性，在“公共池塘”资源的可持续管理方面为人们提供了有效的理论工具，但由于大尺度空间区域的复杂背景和结构变化，“社会—生态”系统分析面临诸多困难，而在中小尺度上具有明显优势，因此目前 SES 分析框架主要在中小尺度空间范围的研究中得到较多应用。

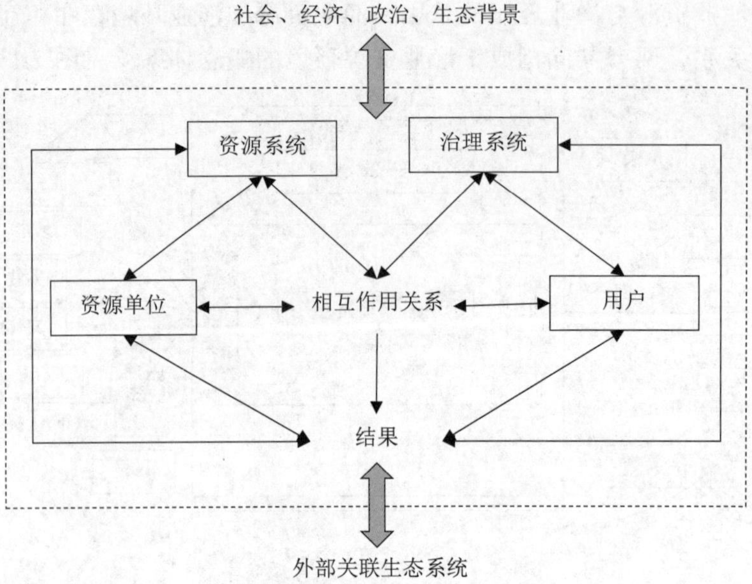

图 2.2　SES 分析框架

根据海洋生态系统的特征，学者对海洋资源环境系统的概念界定有狭义和广义之分。李博等认为，狭义上海洋资源环境系统是指区域内的海洋自然生态环境；广义上是指海洋资源环境（由海洋水文、海洋地质地貌、海洋资源等自然要素组成）以及由人海之间相互作用而派生出来的，与海洋有关的社会、经济、文化、科技、政治等一切物质和非物质要素组成的海洋文化环境。在广义海洋资源环境系统概念中，“人”处于主体地位，其从海洋资源环境子系统中获取物质和能量，并通过制定政策制度、推动技术进步等协调各子系统间的关系。基德等认为，人类是生态系统的有机组成部分，绝对不可以与生态系统相分离。在人海关系视角下，人类、资源、环境等各要素和子系统之间通过物质流、能量流和信息流的交换，形成了相互制约、相互联系、远离平衡态的非线性关系，使系统在时空、功能上保持相对的稳定和有序。Gammage 等指出，除了自然变化之外，人类社会变化等也增加了海洋资源环境可持续发展的复杂性和不确定性。可见，人类社会既是海洋资源环境系统可持续发展的外部因素，又是整个系统的重要组成部分。

综上，在人海关系理论的指导下，基于 Ostrom 的“社会—生态”系统分析框架，本书认为海洋渔业资源环境系统是指在一定海洋空间范围内，以人类渔业活动中的人海关系为纽带，以海洋渔业资源和海域生态环境为依托的，由海洋渔业社会、渔业经济、渔业资源、海洋生态环境等要素相互关联、耦合而成的复合人海关系地域系统。海洋渔业资源环境系统是由海洋渔业资源子系统、海洋生态环境子系统和海洋渔业经济社会子系统相互作用、高度耦合而成的复杂巨系统，是人海关系地域系统的重要组成部分（见图 2.3）。

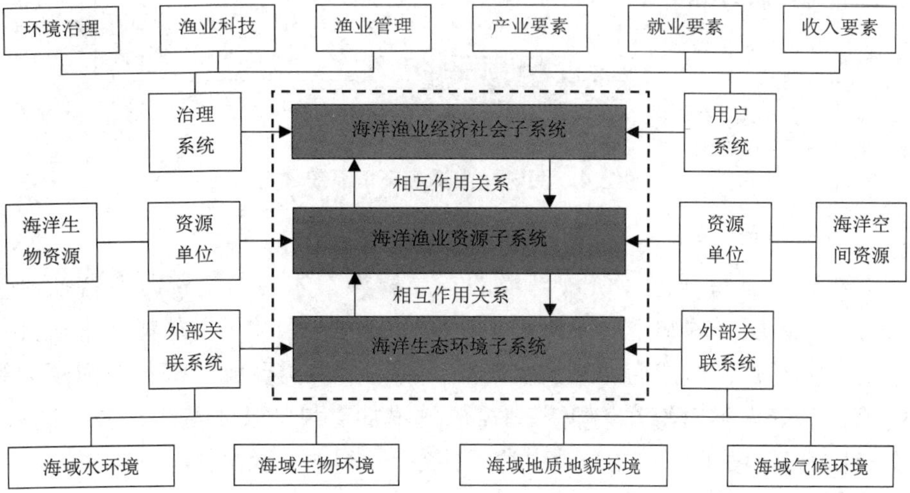

图 2.3　海洋渔业资源环境系统构成体系

2.1.2　海洋渔业资源环境系统属性

系统的属性特征是构成系统的结构、要素间相互联系、相互作用的综合表现。海洋渔业资源环境系统本质上属于人海关系地域系统，其中，渔业经济、渔业社会、渔业资源和渔业环境是构成系统的主要因素，分属于海洋经济、海洋社会、海洋资源和海洋生态环境等各海洋地域系统，相应因素承袭了各系统的本质属性。各因素在系统间相互关联作用之下，共同构成了海洋渔业资源环境系统的总体属性特征（见图 2.4）。基于人海关系地域系统内涵，本研究将海洋渔业资源环境系统属性归结为自然属性、人文属性及关系属性。

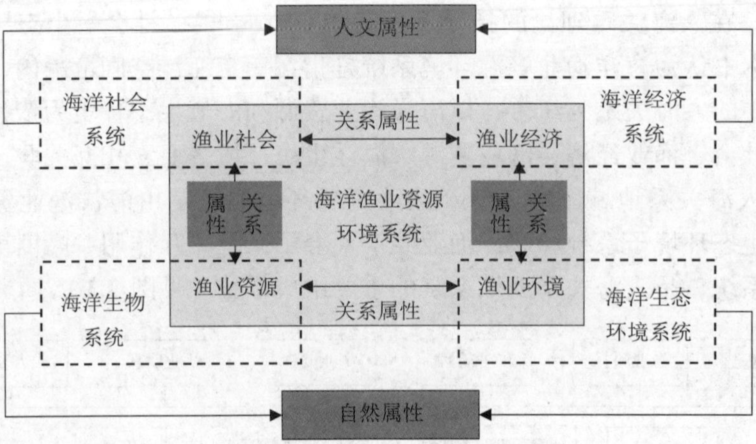

图 2.4 海洋渔业资源环境系统属性

1.自然属性

自然属性是海洋渔业资源环境的本质属性，体现的是资源性特征，包括生物资源、物质资源和空间场所三个方面。首先，人类可以从海洋中直接获取水生动植物资源，即捕捞和采集水产品，如捕捞鱼类资源，采集海洋藻类等植物资源。随着人类对海洋渔业产品需求的增加、科学技术与生产技能的进步，人类捕捞和采集的动植物资源种类正在逐渐增加，海洋中越来越多的生物物种作为渔业资源被加以开发利用。其次，海水有机质和无机盐等物质资源为渔业活动的开展提供了物质条件，正是这些物质资源为渔业生物的生存提供了基本的条件。充足的生物饵料和丰富的有机质是渔业生物资源赖以生存的物质基础，是海域渔场形成的基础条件。最后，海洋空间是海洋生物生存和海洋渔业发展的重要依托。对海洋渔民而言，渔业活动具有一定的范围、边界和明显的尺度特征；对于渔业生物而言，其生存需要一定的空间场所，这种空间场所必须具备合适的水文、地质地貌、气候等条件，以满足其生存需要。

2.人文属性

海洋渔业资源环境系统中的“渔业”是社会生产部门之一，是以水产品为主要生产内容的产业活动的统称；“资源”是相对于人的需求而言，对人类有使用价值、能够在人类所能企及的范围内被开发利用且具有稀缺性的物质存在。从“渔业”和“资源”的内涵可以看出，“人类”和“资源环境”是海洋渔业资源环境系统的两大主体。在海洋渔业资源环境系统中，人类开发利用海洋渔业资源和渔业环境的程度深受自身知识体系和科技力量的影响。知识体系包含人类对自然资源和环境的理解、人类社会文明的构建等内容，其最深刻的影响在于人类对海洋渔业资源环境的认知和态度。比如，科技进步一方面改变了人类社会自身发展需求，另一方面改变了人类开发利用海洋渔业资源环境的能力。在人类海洋渔业活动与资源环境的作用关系不断演化的过程中，海洋渔业资源环境系统的社会属性不断增强，地域系统日益复杂。

3. 关系属性

海洋渔业资源环境系统中的关系属性指系统中各子系统之间、各要素之间的联系和互动。海洋渔业资源环境系统的本质是人类活动与资源环境交互作用形成的人海关系地域系统，是以海洋渔业资源环境为客观载体的各种类型人类活动与渔业环境交互作用关系的综合体。海洋渔业资源和渔业生态环境是系统发展的基础，作为客观实体存在；人类渔业经济社会子系统通过渔业经济、科技、管理、文化、生活等社会活动呈现动态变化；人类不断作用于渔业资源环境，使人海关系发生深刻变化，进而推动整个系统演进，系统的变化走向和程度取决于人海关系作用方式、强度以及属性。

2.1.3 海洋渔业资源环境系统的功能

1. 生产功能

生产功能是海洋渔业资源环境系统的基本功能。按照生产层次划分，生产功能可分为初级生产和次级生产。渔业生态环境子系统通过生态环境的初级生产为渔业资源子系统提供基础的有机质、无机质和渔业生物生存空间，为渔业生物提供了基本生存条件。渔业资源子系统通过级联效应，为人类提供藻类、贝类、鱼类等各级渔业资源。人类通过渔业生产活动获取各类渔业资源，并对其进行深加工，形成满足自身生产和生活所需的各类水产品。海洋渔业资源环境系统既提供第一产业中的原始产品，又具备非农业生产功能，即第二产业和第三产业的生产。第二产业主要提供工业生产活动的原材料；第三产业生产的目的在于满足人类的渔业文化、金融、医疗、娱乐、教育等需求。

2. 生态功能

生态功能也可称为生态服务功能，是海洋渔业资源环境系统各项功能的基础，具有重要的支撑作用，主要体现在为渔业资源提供生物多样性保护和为人类生存提供生态系统服务。一方面，海洋渔业资源环境系统通过渔业资源子系统和渔业环境子系统直接为人类经济社会系统提供生态产品；另一方面，通过物质、能量和信息的交流消除人类活动产生的负面影响。生态环境对经济社会发展的供容能力是生态功能得以实现的基本前提。因此，将人类的渔业活动强度控制在海洋渔业资源环境承载能力阈值之内是实现海洋渔业资源环境系统生态功能的稳定及海洋渔业资源环境系统要素协调的关键。

2.1.4 海洋渔业资源环境系统的特征

海洋渔业资源环境系统是人类活动与渔业资源环境在海洋生态系统中相互联系、相互作用而形成的一种动态系统，具有地域性、协调性、开放性、整体性、层次性等特征。

1. 地域性

作为人地关系地域系统的重要类型，海洋渔业资源环境系统也存在地域性特点。因为不同海域的资源环境状态、水文、气候以及生物环境都存在巨大差异，所以其渔业资源环境承载能力和发展的内外部环境都有明显的地域差异，这造成了各区域发展的基础景观格局和人类生产生活条件的差异。在人文环境方面，受地域文化特征、意识形态、社会组织形式、人类文明发展程度等因素影响，各海域的人类渔业活动的形式、技术水平、生态占用强度也表现出较强的地域特点，造成了渔业资源环境系统可持续发展水平的差异。

2. 协调性

海洋渔业资源环境系统的协调性主要体现为海洋渔业资源环境系统中人海关系之间、各子系统之间、自然和人文要素之间的关系优化，以协同演化的观点促使人海关系地域系统实现稳定和优化发展。海洋渔业资源环境系统的发展过程是一种以海洋渔业生物多样性保护和海域生态环境稳定为基础、以促进渔业经济高质量发展和海洋渔业社会全面进步为目标的综合过程。为达到海洋渔业资源环境系统的可持续发展目标，需要处理好人类社会对海洋渔业资源的无限需求与海洋渔业资源环境有限的供给能力、渔业资源环境过度占用与系统承载能力不足等矛盾。

3. 开放性

海洋渔业资源环境系统的开放性体现在不仅系统内部各要素间相互联系，系统与外部环境之间也不断进行着物质、能量和信息的交流。根据耗散结构理论，海洋渔业资源环境系统与系统外部环境之间、系统内部各个子系统之间以及系统内部各个要素之间通过物质循环、能量流动和信息转换，以保持其结构稳定、功能优化和改善。海洋渔业资源环境系统的开放性要求在研究海洋渔业资源子系统、海洋渔业生态环境子系统与海洋渔业经济社会子系统各要素对系统结构和功能作用的同时，要关注外部环境对系统整体、系统内部要素的影响。

4. 整体性

海洋渔业资源环境系统是由自然因素、社会因素以及经济因素等诸多因素组成的巨系统，是通过各种要素的交互作用组成的人海关系综合体。海洋渔业资源环境系统整体功能属性由各要素、各子系统决定，但又区别于其各自属性，是各要素和子系统在空间上、时间上通过结构化作用过程而实现的整体功能。因此，海洋渔业资源环境系统的可持续发展是各子系统结构优化的结果。海洋渔业资源环境系统的整体性要求在对系统进行优化及调控时，要充分重视系统的整体联系与效应，发挥系统的整体功能优势，以实现系统的整体最优。

5. 层次性

海洋渔业资源环境系统的层次性来源于各要素的分层，如经济要素有不同的经济区域系统和不同层次的产业体系，人口要素具有不同的群体特性，社会文化要素的分层则更明显，尤其行政区域分化的层次性更为典型。因此，在评价海洋渔业资源环境系统可持续发展时，应重视在不同层次尺度空间区域内所表现出的人海关系空间分异问题，实现不同尺度区域的人地耦合以及区域内部和区域间人海关系地域系统协调发展。

2.2 人地关系理论

2.2.1 人地关系相关概念

在人地关系理论中，“人”是抽象化的概念，是指由经济、社会、文化、人口等各方面因素组成的社会经济关系体，其本质特征是以人类活动为核心的社会关系集合，人类社会化活动是人地关系系统中最活跃的因素。“地”是地理环境的简称，是指在“人”的作用下已经改变的地理环境，即社会地理环境，是与人类活动紧密联系的、有机与无机自然界诸要素有规律结合的地域综合体。人地关系是指人的生存活动、生产活动、社会活动与地理环境在共同作用界面上相互影响、相互制约的关系。在海洋渔业资源环境系统中，“地”是抽象的海洋环境称谓，是与海洋渔业活动密切相关的海洋自然要素综合体。因此，海洋渔业资源环境系统中的“人地关系”也可称为“人海关系”。

2.2.2 人地关系地域系统的构成

吴传钧指出，人地关系地域系统是一定空间范围内，以地域为基本载体的人地关系系统，是人类与地理环境在特定的地域形成的一种相互联系、相互作用的动态结构。人地关系地域系统理论将人类社会学与地理学相结合，强调了人类社会发展中人类社会系统与地理环境系统之间的内在逻辑关系，为区域可持续发展研究提供了理论基础。人地关系地域系统理论将系统研究的方法引入其中，构建由自然资源、生态环境、人类经济、社会文化等要素组成的综合性系统模型，揭示人类与地理环境间的非线性关系，以及区域人地关系耦合过程与趋势，探讨人地协调发展的路径。

人地关系地域系统主要包括生态环境子系统、经济子系统、社会子系统，这三个系统在发挥各自作用的同时紧密地联系在一起，从而构成人地关系地域系统。

1. 生态环境子系统

在人地关系地域系统中，自然环境和自然资源是生态环境子系统的主要组成要素，主要包括地质地貌、气候、岩石、土壤、地表水、地下水、矿产资源、生物资源等。随着人类的发展，社会经济活动对生态环境子系统的影响也日益明显，人类为了不断提高自身的物质文化生活质量，创造出了生产环境（如工厂环境、农场环境）、聚落环境（如城市环境、村落环境）等，这些也成了生态环境的重要组成部分。不同的要素在系统中分别承担相应功能，发挥各自作用。

2. 经济子系统

经济子系统作为人地关系地域系统的重要组成部分，是人地互动最频繁的一个子系统。经济子系统组成要素主要包括资本要素、技术要素、信息要素等。资本要素主要是指能够投入产品及劳务生产过程的中间产品和金融性资本。技术要素主要包括生产过程中经验形态的技术要素及知识形态的技术要素。信息要素主要是指能够反映经济活动实况和特征的各种消息、数据、指令等，是人地关系各子系统间以及系统与外部环境之间交流的重要内容。各要素通过自身功能和属性被分配到各企业和产业部门，在一定地域范围，由企业和产业部门将各经济要素通过组织、生产、流通和再分配形成完整的经济系统，并最终构成经济地理单元。

3. 社会子系统

社会子系统是以自然系统为物质基础，由一定特质的人口组成的社会关系集合体。在社会子系统中，人口是基本要素，通过民族、宗教和组织组成具有共同意识形态的命运共同体，人口在不同的政治、文化背景之下，形成一定地域空间的社会主体，不同的社会主体又通过不同属性的人类活动形成多种多样的社会关系，如经济关系、文化关系、政治关系等。具有一定社会关系的人类群体构成了社会系统发展演变的主体，通过生产和消费活动，与生态环境子系统、经济子系统之间进行物质、能量和信息的交流，维持系统自身稳定状态，推动结构的演进优化。在此过程中，人类活动将会对自然环境产生干预和影响，成为生态环境产生问题的原因之一。

2.2.3 人地关系耦合协调理论

随着人类对地理环境的作用不断增强，以及人类主观能动作用的认识深化，人地关系理论也随之不断发展演化，在不同的历史阶段形成了不同的理论体系。有关人地关系耦合协调理论主要有人地关系协同论、人地协调共生论和人地耦合论等观点。

1. 人地关系协同论

为了将人地关系模型化、定量化，学者在已有人地关系理论的基础上，结合现代系统科学，特别是动力系统理论，提出人地关系协同论。人地关系协同论主要强调人类与自然之间和谐共生、反馈与制约、利用与合作、发展与协调等关系，旨在探讨人地关系系统和谐发展的内在机制与发展方向，为深入研究现代人地关系，解决人地矛盾提供理论基础。

2. 人地协调共生论

基于耗散结构理论，人地协调共生论认为人地关系系统属于耗散结构，要实现稳定与协调共生则需要外界的能量流、物质流、信息流的支持。人地协调共生论也据此提出了人地系统协调共生的四种类型：协调共生型、人地冲突型、警戒协调型、不确定混沌型。方创琳认为，从人地关系思想演变的发展历程来看，各时期人地关系思想均以人地和谐共生为研究主线。目前，关于人地协调共生论的研究已拓展至时间领域，即研究人地协调的发展阶段。申玉铭认为，根据人地关系的演变与历史发展阶段、同一历史阶段经济发展的不同时期以及同一时期不同经济活动的联系，人地关系发展阶段划分为原始型人地系统演变、掠夺型人地系统演变、协调型人地系统演变等阶段。王长征和刘毅则将人地关系演化分为混沌、原始共生、人类对环境的顺应、大规模改造和人地协调共生等阶段。

3. 人地耦合论

人地耦合论借鉴了中国传统太极图的思维模式，“人”和“地”相互独立但又相互渗透和影响，在相互作用下不断运动变化，同时在这种运动状态中呈现出相对稳定状态。因此，若要保持人地关系体系稳定，就需要两者既不能相互对峙、隔绝，又不能相互吞并。人地关系是一种太极图式的耦合关系。人地耦合论是随时代发展而产生的一种当代的人地关系理论，它是用中国传统文化的有关理念分析当今人地关系时所产生的必然结果。人地耦合论对当下及以后人们正确认识和处理人地关系大有裨益。

2.2.4 人海关系地域系统的内容

海洋是地球上最广阔的水体的总称，约占地球表面积的71%。纵观人类历史进程，其生存发展与海洋密不可分。海洋不仅为人类生存提供了所需的各类资源，还为人类的交流与发展提供了广阔的空间，同时深刻影响了人类生存的陆地环境。随着人类社会不断发展，人类对海洋的认知不断深入，改造和干预海洋资源环境的能力也在不断提升，两者在物质、能量和信息方面的交流持续增强，人类活动与海洋环境的相关作用关系随之扩展和深入，人海之间的互动关系，即人海关系，正变得愈加深刻和复杂。韩增林等指出，人海关系是人地关系的天然组成部分，其反映了人类社会与海洋之间的相互影响与作用，表达了彼此之间的响应和反馈。在一定区域范围内，依托海洋和陆地环境构建的人海关系系统亦被称为人海关系地域系统，它是人类在开发利用海洋资源过程中形成的由人、海洋、陆地共同构成的地域系统。在人海关系地域系统中，海洋与陆地作为滨海地区人类生存和发展的基本载体，共同为人类活动提供空间场所，使人海关系地域系统具有双空间地域特征，这是其区别于一般人地关系地域系统的显著特征。陆地与海洋空间共同构成了人海关系地域系统。其中，陆地是人类生存的空间载体，人类主要的经济社会活动都是基于陆地空间开展的；海洋是人类获取各类资源和能源的空间系统，人类从海洋获取资源、能源以及发展空间，并将其转移至陆地（或海岛）从事经济和社会活动；被海洋分隔的陆地之间也通过海洋进行交流，陆地与海洋、陆地与陆地之间通过物质、能量和信息交流实现人海关系地域系统的发展（见图 2.5）。

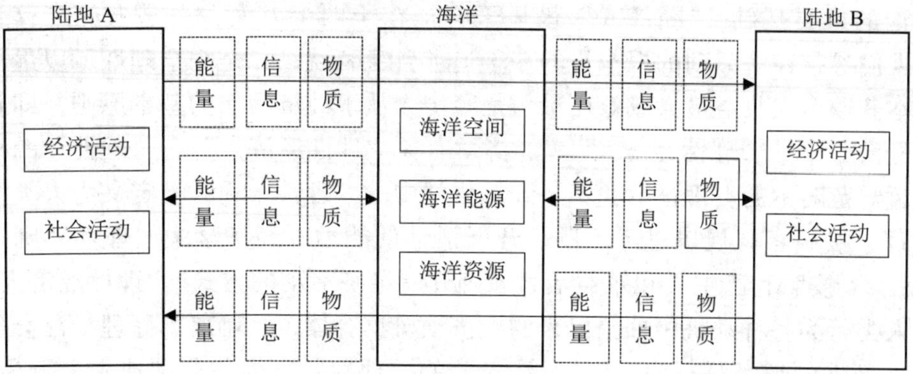

图 2.5 人海关系地域系统分析框架

人海关系地域系统中的海洋与陆地系统之间以及陆地系统之间通过要素的流动形成相互联系、相互作用的关系纽带，人海关系地域系统整体的发展、变化是要素流动所形成的交互响应结果。孙才志等认为，人类活动与海洋之间的互感互动存在正、负反馈两种过程：在正反馈过程中，人类投入人才、资金、科技以及管理等要素，合理开发海洋资源，保护和利用海洋环境，与海洋之间形成良性的物质、信息和能量交流，共同促进人类系统和海洋系统的协同演化；在负反馈过程中，人类过度投入生产要素，造成海洋资源环境的无序开发，致使海洋系统功能、结构遭到破坏，海洋资源承载力衰退，生态环境质量下降，最终制约人类经济社会的发展。

2.3 经济人理论

2.3.1 理性经济人

"经济人"理论经历了一个逐步发展变化的过程：1776 年，亚当·斯密（Adam Smith）在《国富论》中首次系统论述了"经济人"思想；其后，在亚当·斯密的基础上，纳索·威廉·西尼尔（Nassau William Senior）通过定量方式确立了个人利益最大化公理；1836 年，约翰·斯图亚特·穆勒（John Stuart Mill）依据亚当·斯密对"经济人"的描述和西尼尔的个人利益最大化公理，明确总结了"经济人"假设；意大利经济学家和社会学家维尔弗雷多·帕累托（Vilfredo Pareto）将"经济人"概念正式引入经济学，成为经济学理论的重要基础。“经济人”最显著特征在于两个方面：一是人的纯粹自利，人们参与经济活动的根本目的在于追求自身利益；二是完全理性，以最小的成本获取个人收益最大或效用最优是经济人从事经济活动的基本原则，即新古典经济学中的“理性经济人”。经济学有关“理性经济人”中“理性”的概念与哲学范畴中的“理性”并不一致。哲学中的“理性”通常被定义为人类探索真理、按照客观规律思考问题、开展活动的能力；经济学中“理性”则是“经济人”按照利己主义和效益最大原则开展经济活动的方式。“理性经济人”是从人类行为各种动机中抽象出来的经济动机集合体，是剥离了伦理、社会条件等外部性的纯经济行为人。“经济人”的“理性”行为并非利他主义行为，而是理性地按照对自身利益最大化的方式开展经济活动，其理性表现为“经济人”能够清晰地辨识自己的利益目标，且以利益最大化为唯一目标，同时能够采取对自身最为合理的行为使自身成本（或代价）最小，而不考虑外部成本（或代价）。“理性经济人”理论被广泛应用于经济学、社会学、政治学、管理学、生态学等学科领域之中。在地理学中，尤其是在以“公地悲剧”“公共池塘”理论为代表的人地关系分析中，“理性经济人”诠释了由人类活动引发环境问题的根源。焦君红和孙万国指出，“理性经济人”对经济利益的片面追求致使其忽视了生态利益保护，“理性经济人”的自利本性与生态利益的公共性之间存在矛盾，最终导致了环境危机的出现。

2.3.2 有限理性经济人

在“理性经济人”假说中，“经济人”的理性被假设为无限理性，即“经济人”可以在市场中获取完全市场信息，并能够根据自己的偏好利用所有手段实现利益最大化。假说并未考虑外部因素的约束性和现实环境下人类在信息、知识和能力方面的不完全性。在客观条件下，“理性经济人”追求效益最大化的前提条件永远无法得到满足。因此，在“理性经济人”假说提出以后，随着实践的深入，学者提出诸多争议和批判。美国经济学家肯尼斯·约瑟夫·阿罗（Kenneth J. Arrow）认为，“理性经济人”本身是虚弱的，它的合理性来自一些增强的补充性假设。另一位美国经济学家加里·S. 贝克尔（Gary S. Becker）在《非理性行为和经济理论》一文中指出，经济活动中不仅有理性行为，还存在非理性行为。赫伯特·亚历山大·西蒙（Herbert Alexander Simon）在此基础上提出了“有限理性经济人”理论。西蒙把有限理性概括为三点内容：一是“经济人”事前不可能知道全部备选方案；二是“经济人”的决策过程将伴随意外事件的发生，具有不确定性；三是“经济人”没有能力预知活动的全部后果。利用有限理性经济人理论可以解释人类片面追求经济利益的环境行为所带来的对生态不可预期的影响，以及生态环境发生改变以后，人类为追求利益而做出的改变。

2.3.3 生态理性经济人

进入20世纪，人类经济社会活动给自然生态环境带来的压力日渐增大，人地关系矛盾日益突出。20世纪80年代以后，随着可持续发展理念的提出，生态经济学开始关注经济学中的“经济人与自然环境的关系”，传统的“理性经济人”在面对生态环境尤其是公共环境资源时，基于最大效益和最小成本的“理性”原则，会最大限度攫取生态环境资源并规避环境保护义务。基于“理性经济人”的不足和“有限理性经济人”的观点，一些学者从生态伦理、生态经济学等角度提出“生态理性”“理性生态人”等概念。“经济人”理性是人类追求经济利益最大化的准则；“生态人”理性是人类从生态伦理出发，追求生态系统服务价值的理念意识。“生态理性经济人”的“理性”包含经济理性和生态理性两个方面：经济理性强调“经济人”在市场经济活动中追求效益最大化的过程；生态理性强调“经济人”在“生态—经济—社会”系统中各子系统间的复杂非线性作用、人地交互影响的因果关系以及系统整体价值发挥；经济理性与生态理性之间形成了相互依存、相互补充、相互渗透、相互引导的作用关系。“生态理性经济人”着重考虑生态经济系统中人类经济活动与生态环境非对称的供给需求关系和人的有限理性等。“生态理性经济人”要求“经济人”在“生态—经济—社会”复合生态系统中具备以下基本价值理念：自然资源稀缺与生态风险意识、自然资本与生态系统服务价值意识、“生态—经济—社会”系统的复杂性意识、生态正义与生态生活理念等。

2.4 资源环境承载力理论

2.4.1 资源环境承载力概念体系

承载力这一概念自20世纪初期提出以来，经过长期的理论与实践探索，已经成为区域可持续发展的重要评判依据。承载力最初为力学概念，本身是指在一定条件下物体所能承载的最大负荷。1921年，Park和Burgess将其引入区域系统研究，并将其定义为“在一种特定的环境条件下（该环境条件主要是指生存空间和营养物质以及阳光等生态要素的组合），个体存在数量所能达到的最高极限”，用以表征某一生境（Habitat）所能支持的某一物种的最大数量，以衡量特定区域在某一环境条件下可维持某一物种个体的最大容量。20世纪60—70年代，在全球性资源耗竭和环境持续恶化的背景下，承载力研究范围迅速扩展，资源承载力、环境承载力等概念相继被提出，并得到了世界各国的普遍重视与广泛应用。20世纪70—80年代，联合国粮食及农业组织（FAO）和联合国教科学文组织（UNESCO）先后提出了一系列承载力定义和量化方法。地大物博、人口众多是我国的现实国情，随着经济社会的发展，能源、土地、水、粮食等资源与人口之间的矛盾日益尖锐。尤其是在改革开放以后，经济社会的快速发展给资源环境带来巨大压力。为此，一些学者基于多学科视角广泛开展了资源环境承载力研究。根据封志明等的研究成果，本书从以下方面对资源环境承载力概念体系加以阐释。

1. 资源承载力

郝庆等认为，早期的承载力即属于资源承载力范畴，实质表征了一个国家或区域内资源对人口生存和发展的支撑能力。资源承载力是资源系统的客观属性，表征了一定地域范围所拥有的资源存量和质量对该空间内人口的基本生存和发展的支撑能力。联合国教科文组织（UNESCO）提出，资源承载力通常是指一个国家或一个地区在能够预测的时空范围内，在其自身资源禀赋、知识水平和技术条件下，能够持续承载的人口规模。土地资源承载力、矿产资源承载力、水资源承载力、森林资源承载力、能源承载力、旅游资源承载力等概念均属于资源承载力的概念范畴。

2. 环境承载力

第二次世界大战以后，全球人口的激增和世界各国经济的快速发展导致资源环境问题日益凸显，尤其是20世纪60—70年代，全球环境破坏和污染问题引发了人类对生态环境承受能力的反思。在这种背景下，为适应环境管理和环境规划的需要，环境承载力概念逐渐形成。Bishop认为，环境承载力是在维持一个可以接受的生活水平前提下，一个区域所能永久地承载的人类活动的强烈程度。Pravdić将其定义为在不造成难以接受的影响的条件下环境所能容纳特定活动的能力。我国学者自20世纪80年代末也开始关注“环境承载力”的研究，曾维华等将环境承载力定义为在某一环境状态和结构不发生明显改变，影响环境系统发挥其正常功能的前提下，所能承受的人类活动作用的阈值。唐剑武等认为，环境承载力是指在一定时期，特定的环境状态下，区域环境能够支持人类活动的能力阈值。郝庆等认为，环境承载力是环境系统对人类经济社会活动干扰的承受能力以及保持自身稳定的能力，其实质为环境容量。从学者对环境承载力的定义可看出，资源承载力主要强调自然环境中各类资源（如土地、矿产、水资源、能源等）能够承载的人口数量，环境承载力则是自然环境对人类活动作用强度的耐受能力与同化能力。

3. 生态承载力

生态承载力在承载力的众多衍生概念中受到较早关注。1922 年，Hadwen 和 Palmer 在美国阿拉斯加州对驯鹿种群数量变化进行研究时提出，生态承载力是在不被破坏的情况下，一个牧场特定时期内所能支持放牧的存栏量，这是生态学首次对生态承载力概念所进行的确切阐述。然而，长期以来，生态承载力的概念和衡量标准一直存在很大争议。与环境承载力和资源承载力的概念相比，生态承载力的概念更加复杂和难于表达。例如，人类学（Anthropology）认为生态承载力是原住人群从事简单食物、生计生产方式（如刀耕火种农业）所维持的"人—地平衡"（Man-land Balance）；在生态经济学中，生态承载力被定义为生态系统自我维持、自我调节的能力，资源与环境子系统的供容能力及其可维持的社会经济活动强度和具有一定生活水平的人口数量。

4. 资源环境承载力

樊杰等认为，"资源环境"实质是人类社会经济发展所依托的自然基础条件，"资源环境承载能力"是作为承载体的自然基础对其承载对象——人类活动的支持能力，资源环境承载力可定义为一定地域空间在自然生态环境不受危害且维持生态系统良好状态的前提下，可以承载的最大资源开发强度与环境污染物排放量以及可以提供的生态系统服务能力。封志明等认为，资源环境承载力是资源承载力、环境承载力与生态承载力的延伸与发展，是从分类到综合的资源承载力与环境承载力（容量）的统称，资源环境承载力与资源承载力、环境承载力之间有着密切的内在联系。从狭义而言，资源承载力、环境承载力与生态承载力的区别在于对不同资源种类、环境要素与生态因素等分类评价；从广义而言，资源承载力、环境承载力或生态承载力在研究范围以及技术方法与模型参数上与资源环境承载力并无实质差异。

2.4.2 资源环境承载力评价方法

目前，随着资源环境承载力理论的深入和交叉研究，资源环境承载力评价方法已逐步依托地理学、管理学、经济学等学科基础发展成为定性与定量相结合的综合评价模式，形成了日臻完善的模型方法和评价体系，在此主要介绍以下几种方法。

1. 供需分析法

供需分析法通过比较研究区域拥有的资源存量与一定条件下社会经济发展对各种资源需求量之间的平衡关系来衡量区域的承载状态。这一研究方法的依据是人类的生存和发展必须消耗资源、排放废物，而资源是有限的，环境的容量也是有限的。人类活动必须限定在资源承载能力和环境容量之内，即不能超过两者的承载能力，才能实现可持续发展。假设 P_i 为 i 地区各种资源实际拥有量，Q_i 为 i 地区在特定发展模式下对各种资源的需求量；EL_i 为 i 地区现有的环境质量，EL_j 为 j 地区当前人们所需求的环境质量，则根据表 2.1 判断系统的承载状态。供需分析法紧密结合资源环境系统实际供给能力与人类经济社会系统需要或期望的环境需求规模，以两者之间的平衡关系来说明区域承载力所处的具体状态，是一种易理解的、直观的研究方法。该方法的困难在于如何准确地量化人们的环境需求，出现这种状况主要是因为在具体评价中难以确定人们需求的环境状况基准值。

表 2.1　承载状态判断

资源承载	环境容量	具体状态判断	状态综合判断
$P_i>Q_i$	$EL_i>EL_j$	资源未超载，环境未超载	未超载
	$EL_i=EL_j$	资源未超载，环境临界	临界
	$EL_i<EL_j$	资源未超载，环境超载	超载
$P_i=Q_i$	$EL_i>EL_j$	资源临界，环境未超载	临界
	$EL_i=EL_j$	资源临界，环境临界	临界
	$EL_i<EL_j$	资源临界，环境超载	超载
$P_i<Q_i$	$EL_i>EL_j$	资源超载，环境未超载	超载
	$EL_i=EL_j$	资源超载，环境临界	超载
	$EL_i<EL_j$	资源超载，环境超载	超载

资料来源：谢高地，曹淑艳，鲁春霞．中国生态资源承载力研究[M]．北京：科学出版社，2011．

2. 生态足迹法

加拿大生态经济学家 Rees 于 1992 年提出生态足迹（Ecological Footprint）的概念，将其形象地比喻为“一只负载着人类与人类所创造的城市、工厂……的巨脚踏在地球上留下的脚印”。1999 年，Wackernagel 进一步将生态足迹定义为在现有生活水平下人类占用的能够持续提供资源或消纳废物的、具有生物生产力的地域空间。生态足迹理论基于两个基本假设：一是人类在生产和生活过程中消耗的资源和产生的废弃物都是可以计量的，二是各类资源和废弃物可以通过均衡因子和产量因子转换为一定的生物生产性土地。在生态足迹计算中，各种资源和能源消费量被折算为耕地、畜牧地、林地、建筑用地、渔业空间、能源用地六类基本的生物生产性空间。生态足迹模型由生态足迹和生态承载力两个基本概念构成，分别表征人类对各类生态资源的占用和生态系统服务能力的供给。根据生产力将人类对各种资源和能源的消费折算为能够提供相应资源和能源的生物生产性土地的面积，即生态足迹；以区域现有的六种土地类型面积和各自的生产能力来计算区域的生态服务，即生态承载力；当地区生态足迹超出其所能提供的生物承载力时，生态系统表现为生态赤字，小于生物承载力，表现为生态盈余。生态赤字或盈余反映了区域发展的相对可持续性。

3. 能值分析法

著名的生态学家 Odum 于 20 世纪 80 年代后期创立了能值理论，并于 1996 年出版了能值专著 *Nvironment Accounting: Emergy and Environmental Decision Making*，引起了国际生态学界和生态经济学界的高度重视。Odum 对能值的定义如下：一种流动或储存的能量所包含另一种类别能量的数量，称为该能量的能值。能值理论认为，任何形式的能量均来自太阳能，任何资源、产品或劳务形成所需直接或间接应用的太阳能之量就是其所具有的太阳能值（Solar Emergy），简称能值，基本单位为太阳能焦耳（Solar Emjoules，sej），单位能量和物质相当的能值称为能值转换率（Transformity）。能值可将生态经济系统内部流动和储存的各个不同类别的能量与物质转换为同一标准进行定量分析。以能值为基准，利用能值转换率可以衡量和比较生态系统中不同等级能量的真实价值与贡献。资源环境承载力的能值分析法将生态经济系统中的物质流、能量流、人口流和信息流等不同种类且难以比较的能量转化为统一标准的能值，再通过计算生态系统可以供给的可持续能值规模，实现对生态经济系统资源环境承载力的定量分析。

4. 综合指数法

系统承载力由自然承载力和人类承载力共同构成。樊杰等认为，资源环境系统是由人类经济社会系统与自然界生态环境系统共同构成的复合型人类生态系统，各系统要素之间形成复杂的级联关系，资源环境承载力由两个系统相互作用形成。自然生态系统承载力是资源环境系统承载力的本底，是由自然界生态系统自身初级生产力决定的，人类承载力则由人类自身的主观意识、对自然的认知和利用能力、人类需求等决定。因此，资源环境承载力除受自然生态系统客观的供给能力影响外，也受人类经济社会因素制约，具有显著的社会属性。毛汉英等认为，在区域承载力的研究中应深化经济社会发展同人口、资源、生态环境等要素的综合研究。综合指数法先选取影响资源环境承载力的一系列指标，构建综合指标体系，再通过数学模型处理或利用指标加权获取表征资源环境承载力大小的综合指数。资源环境承载力指数通常为无量纲值，多用于时空尺度下的相对承载状态，承载阈值不明确，对政策具体指导意义不强。同时，研究中受参数选择、模型构建差异的影响，承载力估算结果各不相同，使目前承载力评价方法存在较多问题，难以为人类社会的实践提供切实可行的决策。此外，在开展资源环境承载能力评价时，很难有统一的指标体系，也无法构建能够包容全部因素的指标体系，因此综合指数评价方法采取差异化指标体系开展资源环境承载力评价。

2.5 小结

本章对海洋渔业资源环境系统相关概念作了界定，将其定义为在一定海洋空间范围内，以人类渔业活动中的人海关系为纽带，以海洋渔业资源和海域生态环境为依托的，由海洋渔业社会、渔业经济、渔业资源、海洋生态环境相互关联、耦合的复合人海关系地域系统。基于 Ostrom 的“社会—生态”系统分析框架，构建了由海洋渔业资源子系统、海洋生态环境子系统和渔业经济社会子系统组成的海洋渔业资源环境系统，分析了系统属性、功能与特征，并从人地关系理论、经济人理论、资源环境承载力理论等方面总结了海洋渔业资源环境系统可持续发展的理论依据。

3　海洋渔业资源环境系统可持续发展演化机制及模型

海洋渔业资源环境系统是人海关系复合系统，该系统的发展变化动力来源于人类活动与渔业资源环境的交互作用。根据经济人理论中的生态理性经济人观点，人类海洋渔业活动受到自然资源稀缺与生态风险意识的约束，在自然资本与生态系统服务价值意识、“生态—经济—社会”系统的复杂性意识以及生态理念的支配下，将对整个海洋渔业资源环境系统的可持续发展演化趋势和可持续发展水平产生重要影响。因此，本章在人地关系理论、经济人理论和资源环境承载力理论的指导下，以可持续发展的深刻内涵为基础，从理论层面对海洋渔业资源环境系统可持续发展演化机制加以分析，并构建可持续发展水平的理论评价模型，为本研究的深入开展提供理论依据。

3.1 可持续发展概述

3.1.1 可持续发展的概念

1962 年，美国学者蕾切尔·卡逊（Rachel Carson）出版了《寂静的春天》一书，成为人类首部关注环境问题的著作。1972 年，德内拉·梅多斯（Donella Meadows）、乔根·兰德斯（Jorgen Randers）、丹尼斯·梅多斯（Dennis Meadows）等人向罗马俱乐部提交了名为《增长的极限》的研究报告，预测按现在的世界人口数量、工业化进程、环境污染、粮食生产、资源消耗等发展趋势，地球将在未来 100 年内达到增长极限。同年 6 月，联合国在瑞典斯德哥尔摩召开第一次人类环境大会，通过了《联合国人类环境会议宣言》，确定了人类环境政策的基本原则和发展方向，开创了人类可持续发展的新纪元。1980 年，世界自然保护联盟（IUCN）、联合国环境规划署（UNEP）、世界野生动物基金会（WWF，今世界自然基金会）共同发表了《世界自然保护大纲》，首次提出了可持续发展的概念，强调为确保全球的可持续发展，必须研究自然的、社会的、生态的、经济的以及利用自然资源过程中的基本关系。美国学者莱斯特·R. 布朗（Lester R. Brown）于 1981 年出版《建设一个可持续发展的社会》，提出可通过控制人口增长、保护资源基础和开发再生能源来实现可持续发展。1987 年，以挪威前首相格罗·哈莱姆·布伦特兰（Gro Harlem Brundtland）为首的世界环境与发展委员会向联合国大会提交了《我们共同的未来》报告，正式提出了“可持续发展”的概念。1992 年 6 月，巴西里约热内卢召开联合国环境与发展大会，会议通过了《里约环境与发展宣言》《21 世纪议程》等文件，这标志着可持续发展从理论走向实践。从发展历程可以看出，可持续发展理论的形成是人类对资源环境问题认识不断深化的结果。

目前，有关可持续发展的定义较多，其中影响最大且被广泛接受的是《我们共同的未来》中提出的定义：可持续发展是指能满足当代人的需要，又不对后代人满足其需要的能力构成危害的发展。可持续发展理论认为，人口、资源、环境都是地球生态圈的有机构成部分，坚持可持续发展就要处理好人口与资源环境的关系。在“可持续发展”中，“发展”是目标，“可持续”是前提。人类的一切经济社会活动离不开资源环境的支持，人类社会发展面临的最大难题是资源稀缺性。如何实现资源的有效配置，防止资源枯竭，满足当代人需要，且不危及后代人的发展，实现区域公平和代际公平，是可持续发展要解决的基本问题。

3.1.2 可持续发展的内容

自然界为人们的生产生活提供了基础环境、各类资源、生态服务等。人类在自然界持续发展中不断进化，同时面临着自然演化过程所带来的压力和挑战。如果没有人与自然的和谐相处与协同进化，没有一个资源和环境友好型的社会，就不会有人地关系地域系统的可持续发展。人类应充分认识到人与自然关系的重要性，明晰人的需求和发展是与生态环境的占用及资源的消耗紧密联系在一起的，这也就要求人类的发展要与环境保护协同起来。

人与自然之间关系的平衡表现出的“环境与发展”和人与人之间关系的和谐体现出的“效率与公平”是可持续发展需要持续探索的永恒主题。只有认识到人与人、人与自然环境之间关系的重要性，强化对主流观念的引导，增强伦理道德意识，加强政府法规、社会文化等的建设，才能实现人与人、人与自然之间关系的和谐共生。可持续发展的内容主要包括以下几个方面。

1. 社会可持续发展

社会可持续发展的基本内容包括社会发展、社会分配、社会公平和利益均衡，其目标就是在经济效率和社会公平之间取得合理的平衡。人口问题是社会系统中制约可持续发展的首要因素，在社会的可持续发展中，最重要的就是要解决人口的可持续发展问题。因此，控制人口数量、提高人口质量是当前人口可持续发展需要解决的问题。地球资源环境的承载力是有限的，所以要控制人口数量，不可使其持续增长，在减轻人口压力的同时，注重提高人口的科技文化素质和思想道德水平。

2. 经济可持续发展

经济可持续发展的基本内容由生产力要素的统一、区域开发、生产力布局、经济结构优化和物质的供需平衡组成。经济发展、社会进步、生态环境良好的协调发展是可持续发展的重要目标。经济可持续发展要求人类从生产、生活、文化等方面进行经济发展理念和路径的新探索，注重产业结构调整与资源环境协调发展，提高资源利用效率，提升环境容量，积极探索生态补偿机制、公共参与机制，以优化产业发展模式。同时，应重视科技创新、协同战略对区域经济发展的支撑作用，提升经济可持续发展能力。

3. 生态环境可持续发展

生态环境可持续发展的基本内容包括生态平衡、自然保护和资源的永续利用。“环境保护与经济发展之间取得合理的平衡”是可持续发展的重要指标和原则。因此，生态环境的可持续发展要求：首先，要加强生态系统管理，制订生态保护与建设规划，将生态环境的保护与安全、健康、高质量的基本生产生活需求以及良好的社会关系联系起来；其次，要加强生态环境的能力建设，从而扩大生态环境的总容量，通过提高技术效率和调整产业结构减少对生态环境的影响，实现生态环境保护与人类对自然索取的平衡；最后，要加强环境制度的建设，将社会的主体——政府、企业和个人有机联系起来，完善生态环境管理制度。

4. 资源可持续发展

要实现可持续发展，必须实现资源消耗和能源消耗速率的“零增长”，必须高效利用有限的资源和能源。如何高效地使用有限的资源和能源，以获得更多的社会财富，将粗放型的经济转变成集约型经济，是资源可持续发展需要不断思考的重要问题。资源可持续发展需要在资源的开采和使用中做到供需平衡，在资源的开采和使用中采用新思路，加强科学开发能力的培养和提升，促进集约化生产，并构建大数据下的资源市场运作新模式。此外，还要完善资源基础服务设施的支撑体系，从有利于全局资源整合的角度出发，加深对地球科学的研究，开创新的勘探技术，进行超前的研究，实现资源总供给与总需求的平衡。

3.2 海洋渔业资源环境系统可持续发展演化机制分析

3.2.1 影响因素识别

由前述海洋渔业资源环境系统的概念和可持续发展理论可知，海洋渔业资源环境系统可持续发展的演化是海洋渔业资源子系统、渔业生态环境子系统和渔业经济社会子系统交互作用的结果。一些学者的研究表明，海洋气候变化、自然灾害、渔业社会的依赖程度、渔业资源环境的开发强度、海洋科技投入、政府渔业管理等因素是影响渔业经济、社会、资源环境的重要因素。根据海洋渔业资源环境系统中各子系统的组成要素和系统的自然属性、人文属性及关系属性，通过咨询海洋地理、渔业经济、海洋生态环境等领域的专家、学者，并实地调研长山群岛海洋渔业发展现状，将影响海洋渔业资源环境系统可持续发展演化的要素从资源环境、渔业活动和社会管理 3 个维度进行筛选和识别，最终整理归纳得到 14 个影响因素（见表 3.1）。

表 3.1 海洋渔业资源环境系统可持续发展演化的影响因素

维　度	影响因素	编　号
资源环境	海洋气候变化	S_1
	海洋自然灾害	S_2
	海洋环境污染	S_3
	海洋渔业资源承载能力	S_4
	海洋渔业环境承载能力	S_5
渔业活动	海洋渔业开发强度	S_6
	海洋渔业经济规模	S_7
	海洋渔业经济依赖度	S_8
	海洋渔业生态效率	S_9
	渔民收入水平	S_{10}
	海洋渔业就业依赖度	S_{11}

续 表

维 度	影响因素	编 号
社会管理	海洋渔业科技水平	S_{12}
	海洋渔业管理水平	S_{13}
	海洋环境治理能力	S_{14}

1.资源环境要素

海域气候环境、海域地质地貌、海域水环境和生物环境是海洋渔业资源环境系统的外部关联系统，属于海洋生态环境子系统要素。其中，海洋气候变化、海洋自然灾害和海洋环境污染是外部环境中影响最为直接的环境要素。由全球气候变化引起的海洋变暖、海平面上升、海洋酸化、极端气候事件对海洋生态系统物种生境和海洋渔业的丰度、分布及表型反应产生影响。台风、海啸、风暴潮等自然灾害严重影响海洋渔业生产的安全，给渔业经济带来巨大损失。滨海地区沿岸人类生产生活产生的污染物以及渔业活动造成的海域污染威胁海洋渔业生物的正常繁殖和生长。海洋渔业资源子系统资源环境承载力是海洋渔业资源环境系统状态的重要标志，关系到海洋渔业资源环境系统可持续发展演化的方向。

2.渔业活动要素

渔业经济社会子系统是整个海洋渔业资源环境系统中关系最为复杂、作用最为强烈的部分，是海洋渔业资源环境系统演化的动力来源。其中，渔业活动直接作用于海洋渔业资源环境系统，渔业资源环境的开发强度、渔业经济规模和地区经济对渔业经济的依赖程度直接决定了渔业活动的方式和强度，渔业活动的生态效率、渔民收入水平和海洋渔业就业依赖度是海洋渔业资源环境系统生态文明和社会发展的重要指标。人类对渔业资源环境掠夺式的开发虽在短时期内能满足自身发展的基本需求，但从长远来看，因无序开发造成的渔业资源环境退化对人类的生存与发展造成了严重的威胁。海洋渔业资源环境具有脆弱性强、不可逆的特点，一旦遭到破坏将成为人类社会的永久损失。只有科学开发、采取有针对性的保护措施，才能保障海洋渔业资源环境系统协调发展。

3.社会管理要素

社会管理在海洋渔业资源环境系统演化过程中发挥着关键作用，其对生态环境既有直接作用又有间接影响。社会管理对海洋渔业资源环境系统的作用主要体现在为人地关系协调提供大量人力、物力和财力保证，促进生态环境保护目标的实现方面。在海洋渔业资源环境系统的开发过程中，科技发展水平在一定程度上直接决定了渔业资源环境的开发状态、渔业科技水平的提高程度，对产业结构优化、生态资本的利用效率提升、生态压力减缓具有重要意义。海洋渔业管理水平和海洋环境治理能力是管理的主要途径，是人海关系协调发展的关键。尤其在海洋权益引起广泛重视的今天，经济政策、产业政策的实施往往会决定海洋渔业的发展定位，也会在一定程度上改变消费需求的方式、规模等。

3.2.2 ISM 模型构建

ISM 模型即解释结构模型（Interpretative Structural Modeling，ISM），作为系统因素分析方法，最早由 Warfield 于 1973 年提出，用于解析复杂系统中因子相互作用关系问题。ISM 模型通过将具有指标繁杂、结构复杂、关系多样等特点的复杂系统转化为直观的解释结构模型，形成层次分明，关联性清晰的影响因素结构化作用路径，以解决影响因素关联性分析问题。海洋渔业资源环境系统的本质为人海关系地域系统，是子系统中相互作用的关系集合。因此，适宜利用 ISM 模型梳理各要素之间的结构关系。ISM 模型的分析步骤如下：建立影响因素集→判断影响因素间的逻辑关系→构建因素间的邻接矩阵→计算因素间的可达矩阵→确定影响因素层级→确定因素层次结构关系。

1. 建立影响因素集

根据海洋渔业资源环境系统可持续发展影响因素，建立影响因素集，用 S_0 表示海洋渔业资源环境系统可持续发展演化，影响因素有 k 个，因素集合 $S=\left\{S_i \middle| i=1,2,\cdots, k\right\}$，$k$=14。

2. 判断影响因素间的逻辑关系

影响因素间的逻辑关系表示两因素间是否存在直接的影响关系。在咨询海洋地理领域专家的基础上，与专家小组讨论、分析，判断影响因素间的逻辑关系。通过对影响因素集合中行因素 S_i 与列因素 S_j 的关系两两比较，判断行因素 S_i 与列因素 S_j 之间是否存在直接影响，列因素 S_j 对行因素 S_i 有直接影响记为“A”，行因素 S_i 对列因素 S_j 有直接影响记为“V”，S_i 与 S_j 之间无影响记为“0”，评判结果如图 3.1 所示。

A	A	A	A	A	A	A	A	A	A	A	A	A	A	S_0
0	0	0	0	0	0	0	0	0	V	V	0	V	S_1	
0	0	0	0	0	0	0	0	V	V	V	0	S_2		
A	A	A	0	V	0	0	0	A	V	V	S_3			
0	0	0	0	0	0	0	V	A	0	S_4				
0	0	0	0	0	0	0	V	A	S_5					
0	A	A	0	0	0	0	A	S_6						
0	0	0	0	0	0	V	S_7							
0	0	0	0	0	0	S_8								
0	A	A	0	0	S_9									
0	A	0	0	S_{10}										
0	A	0	S_{11}											
V	0	S_{12}												
V	S_{13}													
S_{14}														

图 3.1　影响因素间的逻辑关系

3. 构建因素间的邻接矩阵

邻接矩阵表示各影响因素之间的逻辑关系。当因素 S_i 对 S_j 有直接影响时，其关系记为“1”；因素 S_i 对 S_j 无影响时，则记为“0”。据此，构建邻接矩阵 $\boldsymbol{A}$，以表示影响因素之间直接影响状况的方阵。邻接矩阵 $\boldsymbol{A}$ 的构成元素 a_{ij} 定义为：

$$a_{ij}=\begin{cases}1 & \text{当}S_i\text{对}S_j\text{有直接影响时}\\0 & \text{当}S_i\text{对}S_j\text{无直接影响时}\end{cases} \tag{3.1}$$

根据图 3.1 和式（3.1），构建影响因素之间的邻接矩阵 $\boldsymbol{A}$（见图 3.2）。

4. 计算因素间的可达矩阵

可达矩阵表征了邻接矩阵的各因素间经过一定长度的通路后可以达到的程度，反映了海洋渔业资源环境系统可持续发展演化与其影响因素间存在的所有的直接和间接关系。基于布尔代数运算规则，根据式（3.2），利用 Matlab 软件计算得到可达矩阵 $\boldsymbol{R}$（见图 3.3）。

$$\boldsymbol{R}=(\boldsymbol{A}+\boldsymbol{I})^{\lambda+1}=(\boldsymbol{A}+\boldsymbol{I})^{\lambda}\neq(\boldsymbol{A}+\boldsymbol{I})^{\lambda-1}\neq\cdots\neq(\boldsymbol{A}+\boldsymbol{I})^{2}\neq(\boldsymbol{A}+\boldsymbol{I}) \tag{3.2}$$

式中，$\boldsymbol{A}$ 为邻接矩阵，$\boldsymbol{I}$ 为单位矩阵，$2\leqslant\lambda\leqslant k$。

$$
\boldsymbol{A}=\begin{array}{c}
S_1\\S_2\\S_3\\S_4\\S_5\\S_6\\S_7\\S_8\\S_9\\S_{10}\\S_{11}\\S_{12}\\S_{13}\\S_{14}
\end{array}
\overset{\begin{array}{cccccccccccccc}S_1&S_2&S_3&S_4&S_5&S_6&S_7&S_8&S_9&S_{10}&S_{11}&S_{12}&S_{13}&S_{14}\end{array}}{\begin{bmatrix}
1&1&0&1&1&0&0&0&0&0&0&0&0&0\\
0&1&0&1&1&1&0&0&0&0&0&0&0&0\\
0&0&1&1&1&0&0&0&0&1&0&0&0&0\\
0&0&0&1&0&0&1&0&0&0&0&0&0&0\\
0&0&0&0&1&0&1&0&0&0&0&0&0&0\\
0&0&1&1&1&1&0&0&0&0&0&0&0&0\\
0&0&0&0&0&1&1&1&0&0&0&0&0&0\\
0&0&0&0&0&0&0&1&0&0&0&0&0&0\\
0&0&0&0&0&0&0&0&1&0&0&0&0&0\\
0&0&0&0&0&0&0&0&0&1&0&0&0&0\\
0&0&0&0&0&0&0&0&0&0&1&0&0&0\\
0&0&1&0&0&1&0&0&1&0&0&1&0&1\\
0&0&1&0&0&1&0&0&1&1&1&0&1&1\\
0&0&1&0&0&0&0&0&0&0&0&0&0&1
\end{bmatrix}}
$$

图 3.2 影响因素间的邻接矩阵

$$
\boldsymbol{R}=\begin{array}{c}
S_1\\S_2\\S_3\\S_4\\S_5\\S_6\\S_7\\S_8\\S_9\\S_{10}\\S_{11}\\S_{12}\\S_{13}\\S_{14}
\end{array}
\overset{\begin{array}{cccccccccccccc}S_1&S_2&S_3&S_4&S_5&S_6&S_7&S_8&S_9&S_{10}&S_{11}&S_{12}&S_{13}&S_{14}\end{array}}{\begin{bmatrix}
1&1&1&1&1&1&1&1&1&1&1&0&0&0\\
0&1&1&1&1&1&1&1&1&1&1&0&0&0\\
0&0&1&1&1&1&1&1&1&1&1&0&0&0\\
0&0&1&1&1&1&1&1&1&1&1&0&0&0\\
0&0&1&1&1&1&1&1&1&1&1&0&0&0\\
0&0&1&1&1&1&1&1&1&1&1&0&0&0\\
0&0&1&1&1&1&1&1&1&1&1&0&0&0\\
0&0&0&0&0&0&0&1&0&0&0&0&0&0\\
0&0&1&1&1&1&1&1&1&1&1&0&0&0\\
0&0&0&0&0&0&0&0&0&1&0&0&0&0\\
0&0&0&0&0&0&0&0&0&0&1&0&0&0\\
0&0&1&1&1&1&1&1&1&1&1&1&0&1\\
0&0&1&1&1&1&1&1&1&1&1&0&1&1\\
0&0&1&1&1&1&1&1&1&1&1&0&0&1
\end{bmatrix}}
$$

图 3.3 影响因素间的可达矩阵

5. 确定影响因素间的层级

依据可达矩阵 $\boldsymbol{R}$，分别求可达集合 $P(S_i)$ 和先行集合 $Q(S_i)$。$P(S_i)$ 为可达矩阵 $\boldsymbol{R}$ 中从因素 S_i 出发可以到达的全部因素的集合，$Q(S_i)$ 为可达矩阵 $\boldsymbol{R}$ 中可以到达因素 S_i 的全部因素的集合，公式为：

$$P(S_i)=\left\{S_j\left|r_{ij}=1\right.\right\},\ Q(S_i)=\left\{S_j\left|r_{ji}=1\right.\right\} \tag{3.3}$$

式中，r_{ij} 和 r_{ji} 为可达矩阵 $\boldsymbol{R}$ 的因素。根据式（3.3），求可达集合与先行集合的交集，如要素交集满足式（3.4），即为第一层级 L_1 因素。

$$L_1=\left\{S_i\left|P(S_i)\cap Q(S_i)=P(S_i)\right|i=0,1,\cdots,k\right\} \tag{3.4}$$

随后，将 L_1 中因素对应的行和列删除，得到矩阵 R'，重复式（3.3）和式（3.4）的过程，得到第二层级 L_2 的因素。依此类推，得到 L_1={ S_8，S_9，S_{10}，S_{11}}，L_2={ S_3，S_4，S_5，S_6，S_7}，L_3={ S_2，S_{14} }，L_4={ S_1，S_{12}，S_{13}}。

6. 确定因素层次结构关系

根据影响因素间的可达矩阵，利用有向线段连接各层次因素，绘制海洋渔业资源环境系统可持续发展演化影响因素的多级递阶结构，表达各因素间的关联关系及层次结构（见图 3.4）。

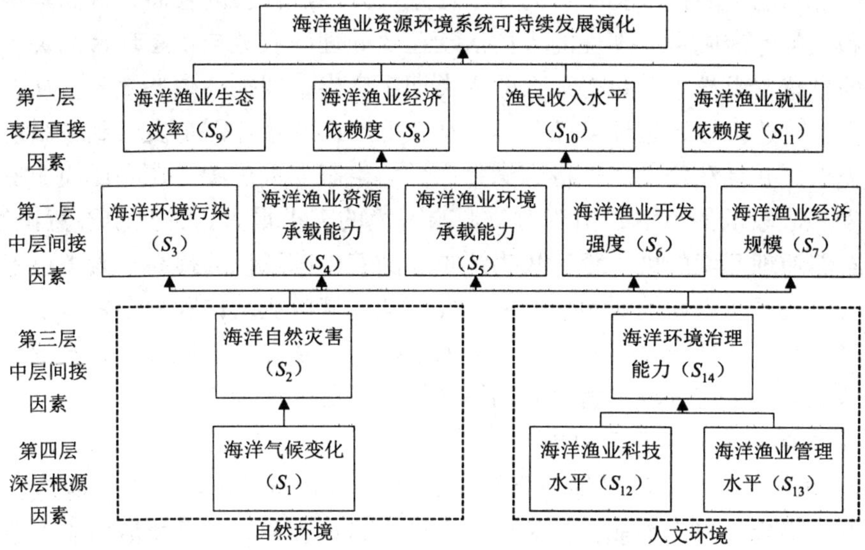

图 3.4 影响因素的多级递阶结构

3.2.3 影响因素分析

由图 3.4 可知，长山群岛海洋渔业资源环境系统可持续发展演化的影响因素构成了一个四层级的递阶结构。其中，第一层级为表层直接影响因素，第二层级和第三层级为中层间接影响因素，第四层级为深层根源影响因素。第三层级因素和第四层级因素的共同作用关系表现出明显的人类活动属性和自然环境属性，表明海洋渔业资源环境系统可持续发展演化是人文环境和自然环境变化共同作用的结果。

1. 表层直接影响因素分析

海洋渔业经济依赖度、海洋渔业生态效率、渔民收入水平、海洋渔业就业依赖度是影响长山群岛海洋渔业资源环境系统可持续发展演化的表层直接影响因素。海洋渔业生态效率表示人类渔业活动生态资本消耗与产出的比例关系，海洋渔业经济依赖度反映了区域经济发展对海洋渔业的依赖程度，渔民收入水平和海洋渔业就业依赖度体现了渔业活动对人类社会的贡献，四个影响因素分别表征了系统中生态环境、经济发展和社会发展三个方面因素对海洋渔业资源系统可持续发展演化方向和程度的直接影响。在人类渔业活动中各种物质、信息和能量的投入主要目的在于促进人类经济社会的发展，提高经济发展水平和人类生活质量。理性的人类活动还要处理好人类与生态环境的关系，以最小的生态资本投入，获得最大的人类期望产出，即提高生态效率。从总体上看，人类改造自然地理环境已基本上从较低层次的生存需求发展到较高层次的精神需求，并且在物质需求得到满足之后向生态需求过渡。在海洋渔业资源环境开发层次较低的阶段，由于对资源与环境的需求量大，并且生态意识淡薄，导致自然地理环境的破坏程度较为严重。随着生态意识的提高，人类也不断地改进人海关系，提高渔业生态效率，并调整区域产业结构和社会发展模式，以降低区域经济和社会发展对海洋渔业的依赖度，着力解决经济发展质量、社会进步水平以及生态环境三者之间的协调发展问题。

2. 中层间接影响因素分析

海洋环境污染、海洋渔业资源承载能力、海洋渔业环境承载能力、海洋渔业开发强度、海洋渔业经济规模、海洋自然灾害和海洋环境治理能力是影响长山群岛海洋渔业资源环境系统可持续发展演化的中层间接影响因素。其中，海洋环境污染、海洋渔业资源承载能力和海洋渔业环境承载能力属于自然地理环境因素，是人类渔业经济活动赖以发展的物质基础，海洋渔业开发强度和海洋渔业经济规模属于人类活动要素，上述五个因素是影响海洋渔业经济依赖度和渔民收入水平的直接因素。从自然地理环境的驱动机制看，自然地理环境可以为生产和生活提供基本条件，并且可以为海洋渔业资源环境系统的生产、生活和生态功能正常发挥提供基本保障。因此，在渔业资源环境开发过程中，需要处理好经济社会发展与资源环境承载力之间的矛盾，避免产生生态环境退化的恶果。从生态环境和人类社会活动的影响机制看，一方面，海洋自然灾害直接影响着海洋渔业资源环境、海洋渔业开发、海洋渔业经济，给生态环境和渔业经济带来损失；另一方面，人类可以通过自身海洋环境治理能力的提升，调整渔业开发强度和渔业经济规模，加强环境污染治理，保护和提升渔业资源环境承载能力。

3. 深层根源影响因素分析

海洋气候变化、海洋渔业科技水平和海洋渔业管理水平是影响长山群岛海洋渔业资源环境系统可持续发展演化的深层根源影响因素。海洋气候变化带来的海域水环境、气候环境的变化是导致海洋自然灾害的根源，进而对海洋环境、渔业生物群落和人类渔业活动产生巨大影响。人文环境中，渔业科学技术和渔业管理决定了海洋环境治理能力。传统的渔业生产活动主要依赖渔业资源和海域生态空间的原始开发，人类投入要素主要是渔船、渔具和劳动力要素。随着渔业经济发展，发展效率和发展质量的提高需要加大生产力和技术要素投入，加强渔业的综合管理。一方面，技术的投入改变了渔业生产方式，提升了生产效率；另一方面，渔业管理水平的提高，使渔业生产要素投入、生产方式、资源环境开发利用的强度等发生转变，这些要素的大量投入会深刻改变人海关系。但是，在管理无序、科技水平落后的条件下，大规模的生产资料投入，如养殖活动中的海域面积扩展，浮筏、网箱、苗种等资料大量投入，以及捕捞活动中渔船吨位和数量的投入，虽然可以在短时期内带来渔业经济增长，但长期来看往往会降低海洋渔业资源环境系统的生态服务功能。

3.2.4　可持续发展演化机制

基于对海洋渔业资源环境系统构成、属性特征和影响因素的分析，可以看出海洋渔业资源环境系统可持续发展状态的演变是人类渔业活动和海洋渔业资源环境之间交互作用的结果。海洋渔业资源环境系统中人类海洋渔业活动与海洋渔业资源环境之间存在一种“拮抗关系”，即在海洋渔业资源环境系统中，人类渔业活动的强度加强，导致渔业资源环境承载力下降，制约渔业发展，迫使区域渔业活动强度减弱；而当渔业资源环境承载力恢复后，环境优化和资源存量增加，进一步诱使渔业活动强度增加，形成恶性循环。当人类生态意识和生态治理能力显著增强时，人类由单纯追求经济利益最大化的“理性经济人”转向兼顾生态利益、社会利益的“生态理性经济人”。此时，人类能够约束自身行为，实现人类活动与资源环境的生态协调。根据拮抗关系的演进，人类海洋渔业活动与海洋渔业资源环境之间的关系演变可分为三个阶段（见图 3.5）。

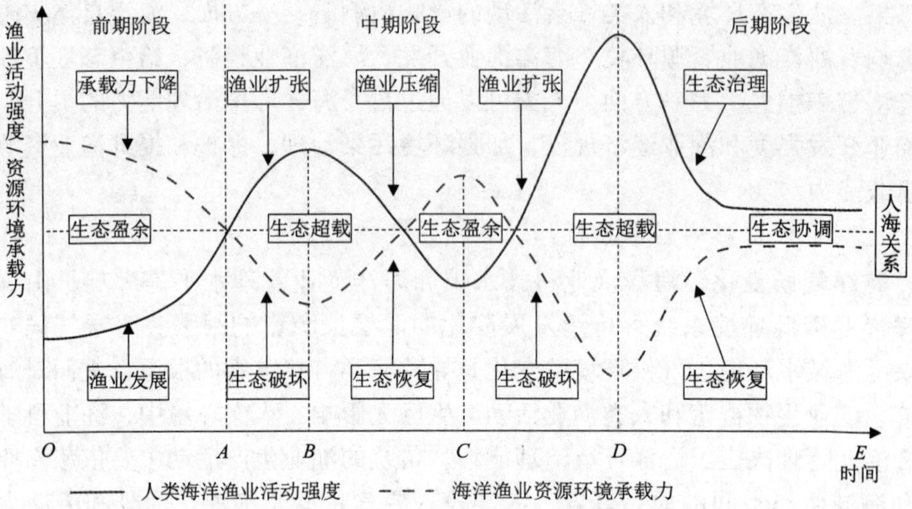

图 3.5　人类海洋渔业活动与海洋渔业资源环境之间的关系演变

1. 前期阶段

图 3.5 中 *OA* 段为渔业发展前期阶段。在本阶段初期，渔业技术水平有限，渔业开发强度较弱，生态压力小，但同时受到社会发展条件限制，渔业活动的生态效率极低，可持续发展水平不高。随着经济社会的发展，对渔业资源环境的开发力度增强，但受技术条件限制，渔业资源环境的开发利用处于粗放式无序扩张阶段，对渔业资源环境破坏日益严重，可持续发展水平呈现出持续下降的趋势。

2. 中期阶段

图 3.5 中 *AD* 段为人海关系的中期阶段。本阶段中渔业经济得到持续快速发展，渔业生产要素大量投入，渔业规模不断扩张，导致渔业资源环境承载力持续下降，资源环境出现生态超载，进而引发渔业资源存量下降（*AB* 段）。同时，渔业资源环境的衰退迫使渔民降低渔业活动强度或转移渔业生产区域。当渔业活动强度受资源环境约束开始降低时，海域渔业资源环境得以恢复，重新出现生态盈余（*BC* 段）；随着渔业资源环境的改善与恢复，长期积蓄的渔业产能得以释放，渔业活动出现“报复式”增强，导致渔业资源环境进一步恶

化，甚至出现无鱼可捕的境况（*CD* 段）。

3. 后期阶段

图 3.5 中 *DE* 段为人海关系的后期阶段。在高强度的生态压力之下，海洋渔业资源环境系统可持续发展面临巨大的挑战。为促进海洋渔业资源环境系统持续健康发展，一方面通过调整产业结构、增加科技投入、完善海洋捕捞管理等措施，加强海洋渔业的生态治理，降低海洋渔业活动强度；另一方面，通过实施海域环境治理工程、开展海洋渔业资源和海洋生态系统保护，加强海洋渔业生态环境修复，恢复渔业生态环境。在生态治理和生态恢复的共同推动下，人海关系逐渐优化，最终实现了生态平衡。但是，由于渔业经济社会发展水平较高，此时的人类渔业活动强度仍高于渔业生态资源环境承载力，可持续发展潜在风险依旧存在。

3.3 可持续发展评价的理论模型构建

对可持续发展水平的评价是正确认知人地关系、支撑科学决策的重要依据。经济合作与发展组织（OECD）和联合国环境规划署（UNEP）于 20 世纪 90 年代共同提出了一套“压力—状态—响应”（Pressure-State-Response, PSR）框架模型，为制定环境政策提供支持，其后被广泛应用于人地关系可持续发展研究领域。比如，侯伟等基于 PSR 模型建立了人为干扰度综合分析模型，分析了2015年北京市人为干扰的空间分布状况；李佳芮等基于PSR模型，构建了海岛区域可持续发展的指标评价体系，评价了长岛县（2020 年 6 月，国务院批复撤销蓬莱市、长岛县，设立蓬莱区）可持续发展状况。在海洋渔业领域，学者也开展了相应研究。比如，Ou 等基于 PSR 框架，开发了一套当地渔业可持续指标评价体系，并以台湾贡寮为例评价了其 1995—2003 年的渔业状况；宋伦等基于压力、状态和生物群落响应 3 个层面评价了捕捞对长山群岛渔业生态系统的影响；乔瑞琪等利用 PSR 模型构建了海洋渔业生态系统的压力、状态、响应指标，评价了我国海洋渔业生态安全。另外，左伟等基于 PSR 模型，提出了“驱动力—压力—状态—响应”（DPSR）模型，即在原 PSR 模型上增加了生态环境系统变化驱动力模块，强调社会、经济、人口因素在导致环境压力和状态变化方面会产生一定的驱动力。DPSR 模型在生态环境评价方面被广泛应用，但将其用于探究人类与生态环境相互作用与反馈机制的研究相对较少。

因此，结合对海洋渔业资源环境系统可持续发展演化机制的分析，本书基于DPSR分析模型，构建海洋渔业资源环境系统可持续发展评价的逻辑框架，探究复杂系统中人类经济社会活动与渔业资源环境的相互作用关系和反馈机制（见图3.6）。

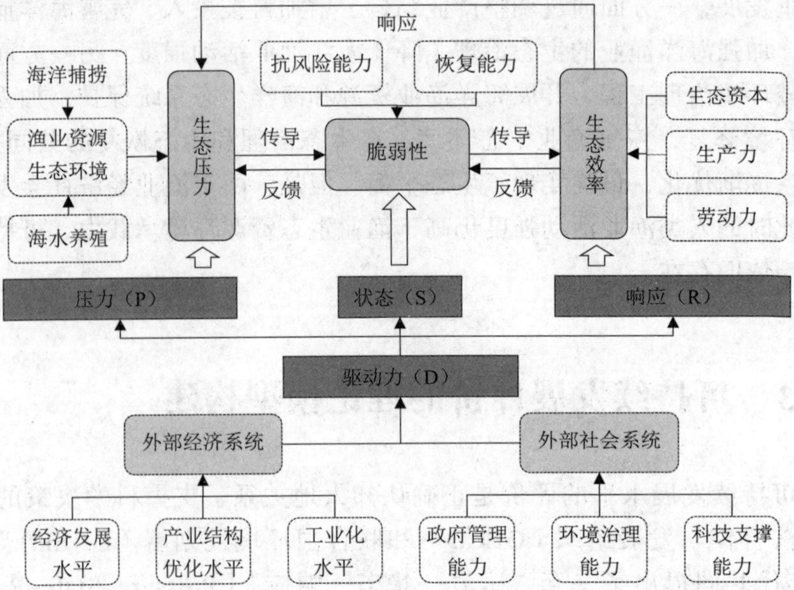

图3.6 海洋渔业资源环境系统可持续发展评价的DPSR模型逻辑框架

作为渔业资源环境系统外部因素的人类经济、社会系统，对渔业资源的需求和渔业生态系统的管理是驱动海洋渔业资源环境系统发展的根源所在。其中，经济发展水平、产业结构优化水平、工业化水平是外部经济系统的直接动力，政府管理能力、环境治理能力以及科技支撑能力从外部社会系统方面形成驱动力。根据DPSR模型的基本原理，压力（Pressure）、状态（State）和响应（Response）是表示海洋渔业资源环境系统可持续发展状态的三类主要指标。压力是指海洋渔业资源环境系统面对的由渔业生物资源和渔业生态环境利用引发的总体生态压力，主要来自海洋捕捞和海水养殖；状态是指海洋渔业资源环境系统能够稳定运行的能力，即抗风险能力和面临生态损失时的恢复能力，由海洋渔业资源环境系统脆弱性表征；响应是指人类对海洋渔业资源环境系统状态变化做出的反馈。压力、状态和响应之间存在传导关系，即由人类活动引发的生态压力传导至整个海洋渔业资源环境系统，使海洋渔业资源环境系统的抗风险能力和恢复能力发生变化。脆弱性即海洋渔业资源环境系统对生态压力做出的反馈，当人类意识到海洋渔业资源环境系统状态变化后，通过改进自身生态行为，提升产业活动的生态效率，对海洋渔业资源环境系统脆弱性做出反馈。最终，人类通过改进生态资本的利用强度和效率、管控生产要素的投入力度等方式对由人类自身引发的生态压力做出响应。

3.4 小结

本章从可持续发展理念出发，从资源环境、渔业活动和社会管理三个维度筛选了影响海洋渔业资源环境系统可持续发展演化的因素，利用ISM模型分析了影响因素的多级递阶结构关系，划分出影响海洋渔业资源环境系统演化的表层直接因素、中层间接因素和深层根源因素。从影响因素的作用关系分析，海洋渔业资源环境系统可持续发展状态的演变是人类渔业活动和海洋渔业资源环境之间交互作用的结果，两者存在一种“拮抗关系”。根据拮抗关系的演进，将可持续发展演化的作用机制分为前期、中期和后期的三个阶段。结合对海洋渔业资源环境系统可持续发展演化机制分析，提出海洋渔业资源环境系统可持续发展评价的“驱动力—压力—状态—响应”（DPSR）框架模型，从外部环境驱动因素、生态压力、生态效率和脆弱性四个维度，构建了海洋渔业资源环境系统可持续发展评价体系，为实证研究提供了理论框架。

4 长山群岛捕捞活动与渔业资源环境的交互响应关系研究

4.1 捕捞活动影响下渔业资源结构变化特征分析

4.1.1 分析方法

作为一个包括资源环境、经济和社会等多方面因素的复杂系统，学者通常采用复杂的“生态—经济—社会”模型来研究渔业资源系统的可持续利用问题，这些模型关系复杂、数据需求量大，且研究结果存在较大差异。Lindeman 于 1942 年提出营养级概念，用于指示生物体在食物网中的位置，反映生态系统的物种格局和结构组成特征。Pauly 根据营养级理论于 1998 年提出“渔获物平均营养级”（Mean Trophic Level，MTL）概念，以评价捕捞活动对渔业资源结构的影响。营养级不仅能够反映海洋食物网中各物种间的食物关系，还可在渔业生态系统研究和管理中评价海洋生物多样性和渔业状况动态变化。2000 年，Pauly 等提出渔业均衡指数（Fishing in Balance Index，FiB）以弥补 MTL 指数的不足，以此评估捕捞活动对渔业生态系统的影响。MTL 和 FiB 指标在评价捕捞活动对渔业资源结构和功能影响、衡量海洋渔业资源可持续性方面得到广泛应用。Pauly 等、Pinnegar 等、Arancibia 等评价了全球范围内不同海域 MTL 的长期变化进程。杜建国等、许思思等、李继龙等对中国海域鱼类营养级指数变化进行了研究。相关研究表明，从大尺度空间范围看，过度捕捞导致了 MTL 下降。然而，在一定尺度范围内，一旦渔获量减少，或者发生可能的渔业资源破坏，捕捞活动就会发生扩展或者转移。此外，一些国家和地区也通过制定政策、划定休渔期等措施使渔业资源得以恢复。在人类理性行为下，MTL 往往呈现出由高到低或由低到高的周期性变化。因此，有必要从小尺度范围开展人类捕捞活动对海洋资源影响的研究，分析其周期性特征和变化机制。

1. 渔获物平均营养级

MTL 对海洋渔业资源结构具有重要指示作用。对渔获物调查是研究鱼类群落的主要途径，因此 Pauly 等认为上岸渔获物的 MTL 可作为被开发海洋生态系统可持续性的一个指标，以评判捕捞活动对海洋生物群落或生态系统营养结构的影响、评估维系渔业可持续发展的初级生产力水平等，表征渔业开发模式的可持续性。渔获物 MTL 计算公式如下：

$$\mathrm{MTL}_i = \frac{\sum_{ij} TL_j \cdot Y_{ij}}{\sum Y_{ij}} \tag{4.1}$$

式中，MTL_i 为第 i 年捕捞渔获物平均营养级；TL_j 为 j 类渔获物营养级；Y_{ij} 为第 i 年 j 类渔获物的产量。MTL 水平下降表明渔业资源受外界干扰，海洋渔业的物种多样性下降，渔获物从高营养级物种向低营养级物种转变，即“捕捞降低海洋食物网”（Fishing down Marine Food Webs）。

2. FiB 指数计算

Pauly 等和 Christensen 等认为，人类有选择地捕捞以及捕捞范围的变化也会使 MTL 出现变动。因此，单纯利用渔获物 MTL 来评估捕捞活动对海洋渔业生态系统影响不够严谨。为此，Pauly 等提出渔业均衡指数，以评判渔业系统的生态平衡性，公式为：

$$\mathrm{FiB}_i = \log_{10}\left[Y_i\left(\frac{1}{TE}\right)^{\mathrm{MTL}_i}\right] - \log_{10}\left[Y_0\left(\frac{1}{TE}\right)^{\mathrm{MTL}_0}\right] \tag{4.2}$$

式中，Y_i 为 i 年总渔获量；TE 为生态效率，参考相关研究，取定值 0.1；MTL_i 为第 i 年渔获物平均营养级；“0”表示研究基准年（本研究以 1965 年为研究基准年），Y_0 为基准年的总渔获量，MTL_0 为基准年渔获物平均营养级。FiB 指数的变化与渔获量和 MTL 的变化密切相关，当渔获量和 MTL 增加，FiB 指数也呈现上升趋势，表明渔业处于开发初期或开发程度较低；当渔获量增加而 MTL 和 FiB 指数出现下降，表明渔业资源遭受破坏。

3. 小波分析

小波分析是一种通过伸缩和平移等运算对信号序列进行多尺度分析的方法，利用小波变换的时频局部化优势，可在多时间尺度下寻找研究对象的变化周期。海洋渔业资源受各种因素影响呈周期变化，表现出多时间尺度的特征。基于 Matlab 软件，使用 Morlet 小波变换分析 MTL 周期性演变情况。Morlet 小波基函数公式为：

$$\varphi(t) = e^{ict} e^{-t^2/2} \tag{4.3}$$

其中，t 为时间，c 为常数，参考已有研究，取 c=6.2。连续小波变换（CWT）定义为 $f(t)$ 与小波基函数的内积：

$$W_f(a,b) = \frac{1}{\sqrt{a}}\int_{-\infty}^{+\infty} f(t)\varphi_{a,b}(t)\mathrm{d}t = \frac{1}{\sqrt{a}}\int_{-\infty}^{+\infty} f(t)\bar{\varphi}_{a,b}\left(\frac{t-b}{a}\right)\mathrm{d}t \tag{4.4}$$

式中，$W_f(a, b)$ 称为小波变换系数，$f(t)$ 为原始信号，a 是尺度伸缩因子，b 是时间平移因子；$\varphi_{a,b}(t)$ 为母小波函数 $\varphi(t)$ 伸缩和平移得到的小波序列；$\bar{\varphi}\left(\frac{t-b}{a}\right)$ 为 $\varphi\left(\frac{t-b}{a}\right)$ 复共轭函数。

将小波变换系数平方进行积分，即获得小波方差：

$$V_{ar}(a)=\int_{-\infty}^{\infty}\left|W_f(a,b)\right|^2 \mathrm{d}t \tag{4.5}$$

小波方差表征 MTL 时间序列波动在各时间尺度的分布，反映各种尺度波动的相对强度，对应峰值处的尺度即 MTL 变化周期，峰值越高，周期性越明显。小波系数值的正负表示该年 MTL 的高低，小波系数值为正表明 MTL 处于高位期，为负表明 MTL 处于低位期，利用小波系数过程线可呈现 MTL 变化趋势。

4.1.2　数据来源

研究所涉海域渔业捕捞总产量、分类渔获物产量、机动渔船数据主要根据长海县统计局提供的“长海县统计数据库”1965—2002 年数据和 2003—2016 年《长海县统计年鉴》整理获取。因为研究目的主要是评价捕捞活动对长山群岛海域渔业资源的影响，所以捕捞产量数据扣除远洋捕捞产量。考虑数据可获得性，将水生植物、鲸、海豹和其他水生哺乳动物类、贝类、海蜇、海参以及分类不详的杂项水生动物产品剔除，最终确定 26 类渔获物。相关渔获物营养级来源于世界鱼类数据库，并参考田甲申等、王荦等有关黄海、渤海尤其是大连海域渔业生物 MTL 研究成果，对于部分不能准确到种的营养级，采用其所属科的营养级。根据李继龙等研究成果，按照营养级高低将渔获物划分为三个等级：低营养级渔获物 2.00 ～ 2.89，中营养级渔获物 2.90 ～ 3.49，高营养级渔获物 3.50 ～ 4.00（见表 4.1）。

表 4.1 长山群岛主要渔获物营养级

营养级类别	渔获物种类	英文名称	拉丁名称	营养级	营养级偏差
低营养级渔获物	梭鱼	Grey Mullet	*Mugil soiuy*	2.49	0.19
	鳀鱼	Anchovy	*Engraulis japonicus*	2.56	0.22
	虾蛄	Spottail Mantis Squillid	*Squilla mantis*	2.60	0.30
	梭子蟹	Gazami Crab	*Portunus trituberculatus*	2.60	0.30
	马面鲀	Filefishes Nei	*Thamnaconus septentrionalis*	2.70	0.40
	毛虾	Akiami Paste Shrimp	*Acetes japonicus*	2.70	0.35
	对虾	Fleshy Prawn	*Penaeus chinensis*	2.70	0.35
	鹰爪虾	Southern Rough Shrimp	*Trachypenaeus curvirostris*	2.70	0.35
	沙丁鱼	Sardinellas	*Sardinella spp*	2.82	0.09
中营养级渔获物	鲐鱼	Chub Mackerel	*Scomber japonicus*	3.09	0.43
	玉箸鱼	Pacific Sandlance	*Ammodytes personatus*	3.10	0.28
	青蟹	Indo-Pacific Swamp Crab	*Scylla serrata*	3.10	0.3
	鲳鱼	Silver Pomfret	*Pampus argenteus*	3.12	0.37
	乌贼	Cuttlefish	*Sepiidae, Sepiolidae*	3.20	0.14
	鲷鱼	Seabream	*Sparidae*	3.40	0.05

续 表

营养级类别	渔获物种类	英文名称	拉丁名称	营养级	营养级偏差
中营养级渔获物	竹荚鱼	Japanese Jack Mackerel	*Trachurus japonicus*	3.40	0.45
	鱿鱼	Common Squids Nei	*Loligo spp*	3.50	0.37
高营养级渔获物	鲆鲽	Flatfishes Nei	*Pleuronectiformes*	3.51	0.02
	章鱼	Common Octopus	*Octopus vulgaris*	3.55	0.73
	小黄鱼	Yellow Croaker	*Larimichthys polyactis*	3.64	0.63
	大黄鱼	Large Yellow Croaker	*Larimichthys croceus*	3.72	0.56
	鳓鱼	Elongate Ilisha	*Ilisha elongata*	3.79	0.61
	石斑鱼	Groupers Nei	*Epinephelus spp*	3.90	0.02
	海鳗	Daggertooth Pike Conger	*Muraenesox cinereus*	4.07	0.66
	带鱼	Hairtails	*Trichiuridae*	4.24	0.06
	鲅鱼	Japanese Spanish Mackerel	*Scomberomorus niphonius*	4.50	0.80

4.1.3 计算结果

1. 捕捞产量与渔获物 MTL 年际变化

通过建立长山群岛 1965—2016 年渔获量时间序列，分析其年际变化特征。长山群岛渔获量整体呈增长趋势，1965 年为 2.50×10^4 t，2016 年增加到 22.50×10^4 t，增加了 8.02 倍。利用线性回归分析，其线性倾向率 γ=0.394，即渔获量每年增加 0.394×10^4 t，但各阶段变化特征不尽相同（见图 4.1）：1965—1976 年，呈稳步上升趋势，年均增长 13.17%；1977—1993 年，捕捞产量波动变化，整体呈下降趋势；1994—2006 年，呈阶段递进式增长；2007—

2016 年，捕捞产量迅速提升，2013 年达到 52 年历史记录的最高水平，产量为 28.84 × 10⁴ t，2013 年以后，捕捞渔获量快速下降。

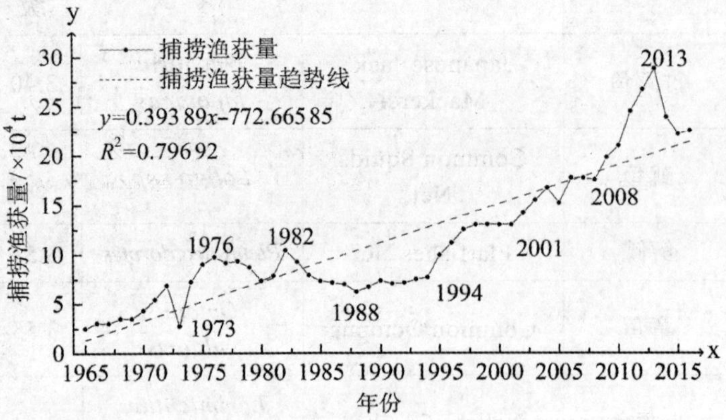

图 4.1　1965—2016 年长山群岛捕捞渔获量年际变化

1965—2016 年长山群岛 MTL 在 3.12 ～ 3.85 的范围内波动，52 年平均值为 3.46（见图 4.2）。根据对 MTL 和捕捞产量关系的分析，MTL 的变化大致可分为 4 个阶段：1965—1976 年，MTL 在保持一定阶段的平稳后，开始出现小幅波动，平均波动幅度为 0.049；1977—1993 年，MTL 波动幅度进一步拉大，呈现大幅震荡，平均波动幅度为 0.106；1994—2006 年，MTL 剧烈波动，平均波动幅度为 0.141；2007—2016 年，MTL 波动幅度收窄，波动频率增加，2013 年以后，延续了自 2010 年以来的下降趋势，呈现出快速降低的趋势。

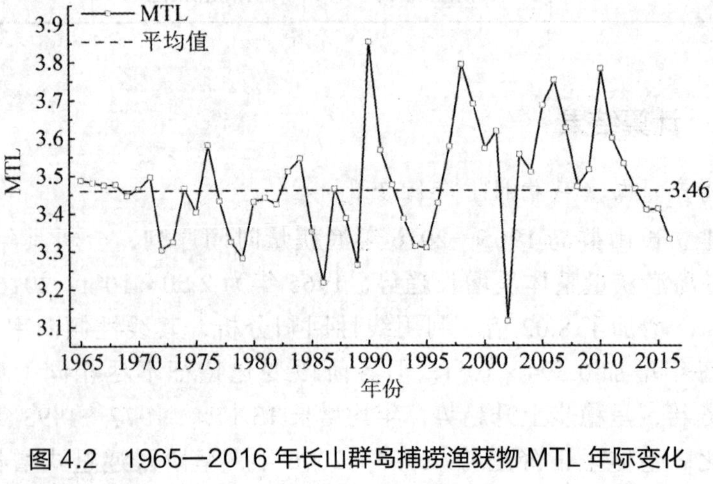

图 4.2　1965—2016 年长山群岛捕捞渔获物 MTL 年际变化

2. FiB 指数年际变化

长山群岛渔获物 FiB 指数总体呈现四个阶段的变化（见图 4.3）：1965—1976 年，FiB 指数持续上升，从 0 快速增长至 0.84，尤其是 1970 年后，FiB 指数上升明显加快；1977—1993 年，FiB 指数在波动变化中持续下降，从 0.75 下降至 0.06 ；1994—2006 年，FiB 指数随捕捞产量快速上升，从 0.19 增长至 1.39 ；2007—2016 年，FiB 指数经历三个振荡，整体呈现下降趋势，2013 年以后，长期过度捕捞使长山群岛渔业资源结构受到严重影响，渔业资源结构变得十分脆弱，渔业资源环境遭到破坏。

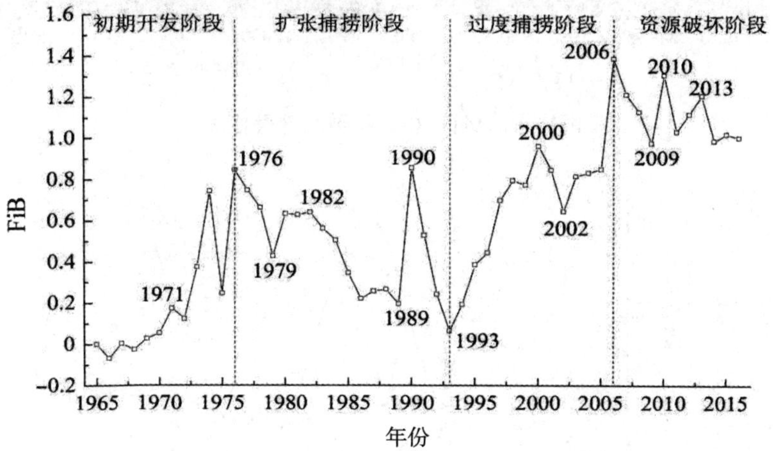

图 4.3　1965—2016 年长山群岛渔获物 FiB 指数年际变化

3. 渔获物 MTL 周期变化

根据小波变换系数实部变化（见图 4.4），MTL 在 15 ～ 19 年、24 ～ 34 年两种时间尺度下周期性波动，且具有全域性，存在于整个研究尺度上。结合小波方差检验（见图 4.5），小波系数方差存在 2 个峰值，其中 30 年尺度峰值最高，为第一主周期，17 年次之，为第二主周期。依据小波变换系数变化过程（见图 4.6），MTL 在 30 年主周期呈“高—低—高”变化，在 17 年主周期呈“高—低—高—低—高”变化。

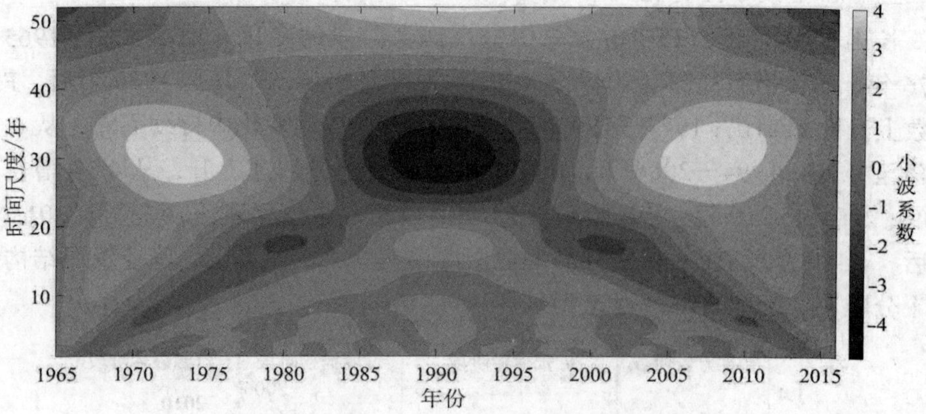

图 4.4　MTL 小波系数实部等值线

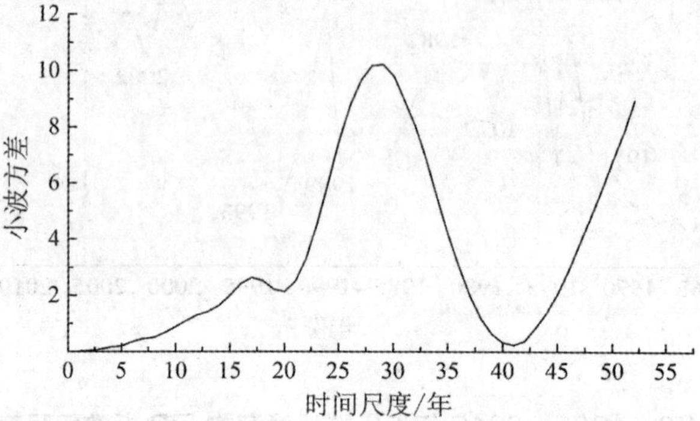

图 4.5　小波方差

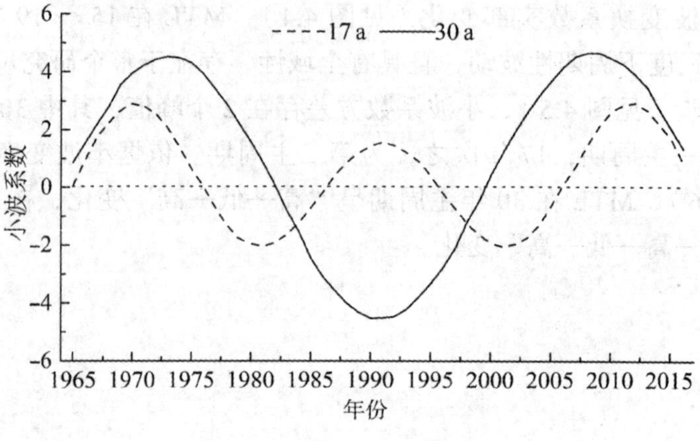

图 4.6　主周期小波系数变化过程

4.1.4 渔业资源结构变化特征

MTL 作为研究渔业资源结构的可靠指标，能够反映海洋渔业系统的多维信息，通过观测和分析渔获物 MTL 长期变化特征，可为渔业资源科学管理提供依据，有助于海洋渔业的可持续发展。

1. 捕捞产量及 MTL 变化特征

根据图 4.3 的分析，长山群岛海域捕捞产量经历了四个阶段的波动变化，这与陈琦等对黄海海域捕捞产量的长期演变趋势和短期波动特征研究结果基本一致。1965—1976 年，长山群岛和全国其他地区一样，捕捞活动受到政治活动影响，从 20 世纪 60 年代后期至 70 年代前期经历了跃进式发展，致使渔业资源存量受到一定程度的影响，MTL 在 1970 年以后开始出现波动，人类捕捞活动给渔业资源造成了很大压力。1977—1993 年，机动渔船吨位增长 105.56%，而捕捞产量下降 15.95%，这一时期，MTL 开始呈现大幅波动变化。而同一时期，全国海洋渔业捕捞产量处在高速增长阶段。这说明随着捕捞活动的加剧，长山群岛海域渔业资源开发达到极限并遭到破坏。1994—2006 年，机动渔船的大规模增加促使捕捞产量快速提升，机动渔船吨位由 2.41×10^4 t 增加到 8.98×10^4 t，增幅达到 272.61%。通过相关性分析，机动渔船吨位和捕捞产量相关系数为 0.828，在 0.01 水平上显著相关。1994—1998 年，随着捕捞渔船的大规模投入，捕捞产量大幅增加，高营养级渔获物占全部捕捞渔获物的比重由 40.42% 增长到 69.44%，MTL 显著升高。1999—2002 年，捕捞渔船吨位仍在快速增加，但捕捞产量难以提高，由于过度捕捞，高营养级渔获物比例明显下降，2002 年仅占 33.87%。2002—2006 年，为提高捕捞产量，增加高营养级渔获物比重，通过进一步加强捕捞强度、扩展或者转移捕捞区域，促使 MTL 快速上升。但受到统计资料的限制，仅能从机动渔船吨位方面分析，难以确定捕捞工具、捕捞方式以及捕捞区域。2007—2013 年，捕捞产量仍保持高速增长，但是以机动渔船吨位为代表的生产力投入并未明显增加，在现有生产力条件下，MTL 的升高主要是由有针对性捕捞高营养级渔获物引发。2013 年后，渔业资源结构遭到破坏，MTL 持续下降，机动渔船吨位以及捕捞产量大幅缩减。过度捕捞是渔获物 MTL 降低、渔业资源结构被破坏的主要原因。因此，地方政府应进一步明确渔业资源管理目标，加大捕捞活动管理力度，落实海洋渔业资源保护制度，制定渔业资源保护和利用规范，调整现行海洋渔业管理体制以适应地方发展需要，使地方渔业资源保护和管理工作系统化、科学化、规范化。

2. FiB 指数变化特征

捕捞活动对海洋尤其是一定海域范围内的不同营养级生物产生重大影响。根据长山群岛渔获物 FiB 指数变化特征，结合捕捞产量和 MTL 变化，将其渔业资源开发划分为四个阶段（见表 4.2）。1965—1976 年，捕捞强度逐渐增大，开发强度不断增加；1977—1993 年，通过扩展捕捞区域或开展针对性捕捞，长山群岛海域进入扩张性捕捞阶段；1994—2006 年，过度捕捞使渔业资源系统处于不稳定状态；2007—2016 年，FiB 指数整体呈现下降趋势，长期过度捕捞使长山群岛渔业资源结构受到严重影响，渔业资源结构变得十分脆弱，渔业资源环境遭到破坏。

表 4.2　长山群岛渔业资源利用指标变化

资源利用阶段（年份）		捕捞产量	MTL	FiB	成因分析
初期开发阶段 1965—1976	1965—1970	↑	↓	↑	增加捕捞强度，渔业资源结构受到影响
	1970—1976	↑	↑	↑	扩展捕捞区域，加大捕捞强度
扩张捕捞阶段 1977—1993	1976—1980	↓	↓	↓	渔业资源结构遭到破坏
	1980—1982	↑	®	®	扩展捕捞区域
	1982—1984	↓	↑	↓	针对性捕捞使 MTL 升高，渔业资源结构遭到破坏
	1984—1986	↓	↓	↓	过度捕捞使渔业资源结构遭到破坏
	1986—1990	↑	↑	↑	扩展捕捞区域，加大捕捞强度
	1990—1993	®	↓	↓	加大捕捞强度，维持产量，渔业资源结构遭到破坏
过度捕捞阶段 1994—2006	1994—1998	↑	↑	↑	扩展捕捞区域，加大捕捞强度
	1998—2002	↑	↓	↓	过度捕捞使渔业资源结构遭到破坏
	2002—2006	↑	↑	↑	扩展捕捞区域，加大捕捞强度

续 表

资源利用阶段（年份）		捕捞产量	MTL	FiB	成因分析
资源破坏阶段 2007—2016	2007—2008	®	↓	↓	加大捕捞强度，维持产量，渔业资源结构遭到破坏
	2008—2010	↑	↑	↑	扩展捕捞区域，加大捕捞强度
	2010—2013	↑	↓	↑	加大捕捞强度，渔业资源结构遭到破坏
	2013—2016	↓	↓	↓	过度捕捞使渔业资源结构遭到破坏

注：“↑”表示上升，“↓”表示下降，“®”表示维持不变。

3. 渔获物 MTL 周期变化特征

在全球、大洋等大尺度范围内，人类过度捕捞活动致使渔业资源结构遭到破坏，MTL 呈现持续下降的趋势。然而，由于人类活动存在“生态理性”，在意识到“生态约束”时，会调整自身行为来适应环境变化，因此在小尺度海域范围内，渔业资源结构遭到破坏时，人类可以通过改变捕捞活动来适应资源环境变化并使利益最大化，由此使 MTL 形成周期性变化特征。在初期开发阶段，由于海域内渔业资源丰富，本地渔民往往通过扩展捕捞区域、加大捕捞强度，来提高捕捞产量，获取更多寿命长、价值大、营养级高的渔业资源，使 MTL 升高；经过一段时间的过度捕捞后，渔业资源结构遭到破坏，高营养级渔获物减少，MTL 降低；为获取最大效益，人类通过不断提高捕捞生产力、转移捕捞区域，或者实施保护性捕捞，使渔获物 MTL 不断升高。在这种变化过程中，人类捕捞活动与 MTL 之间形成一种“压力—响应”关系，即“捕捞强度增加→高营养级渔获物减少→捕捞降低→渔业资源恢复→捕捞强度增加”或者“捕捞强度增加→高营养级渔获物减少→继续增加捕捞强度→渔业资源被破坏→捕捞区域转移→本区域渔业资源恢复→捕捞强度增加”。通过小波分析发现，长山群岛海域渔获物 MTL 在 15 ～ 19 年、24 ～ 34 年两种时间尺度下呈现周期性波动，其中 30 年为第一主周期，17 年为第二主周期。MTL 在第一主周期呈“高—低—高”变化，在第二主周期呈“高—低—高—低—高”变化。两个主周期上，MTL 极值变化时间跨度分别约为 15 年和 8.5 年，即在捕捞活动影响下，海洋渔业资源结构从最低恢复到最高状态，需要 8.5 ～ 15 年的时间。

4.2 长时间序列下渔业资源承载力变化分析

4.2.1 分析方法

海洋渔业资源承载力是可持续评价的重要内容。早期学者开始研究过度捕捞对渔业资源产生的影响时，就已经关注渔业资源承载力。学者根据不同的学术研究范畴对海洋渔业资源环境系统的承载力开展了评价，主要包括基于单因素指标的生物绝对承载量评价和基于多因素指标的系统相对承载能力评价两个方面。20世纪30年代初期，Russell提出了一个简单的数学表达式来阐述“过度捕捞问题”。其后，一些学者提出了最大持续产量（Maximum Sustainable Yield，MSY）概念，其含义是在渔业生态系统自身恢复能力不被破坏的情况下，人类每年所能捕捞的最高产量。MSY可根据渔业统计资料，利用剩余产量模型（Surplus Yield Model）估算获取。剩余产量模型主要有Schaefer模型、Graham模型、Fox模型、Pella-Tomlinson模型等。随着对资源环境系统理论的逐步深入研究，对承载力的理解逐渐从单一的生物承载量向资源环境系统相对承载能力转变。承载力不仅受到渔业资源环境的限制，还受到经济发展、技术进步、生态管理、社会文化等方面的条件影响。因此，基于构建指标体系进行资源环境系统评价的方法日益受到重视，如韩增林等利用状态空间法，从人类活动轴、资源轴和环境轴三个维度构建了海域承载力状态空间模型，模型包含压力类指标、承压类指标和区际交流指标三类指标。但是，指标体系法只能估算承载力的相对程度，并不能测算系统的绝对承载力阈值。本研究的目的在于评价人类捕捞活动与承载力阈值的交互响应关系，因此在研究中依然采用绝对阈值评价方法估算渔业资源承载力。

根据前文所述资源承载力概念，渔业资源承载力本质为在不破坏海域范围内生物群落和生态环境的条件下，海洋渔业生态系统所能提供的潜在渔业生物资源量。对于渔业资源生产量的估算，常用方法主要包括利用渔业统计资料进行估算和利用调查资料进行估算。其中，营养动态模型方法是常用估算方法，如宁修仁等早在1995年就利用该方法评估了渤、黄、东海区域潜在鱼类生产量，卢振彬估算了闽中海域鱼类资源生产量，杜建国等估算了泉州湾渔业资源年生产量。刘胜浩等认为，营养动态模型方法对海域中鱼、虾蟹和头足类等资源总量的估算较为适用。本研究中长山群岛渔业资源主要包括鱼类，虾、蟹等甲壳类，乌贼、鱿鱼、章鱼等头足类，贝类等海洋生物资源。因此，基于长山群岛海域初级生产力估算数据，采用营养动态模型估算1965—2016年长山群岛海域生态系统的渔业资源生产力，计算公式为：

$$C_i=PPE^{\mathrm{MTL}_i} \tag{4.6}$$

式中，C_i为海域生态系统的年渔业资源生产力；PP为初级生产量，根据国家海洋环境监测中心调查数据，长山群岛海域初级生产量为1.56×10^6 tC/a；E为生态效率，取15%；MTL_i为海域第i年主要渔获物的平均营养级。

4.2.2 数据来源

渔业资源环境承载力评价中所涉及的长山群岛海域初级生产量数据来源于国家海洋环境监测中心的长海县海域养殖容量与增殖潜力调查研究报告；MTL数据可利用式（4.1）根据长山群岛历年主要渔获物产量计算得到。

4.2.3 评价结果

基于式（4.6），计算得出长山群岛海域的渔业资源承载力。由此可以发现，1965—2016年，渔业资源承载力在2.22～6.16 t/km² 波动变化。为评估捕捞活动与渔业资源承载力关系，利用OriginPro 9.0软件中的非线性曲线拟合功能，将渔业资源承载力与表4.1所筛选的26种主要渔获物的年总产量分别进行曲线拟合（见图4.7）。两条拟合曲线表明，主要渔获物总产量在20世纪60年代中期至80年代末期呈波动变化，20世纪80年代之后呈现大幅增长趋势，2005年以后又出现了新的波动变化趋势，渔业资源承载力则始终在一定值域范围内波动。从图4.7可以看出，渔业资源承载力与主要鱼类捕捞量之间存在显著的负相关。在20世纪70年代中期以前，渔获量保持缓慢增长，渔业资源承载力数值基本稳定。在20世纪70年代中期至80年代初，由于捕捞的大幅提升，生态系统处于不稳定状态，承载能力不断波动，渔业资源存量减少。承载力的下降直接导致可捕捞的渔业资源总量减少，在1980—1990年初期主要渔获物产量下降；此后，随着捕捞强度的减弱，生态系统获得恢复的机会，承载力得到提升。1993—2005年，受经济发展需求和渔业技术进步的推动，渔获量以每年24.68%的速度增长，承载力也因此下降。2005—2016年，渔获量出现剧烈波动，但整体来看，渔业资源承载力并未出现大幅变化。

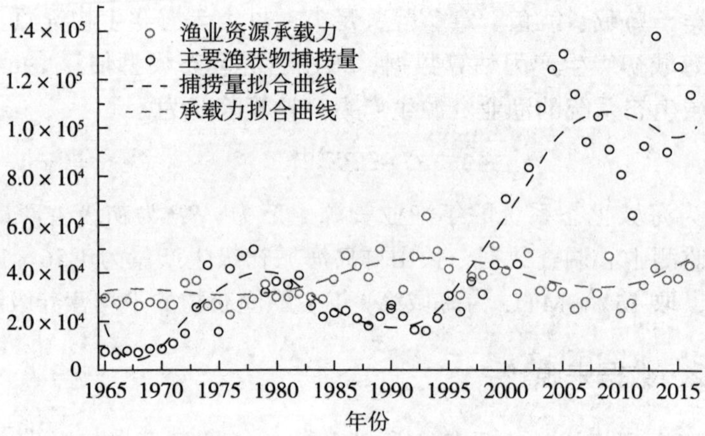

图 4.7　渔业资源承载力和主要渔获物产量的实际值与拟合值

4.3　捕捞活动与渔业资源承载力的响应关系评价

从上述分析可以看出，捕捞活动与海洋渔业资源承载力存在相互作用关系。过度捕捞会破坏海洋渔业生态系统，当海洋渔业资源承载力下降时，捕捞活动可能会受到来自自然和人类自身的约束，捕捞与渔业资源承载力之间存在一种交互影响过程。因此，本书引入 VAR 模型，以定量分析捕捞与资源承载力相互影响的机制。

4.3.1　评价方法

VAR 模型常用于预测相互联系的时间序列系统以及分析随机扰动对变量系统的动态冲击，从而揭示各种要素冲击对变量的影响程度。本书选择 VAR 模型中的广义脉冲响应函数，就海洋渔业资源承载力与捕捞活动之间的响应关系进行测度，并刻画两变量随时间变化的动态关系和响应程度。VAR 模型表达式：

$$\boldsymbol{y}_t=\boldsymbol{A}_1\boldsymbol{y}_{t-1}+\cdots+\boldsymbol{A}_p\boldsymbol{y}_{t-p}+\boldsymbol{B}_1\boldsymbol{x}_{t-1}+\cdots\boldsymbol{B}_r\boldsymbol{x}_{t-r}+\xi_t \qquad t=1,\ 2,\ \cdots,\ n \tag{4.7}$$

式中，$\boldsymbol{y}_t$ 是 k 维内生变量，$\boldsymbol{y}_{t-i}$（$\boldsymbol{i}=1,\ 2,\ \cdots,\ \boldsymbol{p}$）为滞后内生变量，$x_t$ 是 d 维外生变量，n 是样本个数。$\boldsymbol{A}_1,\cdots,\ \boldsymbol{A}_p$，$\boldsymbol{B}_1,\cdots,\ \boldsymbol{B}_r$ 为待估计参数矩阵；ξ_t 为随机扰动项；内生变量和外生变量分别有 p 和 r 阶滞后期。

4.3.2 评价结果

应用 VAR 模型进行分析，主要有以下步骤：变量平稳性检验，滞后阶数的确定，协整性检验，脉冲响应分析。本书利用 Eviews8.0 对长山群岛海洋渔业资源承载力与渔业捕捞量进行脉冲响应分析。

1. 变量平稳性检验

为了避免出现模型的“伪回归”现象，保证其有效性，需要对 1965—2016 年的渔业资源承载力（CA）、捕捞渔获量（F）数据进行平稳性检验。为减少数据波动带来的影响，在研究中对数据取自然对数，相应指标名称为 lnF、lnCA。本书采用 ADF 检验方法（Augmented Dickey-fuller Test），结果如表 4.3 所示。假设 lnCA、lnF 均存在一个单位根，lnCA 和 Δ lnCA 在 1% 显著性水平上均拒绝原假设，表明 lnCA 原序列和一阶差分时间序列是平稳的；lnF 在 1% 显著性水平上接受原假设，经一阶差分后拒绝原假设，表明 lnF 的一阶差分时间序列是平稳的。因此，可以利用渔业资源承载力和捕捞渔获量的一阶差分时间序列建立 VAR 模型。

表 4.3　ADF检验结果

变量	检验类型（c,t,p）	ADF 检验值	临界值			概　率	结　论
			1% 显著水平	5% 显著水平	10% 显著水平		
lnCA	（c，t，0）	−4.597 3	−4.144 6	−3.498 7	−3.178 6	0.002 8	平稳
Δ lnCA	（c，t，2）	−6.633 9	−4.156 7	−3.504 3	−3.181 8	0.000 0	平稳
lnF	（c，t，0）	−2.680 3	−4.144 6	−3.498 7	−3.178 6	0.248 7	不平稳
Δ lnF	（c，t，0）	−9.022 2	−4.148 5	−3.500 5	−3.179 6	0.000 0	平稳

注：c、t 分别表示带有常数项和趋势项，p 表示考虑 AIC 准则的滞后期，Δ 表示一阶差分。

2. 滞后阶数的确定

VAR 模型的应用需要确定滞后阶数。为能够完整反映所构造模型的动态特征，要求滞后阶数 p 值足够大。但同时滞后阶数越大，需要估计的参数也就越多，模型的自由度也会因此减弱，故在选择滞后阶数时，既要考虑滞后项数目足够，又要求模型自由度能够满足需求。因此，本书综合多种评价统计指标，运用Eviews8.0对VAR模型的最大滞后阶数进行判定，结果如表4.4所示。可知，基于VAR模型的5个评价统计指标（LR、FPE、AIC、HQ），选择的滞后阶数均为1，因此VAR模型的最优滞后阶数确定为1阶。

表4.4 滞后阶数判断结果

滞后阶数	LR	FPE	AIC	SC	HQ
0	NA	0.000 238	−2.665 563	−2.587 596*	−2.636 099*
1	10.116 81*	0.000 225*	−2.723 714*	−2.489 814	−2.635 323
2	5.300 955	0.000 235	−2.680 325	−2.290 492	−2.533 007
3	6.014 173	0.000 241	−2.660 346	−2.114 579	−2.454 1
4	6.422 284	0.000 242	−2.658 353	−1.956 653	−2.393 179

注：* 表示由准则选择的滞后顺序； LR表示对数似然函数值； FPE表示最终预测误差，AIC表示赤池信息量准则；SC表示施瓦茨信息准则； HQ表示汉南－奎因信息准则。

3. Johansen协整检验

运用Johansen协整检验方法来检验lnCA和lnF之间是否存在长期且稳定的均衡关系，在Eviews8.0中Johansen协整检验具体是通过计算迹统计量和最大特征值统计量进行判定的，结果如表4.5所示。从迹统计量结果来看，迹统计量均大于显著性水平为0.05的临界值，即在5%的显著水平下，检验结果拒绝了原假设，表明长山群岛海洋渔业资源承载力与捕捞量之间存在长期协整关系。

表4.5 Johansen协整检验结果

虚拟的协整方程数	特征值	迹统计量	0.05显著性水平临界值	概率
None *	0.522 0	48.011 1	15.494 7	0.000 0
At most 1 *	0.214 7	11.843 8	3.841 5	0.000 6

注：None、At most 1分别为检验原假设“存在 0 个协整关系”“存在 1 个协整关系”；* 表示迹统计量大于0.05的临界值，表明拒绝原假设，存在2个协整关系。

4. 脉冲响应分析

脉冲响应分析是VAR模型的主要分析工具，可以用于分析变量之间的动态影响关系。通过脉冲响应获得基于 VAR 模型的渔业资源承载力与捕捞活动之间的脉冲响应函数（见图 4.8）。由图 4.8（a）和 4.8（d）可以看出，渔业资源承载力和捕捞活动对其自身一个标准差单位冲击立即做出了响应，在第 1 期显著为正，从第 2 期开始下降至最低点，在第 3 期之后有所回升，并在第 4 期由负变正，之后这种冲击作用直接减弱并渐趋于 0。图 4.8（b）显示，渔业资源承载力对捕捞活动冲击的响应在第 1 期为 0，第 2 期开始有了明显的负向作用并达到最大值，之后逐渐由负变正。这表明，渔业资源承载力对捕捞活动影响的响应存在时滞性，捕捞的负面影响滞后一期产生。图 4.8（c）显示，捕捞活动对渔业承载力冲击的响应在第 1、第 2 期为正，其消极响应在滞后第 3 期呈现，第 4 期为正。这表明，捕捞活动对资源环境的变化较为敏感，一旦资源环境变化，就会改变。但从响应程度来看，捕捞活动的响应程度低于资源环境，后者对外部冲击的响应更为强烈。图 4.8 中响应的变化趋势表明，在第 5 期以后，所有的响应都趋于平稳。这表明，经历一定程度的交互作用之后，两者逐渐达到相对平衡状态。

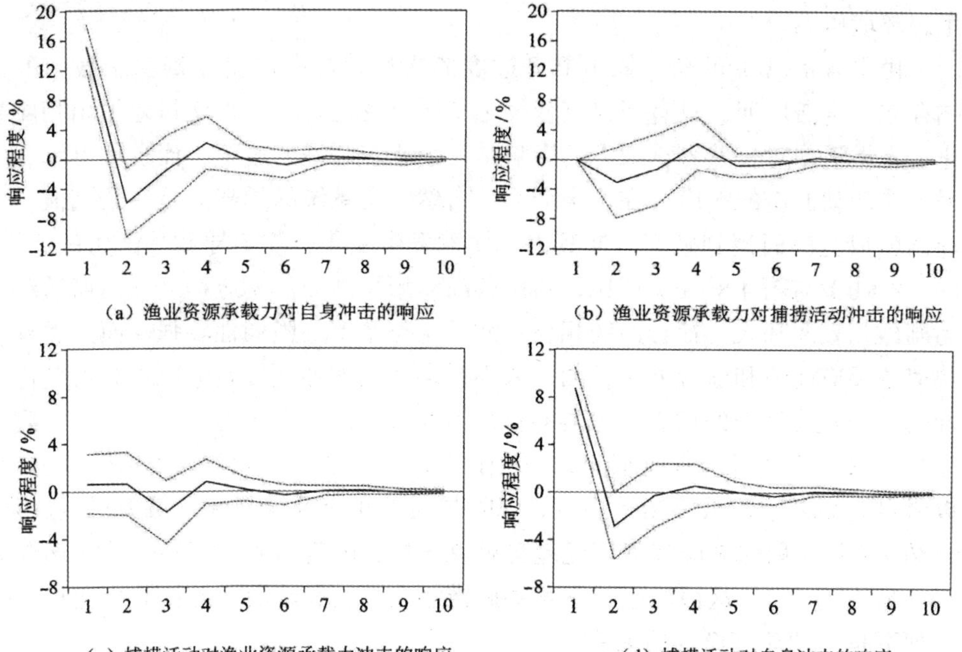

（a）渔业资源承载力对自身冲击的响应

（b）渔业资源承载力对捕捞活动冲击的响应

（c）捕捞活动对渔业资源承载力冲击的响应

（d）捕捞活动对自身冲击的响应

图 4.8　VAR 模型脉冲响应函数的结果

说明：图中横轴为冲击期数（本研究选择 10 期为冲击期数），纵轴为脉冲响应程度，实线为变量受到冲击后的走势，两侧虚线为走势的正负两倍标准误差置信带（±2SE）。

4.3.3 捕捞活动与渔业资源承载力交互响应关系分析

捕捞产量是反映海洋渔业发展状况的重要指标。过度捕捞使渔业生物生长未达到可捕标准时就被捕捞，进而造成对渔业资源存量的减少。学者对黄海海域的研究表明，伴随着优势种组成的更替、资源个体的小型化和营养级的降低，黄海渔业资源在过去的50年里发生了较大变化，渔业资源群落结构存在衰退现象。自1995年开始，黄渤海开始实施伏季休渔制度，有效地遏制了渔业资源的衰退，但与20世纪80年代相比，渔业资源总量尤其是作为本海域的优势经济种类资源并未根本恢复，附近海域的鱼类经济结构更加低质化。尤其是在黄海北部（长山群岛所处主要海域），1985—2010年，平均每十年下降0.24个营养级。但也应注意，生态系统具有一定的自我修复能力。图4.7显示，长山群岛海域承载力并没有因为高强度的过度捕捞而无休止下降，而只是在一定区间波动。究其原因，主要是自然生态系统具有一定的修复能力，即生态系统弹性。同时，在生态理性思维下，人类会通过改变渔业活动的方式缓解区域生态环境压力。

由图4.8（b）可知，长山群岛过度捕捞活动对海洋渔业资源承载力的影响存在一定滞后期，只有当自变量发生了明显变化之后，因变量才做出相应变化。人类活动对自然界承载力的影响是一个比较缓慢的过程，而自然界承载力对人类活动冲击的响应存在一定滞后。自然生态系统的承载力是一个阈值，因超出阈值范围而遭到破坏，使其内部属性发生变化，才会导致承载力的下降。图4.8（b）与图4.8（c）相比，长山群岛海域承载力的响应程度较捕捞活动更为剧烈，表明和人类社会系统相比，海洋生态系统的脆弱性要强，而人类具有快速的反应能力和适应能力，因此人类社会系统能够更好地适应承载力变化的冲击，表现出较强的韧性。人类对自然界承载力的响应较为敏感，一旦承载力下降，人类活动就会有所感知，并可能出现以下情形：增加人类活动的强度，以满足资源需求；减轻活动强度，以保护自然生态系统，使承载力得以恢复。由图4.8各变量的响应程度变化趋势可以看出，随着时间的推移，响应逐渐减弱，最终趋于0。这种响应关系表明捕捞活动强度和渔业资源承载力在长时间序列下是一种动态稳定的关系。

20世纪60—70年代，长山群岛海洋渔业捕捞强度增加后，渔业生态系统受到破坏，承载力逐渐下降。可捕捞的渔业资源减少，限制了有限生产力水平下的捕捞产量，渔民开始转移捕捞区域或发展海水养殖，生态系统得以恢复。20世纪90年代至21世纪初期，随着长山群岛海洋渔业资源存量的增加，渔民捕捞活动又开始增强，且随着技术的进步、机动渔船的普及、大吨位和先进捕捞技术的投入，捕捞产量急剧增长，生态系统再一次遭受破坏，承载力下降。近年来，随着人们生态环境保护意识的增强和政府休渔政策、捕捞管制政策的严格实施，捕捞强度有所下降，承载力又逐渐恢复。

4.4　小结

通过捕捞产量、MTL 和 FiB 指数分析发现，长山群岛捕捞活动分为 1965—1976 年初期开发阶段、1977—1993 年扩张捕捞阶段、1994—2006 年过度捕捞阶段、2007—2016 年资源破坏阶段。通过小波分析对长山群岛海域渔获物 MTL 变化进行研究，发现 MTL 呈现周期性波动变化特征，在 15 ~ 19 年、24 ~ 34 年两种时间尺度下呈现周期性波动，其中 30 年为第一主周期，17 年为第二主周期。从两个主周期可知，MTL 从最低状态恢复到最高状态需要 8.5 ~ 15 年。在此基础上，利用营养动态模型估算了长山群岛渔业资源承载力。受到捕捞活动的影响，渔业资源承载力在 2.22 ~ 6.16 t/km^2 范围内波动变化。最后，利用 VAR 模型，研究了长山群岛海域捕捞活动强度与渔业资源承载力的响应关系，发现两者存在交互响应的动态平衡关系：当资源存量丰富的时候，人类捕捞活动就会增强；资源承载力明显下降后，人类就会降低捕捞强度或转移捕捞区域，但这种交互响应存在一定滞后期。

5　长山群岛海水养殖活动与海域生态环境的耦合协调关系研究

经济系统与生态环境的耦合协调关系是判别人地关系系统可持续发展的重要标准，已成为生态经济学研究的重要内容，也是地理学中人地关系研究的前沿和热点。比如，Woodwell 运用系统动力学模型研究了经济增长和资源损耗之间的反馈关系；Wier 等建立了一套包括经济、农业和环境影响评价子模型的农业经济和环境耦合模型；Jager 等研究了人的行为在生态经济系统中的作用。国内学者也从不同空间尺度和学术领域研究了生态—经济系统的耦合协调关系。比如，刘德强等通过构建生态环境与经济发展评价指标体系，测度了中国省域生态环境与经济发展的耦合度和耦合协调度的时空分异；李悦铮等分析了山东省旅游—经济—环境耦合协调发展水平和空间演变；高乐华研究了我国海洋生态—经济—社会复合系统协调度的时空演变规律，模拟并分析了沿海省市典型非协调状态形成的关键因素与传导机理；于谨凯等构建了海洋渔业生态经济系统协调度指标体系，对我国沿海省份海洋渔业生态经济系统发展水平进行了测算。

在海洋渔业中，海水养殖和海洋捕捞活动虽然同为以获取水产品为目标的渔业生产活动，但生产过程有着本质区别。海洋捕捞是人类直接从海洋资源环境中获取水产品的产业活动；海水养殖则与陆上种植相似，是人类利用海洋空间资源、环境资源和其中的生物资源培育水产品的生产过程。海洋捕捞主要对海洋渔业生物群落、资源结构和存量产生影响，海水养殖则对海域生态环境产生直接影响。海域生态环境是海水养殖活动的基础，两者的耦合协调关系直接影响着海洋生态系统健康和人类渔业经济效益。因此，为深入评估长山群岛海水养殖业发展与海域生态环境之间的耦合协调关系，首先要利用数据包络分析（DEA）方法对海水养殖产业发展效率进行评价，以评估产业发展水平；其次要根据长山群岛周边海域海水环境监测数据，评价海域水环境质量；最后要利用耦合协调模型，评价海水养殖业与海域生态环境的耦合协调关系，进而明确人类海水养殖活动与海域生态环境之间的交互作用过程。

5.1 长山群岛海水养殖业发展水平评价

5.1.1 评价方法

1. 超效率 DEA 模型

海水养殖活动是由人类利用海域空间资源，投入劳动力、渔业生产工具等生产资料，通过培育海洋渔业生物，获取水产品的过程。因此，海水养殖业发展水平主要由人类海水养殖活动投入和产出的相对水平决定。投入和产出的比值又称为生产效率，是评价养殖活动发展水平的关键。在渔业效率评价中，数据包络分析（DEA）是常用分析方法。比如，肖姗和孙才志利用 DEA 方法评价了我国沿海省市海洋渔业经济的发展水平；Idda 等以拖网捕捞渔业为研究对象，利用 DEA 模型的非参数化方法评估渔业的捕捞能力、技术效率、规模效益和产能利用率；孙康等基于非期望产出的 SBM–DEA 模型评价了中国沿海 11 省市海洋渔业经济效率。

DEA 模型是由 Charnes、Cooper 和 Rhodes 于 1978 年提出的一种基于被评价对象（又称决策单元，Decision Making Unit，DMU）间相对比较的非参数技术效率分析方法。传统 DEA 模型中，当效率值为 1 时，DMU 有效，低于 1 则为无效。但在评价中往往出现多个 DMU 效率值均大于 1 的情况，此时无法做出进一步的评价与比较。基于此，Andersen 和 Petersen 提出了具有非阿基米德无穷小的超效率 DEA 模型。超效率 DEA 模型在评估某 DMU 时，有效 DMU 的超效率值大于或等于 1，值越高表明效率水平越高。本书利用超效率 DEA 模型评价海水养殖业发展效率，模型设置如下：

$$\min\left[\theta-\varepsilon\left(\sum_{i=1}^{m}s_i^- + \sum_{r=1}^{p}s_r^+\right)\right]$$

$$\text{s.t.}\begin{cases}\sum_{n}\lambda_j x_{ij}+s_i^- = \theta x_0,\ i=1,2,\cdots,\ m\\ \sum_{j=1}^{n}\lambda_j y_{rj}-s_r^+ = y_0,\ r=1,2,\cdots,\ s\\ \lambda_j\geqslant 0,\ s_r^+\geqslant 0,\ s_i^-\geqslant 0,\ j=1,2,\cdots,\ n\end{cases} \tag{5.1}$$

式中，θ 为 DMU 的超效率值，表示海水养殖业发展效率；ε 为非阿基米德无穷小量；λ 为决策效益指数，表示 DMU 的有效程度，值越大，则有效程度越高；反之，有效程度越低；m、s、n 分别为投入变量维度、产出变量维度与区域数量，本研究中 m=3，s=1，n=5；s_i^- 和 s_i^+ 为松弛变量；x_{ij} 和 y_{rj} 分别为投入变量和产出变量。当 $\theta<1$ 时，DMU 没有达到最优效率；当 $\theta>1$ 时，DMU 达到最优效率。

2. Malmquist 全要素生产率指数模型

随着渔业养殖技术的进步，渔业生产效率将发生改变，即技术进步对生产率的提高发挥着关键作用。因此，根据数据包络分析方法，本研究选用最常用的 Malmquist 全要素生产率（Total Factor Productivity，TFP）指数对生产率的变动情况、技术效率和技术进步各自对生产率变动所起的作用进行深入分析。TFP 指数最早由 Malmquist 于 1953 年提出，因此该指数也被称为 Malmquist 指数。TFP 指数又可分解为技术效率变化（Technical Efficiency Change，TEC）和生产技术变化（Technological Change，TC），以反映生产前沿的变动情况，公式为：

$$TFP=\left[\frac{D_0^{t+1}\left(x_{t+1},\ y_{t+1}\right)}{D_0^{t+1}\left(x_t,\ y_t\right)}\times\frac{D_0^t\left(x_{t+1},\ y_{t+1}\right)}{D_0^t\left(x,\ y_t\right)}\right]^{1/2}=TEC\times TC \tag{5.2}$$

式中，$D_0^t\left(x_t,\ y_t\right)$、$D_0^{t+1}\left(x_{t+1},\ y_{t+1}\right)$ 分别表示第 t 期和第 t+1 期根据生产点在相同时段内与前沿技术相比的投入距离函数；$D_0^t\left(x_{t+1},\ y_{t+1}\right)$、$D_0^{t+1}\left(x_t,\ y_t\right)$ 分别表示第 t 期和第 t+1 期根据生产点在混合时期与前沿技术相比的投入距离函数；TEC、TC 分别表示技术效率变化指数和技术进步变化指数。

根据规模报酬可变的（VRS）的 Malmquist 模型，TEC 可以进一步分解为纯技术效率变化（Pure Technical Efficiency Change，PEC）和规模效率变化（Scale Efficiency Change，SEC），公式为：

$$TFP=TEC\times TC=PEC\times SEC\times TC \tag{5.3}$$

式中，TFP 为全要素生产率；TEC 为综合技术效率变化；TC 为生产技术变化；PEC 为纯技术效率变化；SEC 为规模效率变化。TFP 及其分解指数大于 1 表示全要素生产率及其分解指数提高，TFP 及其分解指数小于 1 表示全要素生产率及其分解指数下降，TFP =1 表示全要素生产率及其分解指数没有变化（保持稳定）。

5.1.2 评价指标

根据对海水养殖业的投入产出分析，选取大长山岛、小长山岛、獐子岛、广鹿岛和海洋岛 5 个海岛镇作为决策单元（DMU），测算 2006—2018 年海水养殖业经济发展效率。综合考虑海洋养殖产业活动中的自然资源、劳动力、物质等要素投入，借鉴已有的海洋渔业经济效率评价指标选取方法，选取劳动力、物质资本、自然资本作为投入指标，以海水养殖业产量作为产出指标。具体说明如下。

1. 投入指标

劳动力投入指标，以人力资本投入量计量。根据长海县统计数据，选择海水养殖业从业人员数量作为劳动投入指标。物质资本投入指标，根据海水养殖业生产特征，渔船是渔业生产活动中使用的主要物质资本，选择养殖业机动渔船量作为海洋渔业物质资本投入指标。由于渔船技术的发展，衡量渔船生产力水平时，不应只考虑渔船数量和吨位，渔船功率也是衡量渔业生产力的重要标准。近年来，长海县渔船投入中虽然船只数量呈减少趋势，但渔船吨位和功率有所增加。因此，本书以机动渔船功率作为衡量海水养殖业生产力投入的指标，单位为 kW。自然资本投入指标，渔业空间是海水养殖业中最重要的自然资源之一，选择海水养殖面积作为自然资本投入指标，单位为 hm^2。

2. 产出指标

产出指标一般选取海水养殖总产值和海水养殖产品总产量作为衡量标准，但海水养殖总产值易受价格因素影响，故选取海水养殖总产量作为产出指标，单位为 t。

5.1.3 评价结果

基于 2006—2018 年长山群岛海水养殖业面板数据，利用超效率 DEA 模型测算长山群岛 5 个海岛镇的海水养殖业经济发展效率，绘制长山群岛海水养殖业效率的时间变化图（见图 5.1），以此分析长山群岛海水养殖业发展水平的变化特征。

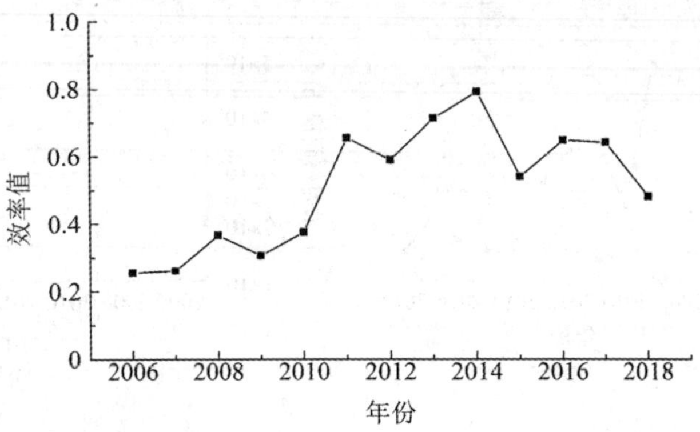

图 5.1 长山群岛海水养殖业效率变化

1. 海水养殖业效率的时间演化特征

图 5.1 显示，2006—2018 年长山群岛海水养殖业效率呈现倒“U”形变化趋势。其中，2006—2014 年海水养殖业效率快速上升，2015—2018 年表现为波动下降。20 世纪 90 年代，长山群岛开始高度重视海水养殖产业发展，尤其是进入 21 世纪，渔业捕捞资源遭受破坏，迫切需要调整海洋渔业产业结构。因此，投入大规模资金和技术要素，用以发展海水养殖业，使海水养殖规模和养殖技术得到提升。从图 5.2 可以看出，虽然 2006—2014 年海水养殖面积和渔船功率大幅增加，养殖规模扩大，但是随着养殖技术的投入，劳动力投入量大幅减少，生产效率提高，表明这一时期海水养殖的发展主要依赖生产技术和养殖空间资源的投入。在 2014 年以后，随着大规模海水养殖业的发展，养殖密度增大，饵料减少，水质下降，病害增加，给养殖环境带来较大压力，养殖业面临的风险增加，产量下滑，迫使渔民减少养殖生产要素的投入，养殖效率下降。从整体看，长山群岛海水养殖业效率处于较低水平，2006—2018 年效率平均值为 0.51，效率最大值出现在 2014 年，仅为 0.79。

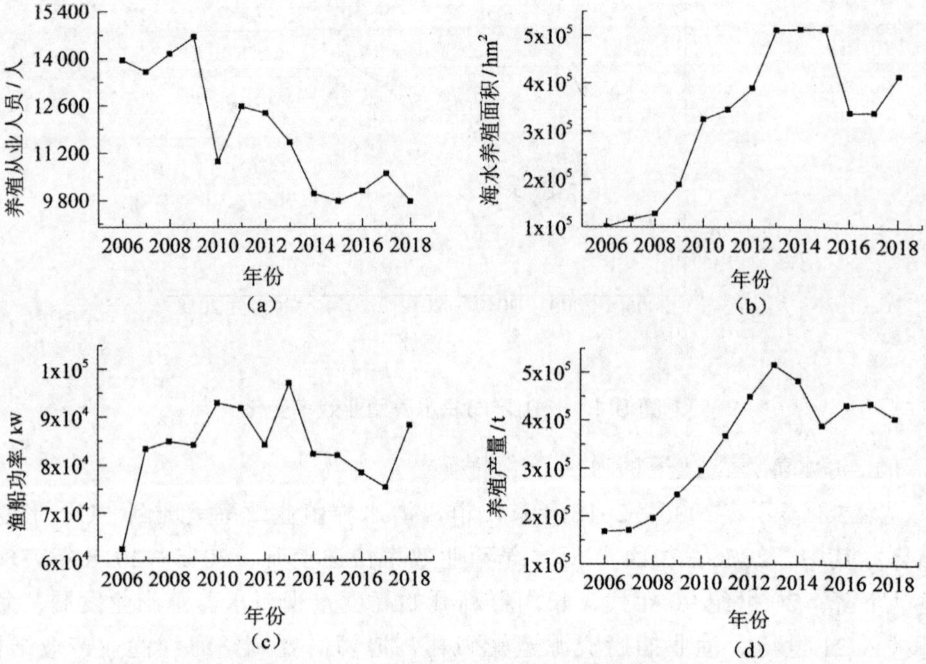

图 5.2 长山群岛海水养殖投入产出指标变化

2. 海水养殖业效率的空间格局特征

从空间格局来看（见图 5.3），2006—2010 年各镇发展效率的差异并不显著，均低于 0.5，处于较低水平。2011 年后，各镇之间的差异性显著增加，尤其是在 2014 年以后，差距进一步拉大。其中，大长山岛、小长山岛和海洋岛三镇的发展效率虽一直处于缓慢上升趋势，但始终处于低效率发展阶段，低于平均发展水平。广鹿岛、海洋岛海域空间资源丰富、水质优良，具备良好的海水增养殖发展条件，2011 年以后广鹿岛、海洋岛的海水养殖业效率得到显著提升，分别于 2013 年和 2014 年达到最大值。獐子岛海域自然环境优越，生物资源极为丰富，是我国首批国家级海洋牧场示范区。2006—2014 年，獐子岛海水养殖业效率一直处于波动上升趋势，2014 年达到最大值，其后在波动中快速下跌。其主要原因是，自 2014 年以来，獐子岛海域受到自然环境变化的影响，海水养殖产品大规模减产。此外，值得注意的是，在图 5.3 中，各镇的效率峰值表现为依次出现的特征：2011 年为小长山岛镇，2013 年为海洋岛镇，2014 年为獐子岛镇。由于海岛之间距离较远，被天然水域阻隔，一些养殖新品种、新技术的应用往往先在一地试点应用，随后逐渐推广扩散。因此，在早期新品种和新技术的推广应用中效率较高，而随着产业规模扩大，成本增加，边际效益较少，导致效率降低。

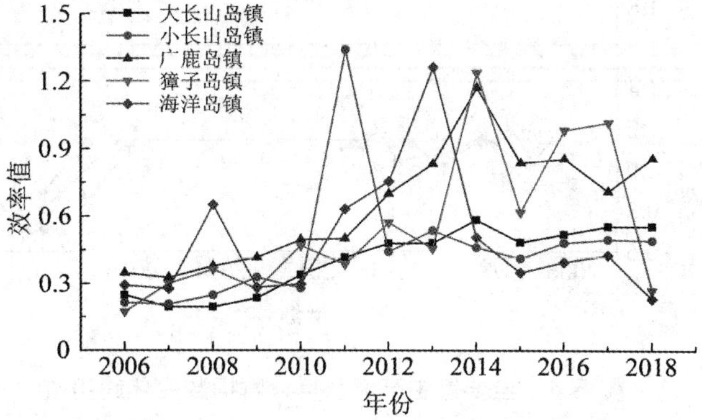

图 5.3　长山群岛各海岛镇海水养殖业效率变化

3. 海水养殖业效率全要素生产率及其分解指数的动态演变

为深入探究长山群岛海水养殖业效率的驱动机制，利用 Malmquist 生产率指数模型测度了长山群岛 2006—2018 年度海水养殖业效率的全要素生产率及其分解指数，并绘制全要素生产率及其分解指数变化图（见图 5.4）。从长山群岛整体看，全要素生产率指数（TFP）在研究期内分两阶段变化：第一阶段，2006—2011 年，除 2009 年为 0.96 外，其余年份均大于 1，且呈上升趋势，年均增长率约为 8.21%，表明海水养殖业效率持续增长，海水养殖业发展取得了一定进步；第二阶段，2012—2018 年，TFP 呈波动下降趋势，表明海水养殖业效率增长幅度不断减小，2018 年 TFP 下降至 0.802，小于 1，表明海水养殖业效率降低。Malmquist 指数分解结果显示，2005—2018 年，规模效率变化（SEC）平均值为 1.002，纯技术效率变化（PEC）平均值为 1.078，综合技术效率平均值为 1.08，三者整体均呈下降趋势，2018 年较 2006 年分别下降 25.63%、3.43%、28.18%，表明规模效率和纯技术效率提升对海水养殖业发展水平的贡献日渐减弱，尤其是规模效率下降明显。过度规模化养殖引起渔业病害、水质下降等问题，导致海水养殖业损失加重，已成为产业效率提升的制约因素，最终导致科技水平对海水养殖业效率提升的作用降低。生产技术变化（TC）方面，2006—2017 年处于下降趋势，2018 年有较大幅度增长，2018 年较 2006 年增长 6.5%，2006—2018 年平均值为 1.151，表明技术进步要素在提升海水养殖业效率方面依然发挥作用。

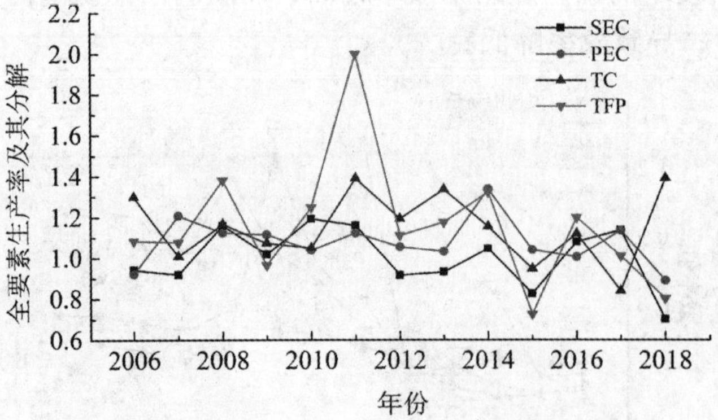

图 5.4　全要素生产率及其分解指数变化趋势

综合分析，2006—2018 年，长山群岛海水养殖业综合技术效率、规模效率、纯技术效率和技术进步均处于较低水平，对海水养殖业效率的提升作用不强。指标分解表明，长山群岛海水养殖业发展中技术贡献度有限，而持续低水平的规模扩张给渔业环境带来负面影响，导致环境质量和承载能力下降。出现这种现象的主要原因有两方面：一方面，受到海岛区位条件和经济社会发展的制约，渔业科技人员短缺，科技投入有限，技术研发和推广应用不足；另一方面，海水养殖业受传统观念影响，片面追求规模扩张，海水养殖品种单一且密度过大，过度使用农药、饵料等物资，造成规模效率下降。整体而言，长山群岛海水养殖业仍处于粗放式发展阶段，技术效率和规模效率亟待提升。

5.2　长山群岛海域生态环境质量评价

自 20 世纪 70 年代长山群岛开始发展海水养殖业以来，对海域空间资源的利用力度不断加大，养殖企业和个体养殖户数量多年来持续增加，养殖规模日益扩大，养殖水产品的品种也日益增多，对海域资源的利用程度加深，增养殖潜力得到了充分挖掘。多年的规模化养殖，尤其近年来海洋牧场的建设，给养殖海域水体和生态系统带来一定影响，养殖过程中大量饵料、药物的投放对海域水质造成一定污染。基于此，为衡量长山群岛海水养殖业与海域生态环境的关系，本书以海域水环境质量指标表征海域生态环境状况，利用内梅罗指数开展评价。

5.2.1 评价方法

县域尺度空间的海域生态环境质量是海域环境质量和生态质量的综合表征，尤其在近岸海域生态环境质量监测与评价中，水质、沉积物、生物、生物质量和栖息地等是主要评价内容，其中海域水质质量是海域环境质量的重要评价因素，主要包含化学需氧量（COD）、无机氮、活性磷酸盐、石油类、重金属等评价因子。当前，因子评价方法已经成为国内外水域环境质量评价的主要方法，已从单因子指数评价发展到综合指数评价，其中内梅罗指数法是综合污染指数计算中最常用的方法之一。

内梅罗指数由美国学者内梅罗（Nemerow）于1974年提出，是由单因素指数评价方法发展来的综合指数评价法，主要应用于水质环境评价。内梅罗指数因数学计算过程简捷、评价使用方便而得到广泛应用。其公式如下：

$$P=\sqrt{\frac{P_{i\max}^2+P_{iave}^2}{2}} \tag{5.4}$$

式中，P 为内梅罗指数；$P_{i\max}$，P_{iave} 分别为单因子污染指数 P_i 的最大值与平均值。P_i 的计算公式如下：

$$P_i=\frac{C_i}{S_i} \tag{5.5}$$

式中，C_i 为第 i 项指标的实测质量浓度；S_i 为第 i 项指标的评价标准。长山群岛海域广阔，生态环境良好，拥有黄渤海区域最好的水质条件，属于国家一类海区，是国家海洋公园重点建设海域。因此，本书中 S_i 采用《海水水质标准》（GB 3097—1997）中一类评价标准对水质状况进行评价。但内梅罗指数模型中仅强调单因子污染指数最大值指标的作用，忽略了危害性较大的指标在环境中的影响。针对该问题，有学者引入污染因子权重对其进行了改进。改进内梅罗指数计算过程如下。

首先，计算各污染因子权重，步骤如下：按照海水水质标准，确定评价标准级别 j；将评价因子 S_i 根据 j 类标准浓度，按照由大到小的顺序排列，将其最大值 $S_{\max}$ 与 S_i 相比，以 R_i 为第 i 种污染因子的相关性比值，第 i 种污染因子权重计算公式如下：

$$R_i=\frac{S_{\max}}{S_i} \tag{5.6}$$

$$W_i=\frac{R_i}{\sum_{i=1}^{n}R_i} \quad (5.7)$$

式中，W_i 为第 i 种污染因子权重，$\sum_{i}^{n}W_i=1$，n 为评价指标数。通过计算得到各污染因子权重（见表 5.1）。

表 5.1　各污染因子权重

污染因子	水质标准 /（mg · L⁻¹）	R_i 值	权重值
悬浮物	10	1	0.001 1
pH 值	7.8 ～ 8.5	1.176 5	0.001 3
化学需氧量	2	5	0.005 4
无机氮	0.2	50	0.054 1
活性磷酸盐	0.015	666.666 7	0.721 6
石油类	0.05	200	0.216 5
总计		923.843 2	1

其次，根据污染因子权重，修正最大的因子污染指数，修正公式如下：

$$P'_{i\max}=\frac{P_{i\max}+P_{w\max}}{2} \quad (5.8)$$

$$P'_{\text{ave}}=\sum_{i=1}^{n}P_iW_i \quad (5.9)$$

式中，$P'_{i\max}$，P'_{ave} 分别为修正后最大污染指数和污染指数平均值；$P_{i\max}$，$P_{w\max}$ 分别为单因子污染指数 P_i 的最大值和权重最大的因子污染指数。

最后，计算修正内梅罗指数，其公式如下：

$$P'=\sqrt{\frac{P'^2_{i\max}+P'^2_{\text{ave}}}{2}} \quad (5.10)$$

式中，P' 为修正内梅罗指数。根据已有研究成果，将海水污染程度与内梅罗指数对应关系划分为五个等级，分别对应五种不同程度海水污染状况（见表 5.2）。

表 5.2 内梅罗指数污染等级划分

序号	内梅罗指数	评价结果	评价等级
1	$P'<0.60$	清洁	Ⅰ
2	$0.60 \leqslant P'<1.00$	较清洁	Ⅱ
3	$1.00 \leqslant P'<2.60$	轻度污染	Ⅲ
4	$2.60 \leqslant P'<5.00$	中度污染	Ⅳ
5	$P' \geqslant 5.00$	严重污染	Ⅴ

5.2.2 评价指标

根据《近岸海洋生态健康评价指南》（HY/T 087—2005），遵循整体性、简明性、可操作性、代表性、科学性原则，选取悬浮物、pH 值、化学需氧量（COD）、活性磷酸盐（DIP）、无机氮（DIN）以及石油类含量作为海域水环境质量评价指标。各指标数据由长海县近岸海域水质监测点统计获取，取全年平均数（具体数据见表附录）。

5.2.3 评价结果

1. 单因子污染指数计算结果

根据式（5.5），对长山群岛海域各污染物指标做单因子污染指数计算，结果如图 5.5 所示。数据表明，在 2006—2018 年，长山群岛海域各污染物指数整体较小，海域主要污染指标仍处于较好范围之内。但是，受海域人类活动影响，部分指标变化趋势较为明显。从图 5.5 可以看出，pH 值和化学需氧量处于波动变化状态，变化幅度不大，且变化趋势不明显，多年来基本处于平衡状态。相比较而言，石油类、悬浮物、活性磷酸盐、无机氮变化趋势明显。除三类区外，一类、二类区石油类污染物指数在 2006—2012 年有一定幅度上升，2013 年以后一、二、三类区均出现明显下降，表明 2013 年以后石油类污染明显减少。悬浮物、活性磷酸盐、无机氮在 2011—2013 年出现明显上升趋势。主要原因是，“十二五”期间，近岸养殖业快速发展，养殖户投放饵料、药物等造成海水悬浮物、无机盐、无机氮等物质含量增加。此外，各海岛水产品加工厂偷排未经处理的废水也是造成水体污染的重要因素。2013 年以后，长海县开展了海水养殖业的集中清理和整顿，海域水质环境开始好转，悬浮物、活性磷酸盐、无机氮等污染指数下降。需要注意的是，根据统计数据，活性磷酸盐在 2009 年数值出现异常（表附录），高出前后年份十余倍，造成活性磷酸盐污染指数结果突变，具体原因有待进一步研究。

2. 内梅罗指数计算结果

根据式（5.10），利用内梅罗指数对长山群岛海域水体五个指标进行综合评价，最终得到长山群岛一、二、三类海域生态环境质量数据（见表 5.3）。结果表明，长山群岛海域水质整体较清洁，区域生态环境质量仍未发生根本变化。其中，一类海域除 2013—2015 年外，其余年份均为清洁；二类海域在 2012—2014 年，水质出现轻度污染。根据时间序列变化趋势，三类海域内梅罗污染指数平均数在 2006—2013 年波动变化特征明显，尤其是 2011—2013 年出现了明显的上升趋势，2014 年以后三类海域内梅罗污染指数均呈下降趋势，说明近年来海域生态环境质量好转。此外，由于 2009 年活性磷酸盐数据异常，造成内梅罗指数在当年出现激增，但其后年份回归正常，因此在长时间序列下可忽略其异常变化。

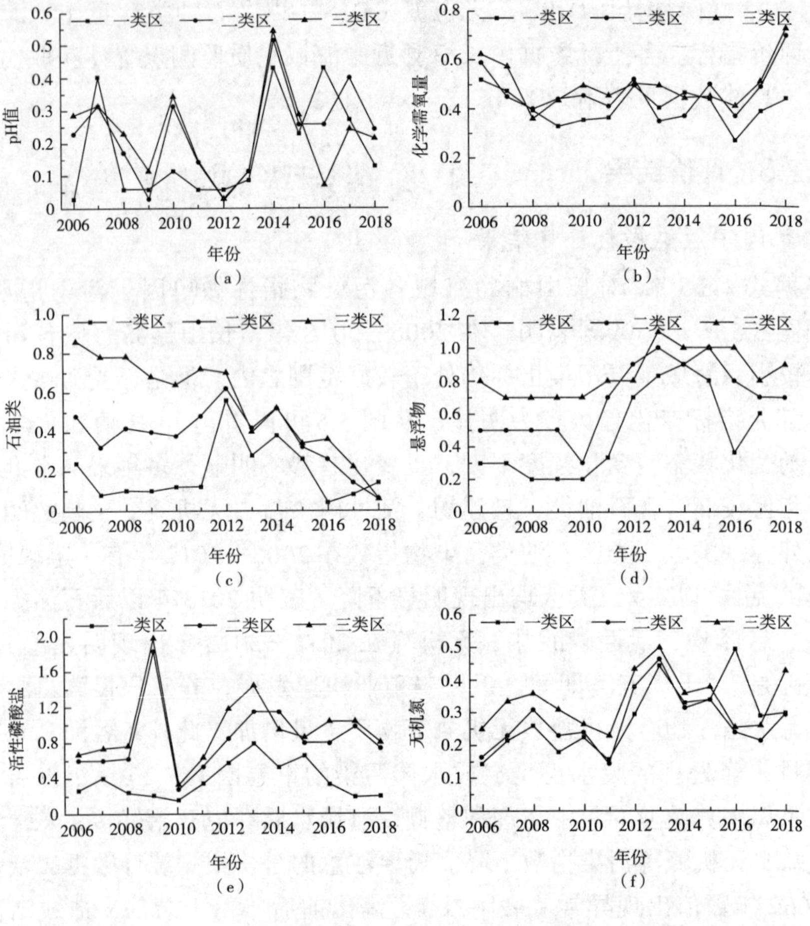

图 5.5　2006—2018 年长山群岛海域各污染物单因子污染指数变化

表 5.3 长山群岛海域内梅罗指数评价结果

年份	一类区			二类区			三类区			区域平均值		
	指数	结果	等级	指数	结果	等级	指数	结果	等级	指数	结果	等级
2006	0.332	清洁	Ⅰ	0.575	清洁	Ⅰ	0.778	较清洁	Ⅱ	0.562	清洁	Ⅰ
2007	0.384	清洁	Ⅰ	0.561	清洁	Ⅰ	0.751	较清洁	Ⅱ	0.565	清洁	Ⅰ
2008	0.270	清洁	Ⅰ	0.590	清洁	Ⅰ	0.760	较清洁	Ⅱ	0.540	清洁	Ⅰ
2009	0.233	清洁	Ⅰ	1.642	轻度污染	Ⅲ	1.793	轻度污染	Ⅲ	1.223	轻度污染	Ⅲ
2010	0.213	清洁	Ⅰ	0.386	清洁	Ⅰ	0.569	清洁	Ⅰ	0.389	清洁	Ⅰ
2011	0.323	清洁	Ⅰ	0.608	较清洁	Ⅱ	0.720	较清洁	Ⅱ	0.550	清洁	Ⅰ
2012	0.597	清洁	Ⅰ	0.837	较清洁	Ⅱ	1.108	轻度污染	Ⅲ	0.847	较清洁	Ⅱ
2013	0.736	较清洁	Ⅱ	1.051	轻度污染	Ⅲ	1.306	轻度污染	Ⅲ	1.031	轻度污染	Ⅲ
2014	0.610	较清洁	Ⅱ	1.052	轻度污染	Ⅲ	0.914	较清洁	Ⅱ	0.859	较清洁	Ⅱ

续　表

年份	一类区			二类区			三类区			区域平均值		
	指数	结果	等级	指数	结果	等级	指数	结果	等级	指数	结果	等级
2015	0.644	较清洁	Ⅱ	0.849	较清洁	Ⅱ	0.869	较清洁	Ⅱ	0.787	较清洁	Ⅱ
2016	0.353	清洁	Ⅰ	0.727	较清洁	Ⅱ	0.942	较清洁	Ⅱ	0.674	较清洁	Ⅱ
2017	0.307	清洁	Ⅰ	0.868	较清洁	Ⅱ	0.929	较清洁	Ⅱ	0.701	较清洁	Ⅱ
2018	0.266	清洁	Ⅰ	0.654	较清洁	Ⅱ	0.772	较清洁	Ⅱ	0.564	清洁	Ⅰ

5.3　海水养殖业与海域生态环境耦合协调关系评价

5.3.1　评价方法

根据长山群岛海水养殖业发展效率和海域生态环境质量评价结果，为进一步探究经济系统与生态环境系统之间的协同发展关系，根据系统论思想，采用系统耦合协调评价方法，评价海水养殖业与海域生态环境的耦合协调关系。系统耦合度指海水养殖系统与海域生态环境系统间相互作用影响的程度。耦合度评价公式如下：

$$C=\sqrt{\left((E\times P)\Big/\left(\frac{E+P}{2}\right)^{2}\right)} \tag{5.11}$$

式中，C 为海水养殖业与海域生态环境的耦合度，$0\leqslant C\leqslant 1$，值越大表明海水养殖业与海域生态环境之间相互作用越强烈；E 为海水养殖业经济系统发展效率；P 为海域水环境质量，采用海域水环境污染指数（内梅罗指数，取三类水体污染指数的平均值）表征。借鉴马丽等对经济发展与环境污染耦合度的研究，将海水养殖业与海域生态环境的耦合度分为四个等级，如表 5.4 所示。

表 5.4　海水养殖业与海域生态环境耦合度等级划分

耦合度	耦合度等级	特　征
$0 \leqslant C \leqslant 0.30$	低度耦合	海水养殖业与海域生态环境存在着一定的联系，但相互作用关系不强。当 C=0 时，两者无关联，表现无关联状态发展
$0.30<C \leqslant 0.60$	拮抗阶段	海水养殖业与海域生态环境之间相互作用加强，两者呈现出一定的相关性，处于错综复杂的拮抗阶段
$0.60<C \leqslant 0.80$	磨合阶段	海水养殖业与海域生态环境存在着比较紧密的联系，两者处于不断磨合与适应的阶段
$0.80<C \leqslant 1.00$	高度耦合	海水养殖业与海域生态环境表现为高度关联状态，两者联系密切。当 C=1 时，两者处于有序状态，同步变化

海水养殖业的综合效率指数和海域生态环境系统的污染指数为各自系统得分，两者不具备可比性。为保证经济系统和生态环境系统之间的耦合度评价具有实际意义，采用数据标准化方法将经济系统和生态环境系统各自得分做归一化处理。综合效率指数为正向指标，污染指数为负向指标，归一化公式分别如下。

正向指标：

$$x'_{ij}=\frac{x_{ij}-\min(x_j)}{\max(x_j)-\min(x_j)} \tag{5.12}$$

负向指标：

$$x'_{ij}=\frac{\max(x_j)-x_{ij}}{\max(x_j)-\min(x_j)} \tag{5.13}$$

式中，x_{ij} 为第 i 年 j 项指标数值；x'_{ij} 为 x_{ij} 的归一化值；$\max(x_j)$，$\min(x_j)$ 分别为研究期内 j 指标的最大值和最小值。为避免受到 0 和 1 的边界值干扰，将指标最大值增大 10%，将最小值缩小 10%。

协调程度表示海水养殖系统与海域生态环境系统之间彼此优化发展程度。海水养殖系统与海域生态环境系统的发展水平具有动态、交互作用和不平衡的特性。耦合度仅表示两系统间的相互作用强度，但当两个系统的发展水平都很低时，耦合度依然较高，此时会出现两个系统“假协调”的现象。为避免此种情况，可引入协调度模型，以客观地评价养殖系统与海域生态系统协调发展水平。公式为：

$$D=\sqrt{(C\times T)},\quad T=\alpha\cdot E+\beta\cdot P \tag{5.14}$$

式中，D 为协调度，$0\leqslant D\leqslant 1$，D 值越大则表示海水养殖系统与海域生态系统协调发展水平越高，D 值越小则表示两者失调越严重；T 表示海水养殖系统与海域生态系统协调的综合水平，α、β 分别为待定系数，且 $\alpha+\beta=1$，取 $\alpha=\beta=0.5$。根据多数研究的经验值，将协调度等级划分为 5 个等级，如表 5.5 所示。

表 5.5　海水养殖业与海域生态环境质量协调度评价等级划分

协调度	协调度等级	特　征
$0\leqslant D<0.20$	严重失调	海水养殖业与海域生态环境矛盾冲突强烈，两者呈现相互制约的状态
$0.20\leqslant D<0.40$	中度失调	海水养殖业与海域生态环境存在一定的矛盾冲突，在一定程度上处于相互制约状态
$0.40\leqslant D<0.60$	基本协调	海水养殖业与海域生态环境基本协调，两者存在一定相互促进关系，但并不明显
$0.60\leqslant D<0.80$	中度协调	海水养殖业与海域生态环境处于较为明显的协调状态，两者相互促进，共同发展
$0.80\leqslant D<1.00$	高度协调	海水养殖业与海域生态环境处于高度协调发展状态，存在良好的相互促进关系

5.3.2　评价结果

根据式（5.11）和（5.14），得到系统耦合协调度结果（见表 5.6），并绘制 2006—2018 年耦合协调度变化趋势图（见图 5.6）。整体而言，长山群岛海水养殖业与海洋生态环境的耦合度和耦合协调度呈两阶段变化趋势。2006—2011 年，耦合度和协调度均呈现较快增长。其中，耦合度经历了从拮抗阶段到磨合阶段再到高度耦合阶段的变化过程，表明海水养殖业与生态环境质量之间的关系日趋紧密，两者相互影响程度日益增加；协调度虽然呈现增长趋势，但是多数年份处于中度和基本协调阶段，协调发展水平不高。从海水养殖业发展效率和海域水环境质量两个指标变化可以看出，这一时期，随着发展效率的提高，海域环境质量有下降趋势。2011 年以后，耦合度和协调度维持在较高水平，海水养殖业与生态环境处于高度耦合阶段，表明两者密切相关，协调度均处于中级协调以上。本阶段，海域污染指数降低，海水养殖业效率较高，海水养殖系统和海域生态环境系统表现出良好的协调发展水平。但 2014 年以后，海水养殖业效率呈现下降趋势。其主要原因是海域生态环境保护力度加大，长山群岛的海水养殖业受到约束，导致产业效率降低。

表 5.6 长山群岛海水养殖业与海域生态环境耦合协调度评价结果

年　份	耦合度	耦合度等级	协调度	协调度等级
2006	0.427 2	拮抗阶段	0.420 3	基本协调
2007	0.474 5	拮抗阶段	0.444 8	基本协调
2008	0.813 2	高度耦合	0.645 0	中度协调
2009	1.000 0	高度耦合	0.349 1	中度失调
2010	0.786 8	磨合阶段	0.683 7	中度协调
2011	0.995 6	高度耦合	0.852 8	高度协调
2012	0.998 4	高度耦合	0.727 5	中度协调
2013	0.912 3	高度耦合	0.698 1	中度协调
2014	0.958 8	高度耦合	0.809 1	高度协调
2015	0.997 3	高度耦合	0.721 7	中度协调
2016	0.999 8	高度耦合	0.814 0	高度协调
2017	1.000 0	高度耦合	0.802 5	高度协调
2018	0.942 8	高度耦合	0.745 1	中度协调

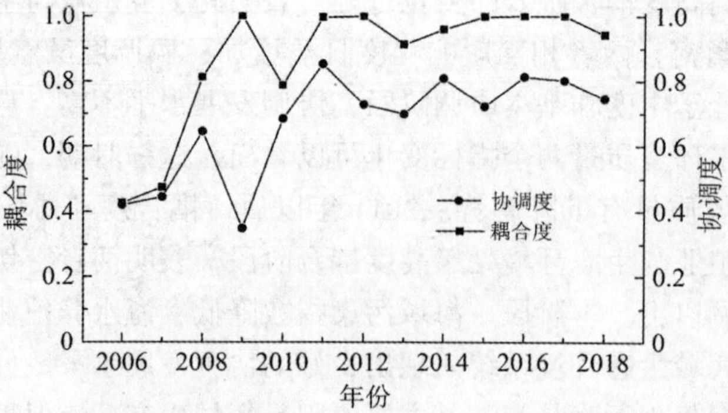

图 5.6　2006—2018 年长山群岛海水养殖与生态环境耦合协调度

5.3.3　海水养殖业与海域生态环境耦合协调关系分析

2006 年，长山群岛海水养殖面积为 100 608 hm^2，2018 年扩张至 415 775 hm^2，增幅达 313.26%，最大值为 2015 年的 512 661 hm^2，较 2006 年增长 409.56%。2006 年，长山群岛海水养殖业投入养殖渔船功率为 21 696 kW，2018 年增加至 30 331 kW，增幅为 39.80%。养殖面积的扩张和养殖渔船的投入使海水养殖空间资源得到大力开发、生产力投入大幅增长。但是，从海水养殖业效率来看，发展效率持续下降，单位面积产量持续下滑。2006 年，海水养殖单位面积产量为 1.66 t/ hm^2，到 2018 下降至 0.95 t/ hm^2，最低为 2015 年的 0.75 t/ hm^2。以虾夷扇贝养殖业为例，长海县自 20 世纪 80 年代就已经开始大规模养殖，养殖历史较长，规模较大。然而，自 2007 年开始，长山群岛持续出现虾夷扇贝大规模死亡事件，造成较为严重的经济损失。研究发现，养殖规模过大、饵料不足和由此引发的病害是造成虾夷扇贝大规模死亡的主要原因。

与海水养殖业要素投入趋势相同，海域水环境中悬浮物、活性磷酸盐、无机氮等与海水养殖业密切相关的污染指数也呈上升态势，尤其是 2006—2013 年，三项指标污染指数持续上升，一、二、三类海域悬浮物、活性磷酸盐、无机氮污染指数分别从 0.53、0.51、0.19 上升至 0.98、1.12、0.47，达到研究期内最大值。生产要素的投入和污染指数的增加表明不合理的海水养殖活动会对海域生态环境造成破坏。早在 2000 年已有研究通过对长山群岛海域水质监测分析发现 1990—1997 年大面积、高密度的浮筏养殖导致海水无机氮含量上升，应引起相关部门注意。

由长山群岛海水养殖业和海域生态环境质量的评价结果可知，人类海水养殖活动与海域生态环境矛盾主要集中在2006—2010年。片面地、过度地追求经济效益，而忽视经济发展和生态环境保护的协调发展，最终也给自身带来损失。由于持续的低效率发展，尤其是持续出现海水养殖产品大规模死亡事件，相关管理部门和从业者开始反思养殖活动与环境的关系，进而不断改进人类活动与生态环境之间的关系。从图5.6可以看出，2011年以后协调程度处于较高水平。长山群岛政府主管部门通过加强对海域范围内海水养殖业活动的管理，对海域养殖环境集中整治，压缩、清退不合理养殖区域，推广生态养殖技术，使海域水质环境有所好转。但是，耦合协调关系在2011年以后出现的波动变化也应引起重视。从长山群岛海水养殖业与海域生态环境的耦合协调关系变化可以看出，在长期的高密度海水养殖业活动下，海域生态环境质量受到影响，进而影响了长山群岛海水养殖业的可持续发展，给养殖活动带来严重的经济损失，迫使各利益相关主体采取一定措施开展海水养殖业的环境整治，待海域生态环境质量有所改善，养殖活动又会进一步加强。协调度的波动变化反映了长山群岛人类与生态环境的博弈关系，即人类活动加强→生态环境质量下降→经济损失→反思和治理→生态环境质量转好→人类活动加强。

5.4 小结

海水养殖活动是人类利用海洋生态环境资源生产水产品的过程，海域生态环境是海水养殖业发展的基础，海水养殖与海域生态环境交互影响。本章首先，利用超效率DEA模型评价了长山群岛海水养殖业效率，以此评估海水养殖活动发展水平。其次，选取悬浮物pH值、化学需氧量、活性磷酸盐、无机氮以及石油类作为水环境质量评价指标，利用内梅罗指数评价海域水环境质量。最后，利用耦合协调关系模型评价长山群岛海水养殖活动与海域生态环境之间的耦合协调关系。研究表明：① 2006—2018年长山群岛海水养殖业效率呈现倒“U”形变化趋势，2006—2014年海水养殖业效率呈快速上升趋势，2014年以后出现了波动下降，全要素生产率及其分解指数分析表明长山群岛海水养殖业发展水平仍处于粗放式发展阶段，在技术应用和规模效率方面亟待提升；②受近岸养殖业快速发展影响，长山群岛海域内梅罗污染指数在2006—2013年波动上升，水质变差。2014年以后，海域水质环境有所好转；③耦合协调关系评价结果表明，长山群岛海水养殖活动与海域生态环境从拮抗关系逐步转向高度耦合关系，两者联系日益紧密。2006—2010 年，协调度虽呈上升趋势，但绝对值较低，人海关系矛盾较为突出。2011 年以后，长山群岛海水养殖活动与海域生态环境处于较好的协调发展状态，但协调度呈现波动变化特征，表明海水养殖业经济活动与生态环境处于博弈状态。

6　长山群岛海洋渔业资源环境系统生态压力与生态效率分析

从人类社会发展初期一直到后工业化社会时期，人类与资源环境之间的关系一直随着经济社会的发展而变化。在不同历史阶段，人类发展需求变化导致人地关系在资源环境要素开发利用方式的转变过程中不断演进，人类与资源环境间的需求供给矛盾日渐显现。生态压力和生态效率是反映人地关系可持续发展状态和能力的重要指标，生态压力表征了人类活动对资源环境施加影响的强度，生态效率则反映了人类利用资源环境创造经济价值的效率。本章基于生态足迹模型的基本理论思想，对海洋渔业生态足迹模型加以改进，以评价渔业活动带来的生态压力。其后，利用数据包络分析方法，根据长山群岛海洋渔业资源环境系统中生态资本占用、生产力和劳动力投入以及系统的经济产出情况，评估系统的生态效率，以此作为评价海洋渔业资源环境系统可持续发展水平的重要指标。

6.1 渔业生态压力评价

6.1.1 评价方法

生态足迹模型通过估算区域生物资源消费和消纳废弃物所需要的生物生产性土地面积的大小，与区域生物生产性土地面积承载力进行比较，获取生态盈余 / 赤字以衡量可持续发展状况。生态足迹的本质含义是对比人类活动所占用的生物性生产土地面积与生态系统所提供的生物性生产土地面积，并据此评价生态环境系统承受的生态压力。生态足迹模型计算过程简单，结果形象直白，适用性较强，在生态经济研究中被广泛应用，取得了诸多成果。但自生态足迹理论提出以来，就伴随着较多争议，主要集中在模型计算精度、模型产量因子和均衡因子的确定以及模型效力等方面。为此，学者针对相关问题对生态足迹模型进行了探索和改进。一些学者基于净初级生产力提出了生态足迹模型改进思路，主要是两方面：一是利用净初级生产力计算生态足迹中各类土地均衡因子，二是利用净初级生产力估算生态承载力。在生态足迹计算中，产量因子、均衡因子和单位面积土地产量都与土地的自然生产能力直接相关。因此，本书基于初级生产力对渔业生态足迹进行了改进。

1. 生态足迹与生态承载力计算

在渔业生产中，渔业生态足迹和陆地土地利用类型相似，由给定水域的单位平均产量估算。计算单位平均产量的一种常用方法是按照地区或全球统计的水域平均水产品产量计算，但受人类渔业生产力历史发展水平的影响，单位面积水体的渔业产出能力会出现时间序列方面的动态变化，人类渔业生产能力并不能完全反映水域的自然产出状况，即单位面积水域渔业产量≠单位面积水域自然产出能力。因此，静态的单位平均产量因子不能准确反映海域实际生产能力，影响生态足迹计算精度。但多数渔业生态足迹模型在计算水产品消费总量时依然采用水产品总产量的原始数据，而忽视了渔业产品与水域初级生产力之间的转化过程，所以结果通常不能准确反映人类的生态消费情况。生态学理论认为，在一定时期内，水域的水产品生产能力由水域初级生产力决定。为此，一些学者在研究渔业生态足迹时，采用渔业水域的初级生产力代替单位面积产量。有学者主张将渔业产量转化为所需初级生产力（Primary Production Required，PPR），以提高生态足迹计算精度，转化后的生态足迹公式为：

$$MEF_i = f \times \frac{PPR_i}{PP_D} \tag{6.1}$$

$$PPR_i = CC_i \cdot \left(\frac{1}{TE}\right)^{MTL_i - 1} = \frac{Y_i}{CR} \cdot \left(\frac{1}{TE}\right)^{MTL_i - 1} \tag{6.2}$$

式中，MEF_i 为第 i 年的渔业生态足迹（hm^2），f 为渔业水域的均衡因子。均衡因子是为将不同类型生态系统空间转化为统一的生物生产性土地而引入的均衡系数。本书只含一类渔业生产空间，故均衡因子取 1。PPR_i 为第 i 年的渔业产量所需初级生产力，PP_D 为单位面积渔业水域初级生产量。根据相关研究，长山群岛海域初级生产量为 1.56×10^6 t/a，海域面积为 10 324 km^2，则单位面积初级生产量为 151.165 $t/km^2 \cdot a$，即 15 116.5 $t/hm^2 \cdot a$。TE 为生态效率，取 15%；Y_i 为第 i 年的海洋渔业水产品产量（t）；CR 为碳的湿重转化率，取 9 ∶ 1；MTL_i 为第 i 年渔获物的平均营养级。

在生态足迹模型中，为了便于空间上不同地域之间进行比较，在计算生态足迹和生态承载力时，要以全球平均产量为基准单位，使用产量因子将实际土地公顷转化为全球公顷（hm^2）。受到数据精确性的影响，比较分析通常误差较大，不能真实反映地区实际生态负荷和生态承载力。本书仅对长山群岛渔业生态足迹和生态承载力进行时间序列方面的对比，没有转化为全球公顷。因此，渔业生态足迹和生态承载力的计量单位为本地公顷（hm^2），渔业生态承载力为海域所能提供的水域面积 1.03×10^6 hm^2。

2. 生态压力指数计算

生态足迹模型从人类活动对资源环境进行占用的生态足迹和资源环境对人类活动进行支持的生态承载力两个方面加以对比，计算生态盈亏以反映人类与资源环境之间的平衡关系。虽然生态盈亏能够表征人类与资源环境的平衡状态，但是并不能反映其相互之间的作用关系。为此，学者引入生态压力指数这一概念以表征人类活动对自然环境产生的作用程度。所谓生态压力指数，指某一区域生态足迹与生态承载力的比率，表示区域内单位生态承载力所能承载的生态足迹。通过分析生态足迹与生态承载力的比例关系可以评估一个区域的可持续发展水平。本书利用渔业生态压力指数，即渔业生态足迹与渔业生态承载力的比值，反映海洋渔业资源环境系统可持续发展状态，公式表示为：

$$EPI_i = \frac{MEF_i}{MEC_i} \tag{6.3}$$

式中，MEF_i 和 MEC_i 分别表示第 i 年渔业生态足迹和渔业生态承载力；EPI_i 为第 i 年渔业生态压力指数，代表海域单位生态承载面积内渔业生态足迹的强度。

当 $0<EPI<1$ 时，$MEF<MEC$，表示渔业活动的生态资源占用量未超过渔业生态资源的供给量，区域海域渔业资源环境系统处于生态安全状态；当 $EPI=1$ 时，$MEF=MEC$，渔业生态资源的供需达到平衡状态，区域海洋渔业资源环境系统处于生态安全临界状态；当 $EPI > 1$ 时，$MEF > MEC$，如果渔业活动的生态资源占用量超出渔业资源环境供给能力，区域海洋渔业资源环境系统的生态安全将受到威胁，且 EPI 值越大，生态超载程度越严重，生态不安全的程度越高。但在现实情境中，生态足迹与生态承载力并非绝对临界状态，而是表现为在一定区间浮动。根据世界自然基金会（WWF）2004 年的划分标准，并借鉴已有的成果，可将生态承载状态划分为六种，分别对应六种生态安全级别（见表 6.1）。

表 6.1　生态压力指数等级划分标准

生态承载状况		生态安全状况	EPI
生态盈余	富裕	安全	$EPI \leqslant 0.5$
	盈余	较安全	$0.5< EPI \leqslant 0.8$

续 表

生态承载状况		生态安全状况	*EPI*
生态平衡	平衡	轻度不安全	$0.8< EPI \leqslant 1.2$
	临界超载	中度不安全	$1.2< EPI \leqslant 1.5$
生态赤字	超载	重度不安全	$1.5< EPI \leqslant 2.5$
	严重超载	极度不安全	$EPI >2.5$

6.1.2 生态足迹模型评价结果

根据生态足迹模型计算得到1965—2018年长山群岛渔业生态足迹和生态压力指数，结果如表6.2所示。长山群岛海洋渔业资源环境系统的生态压力整体呈现大幅增加的趋势，1965年渔业生态足迹为194 645.32 hm^2，生态承载富裕，生态压力指数仅为0.19，处于生态安全状态。至2018年，渔业生态足迹为3 784 293.81 hm^2，生态压力指数达到3.67，是1965年的19.44倍，生态严重超载，生态系统处于极度不安全状态。渔业生态足迹最大年份出现在2012年，为6 407 250.31 hm^2，生态压力指数达到6.21，是1965年的32.92倍。

表6.2 长山群岛渔业生态足迹模型计算结果

年 份	生态足迹 /hm^2	生态压力指数	生态承载状况	生态安全状态
1965	194 645.32	0.19	富裕	安全
1966	231 293.35	0.22	富裕	安全
1967	235 593.59	0.23	富裕	安全
1968	264 091.25	0.26	富裕	安全
1969	257 011.23	0.25	富裕	安全
1970	315 868.91	0.31	富裕	安全
1971	441 254.07	0.43	富裕	安全
1972	378 233.58	0.37	富裕	安全
1973	430 693.98	0.42	富裕	安全
1974	596 134.57	0.58	盈余	较安全

续 表

年 份	生态足迹 /hm²	生态压力指数	生态承载状况	生态安全状态
1975	632 481.64	0.61	盈余	较安全
1976	935 538.48	0.91	平衡	轻度不安全
1977	743 208.03	0.72	盈余	较安全
1978	617 795.90	0.60	盈余	较安全
1979	487 590.50	0.47	富裕	安全
1980	570 225.32	0.55	盈余	较安全
1981	690 692.58	0.67	盈余	较安全
1982	820 713.58	0.79	盈余	较安全
1983	834 426.18	0.81	平衡	轻度不安全
1984	850 597.00	0.82	平衡	轻度不安全
1985	543 886.78	0.53	盈余	较安全
1986	495 202.29	0.48	富裕	安全
1987	689 309.01	0.67	盈余	较安全
1988	1 010 958.38	0.98	平衡	轻度不安全
1989	812 767.75	0.79	盈余	较安全
1990	2 675 730.53	2.59	严重超载	极度不安全
1991	1 438 241.01	1.39	临界超载	中度不安全
1992	1 245 927.41	1.21	临界超载	中度不安全
1993	1 260 955.56	1.22	临界超载	中度不安全
1994	1 023 303.67	0.99	平衡	轻度不安全
1995	1 275 006.44	1.23	临界超载	中度不安全
1996	1 623 152.18	1.57	超载	重度不安全
1997	1 870 229.33	1.81	超载	重度不安全
1998	2 622 165.69	2.54	严重超载	极度不安全

续　表

年　份	生态足迹 /hm²	生态压力指数	生态承载状况	生态安全状态
1999	2 530 693.03	2.45	超载	重度不安全
2000	2 519 760.13	2.44	超载	重度不安全
2001	2 708 020.34	2.62	严重超载	极度不安全
2002	1 076 951.94	1.04	平衡	轻度不安全
2003	2 436 357.33	2.36	超载	重度不安全
2004	2 394 046.62	2.32	超载	重度不安全
2005	3 720 716.13	3.60	严重超载	极度不安全
2006	4 688 238.45	4.54	严重超载	极度不安全
2007	3 747 827.78	3.63	严重超载	极度不安全
2008	2 845 746.32	2.76	严重超载	极度不安全
2009	3 156 476.80	3.06	严重超载	极度不安全
2010	6 215 776.62	6.02	严重超载	极度不安全
2011	5 536 645.00	5.36	严重超载	极度不安全
2012	6 407 250.31	6.21	严重超载	极度不安全
2013	6 318 683.51	6.12	严重超载	极度不安全
2014	5 111 751.40	4.95	严重超载	极度不安全
2015	4 345 953.87	4.21	严重超载	极度不安全
2016	4 024 577.28	3.90	严重超载	极度不安全
2017	4 534 817.15	4.39	严重超载	极度不安全
2018	3 784 293.81	3.67	严重超载	极度不安全

根据长山群岛海洋渔业资源环境系统生态压力指数状态，将 1965—2018 年生态压力变化划分为三个阶段（见图 6.1）。第一阶段，1965—1989 年，为生态盈余阶段，长山群岛渔业资源环境系统生态承载状况表现良好，平均生态压力指数为 0.55，未出现生态超载现象，除个别年份外，基本处于安全或较

安全状态。第二阶段，1990—2004 年，为生态超载阶段，平均生态压力指数达到 1.85，除 1994 年和 2002 年处于平衡状态外，其余年份均为临界超载或超载，处于中度或重度不安全状态。其中，1990 年、1998 年、2001 年出现严重超载现象，表现为极度不全状态。第三阶段，2005—2018 年，生态严重超载阶段，年平均生态压力指数达到 4.46，生态承载达到严重超载状态，生态安全处于极度不安全状态。

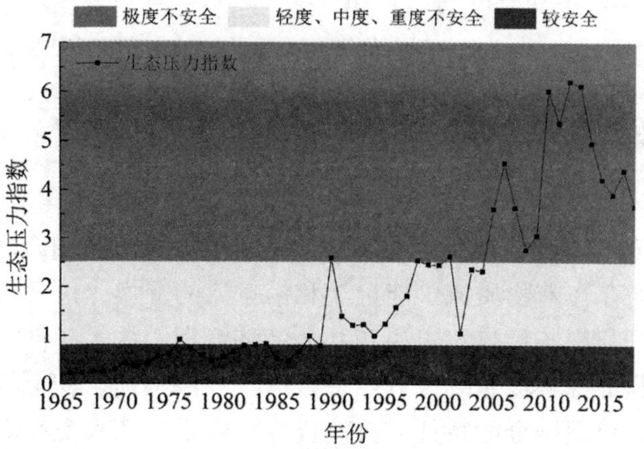

图 6.1　长山群岛海洋渔业资源环境系统生态压力变化趋势

6.1.3　生态压力变化分析

从 54 年的长山群岛海洋渔业资源环境系统生态压力变化历程来看，1965—2012 年，生态足迹和生态压力指数整体上呈大幅增长趋势。随着长山群岛渔业经济的发展，人类渔业活动对渔业资源环境持续施加影响，生态系统承受的压力越来越大。2013 年以后，生态足迹和生态压力指数快速下降，但仍处于严重超载状态，生态系统仍极度不安全。自“十二五”以来，尤其是“十三五”期间，长山群岛逐步调整产业结构，产业中心从单纯依赖渔业经济发展向以旅游业为主的第三产业转移，对渔业资源环境的利用强度和依赖程度有所下降。2013—2018 年，渔业产值占国民经济总产值比重有所下降，但年平均占比仍达到 57.28%，说明渔业经济在国民经济中仍占有主导地位，渔业资源环境系统生态压力依然巨大。

生态压力指数的变化趋势表明，随着长山群岛经济快速发展，人类活动对资源环境的占用与生态系统服务之间的矛盾逐渐突出。目前，不仅是长山群岛，我国整体海洋渔业生态环境都面临巨大压力。相关研究显示，自 1993 年开始，我国近海渔业捕捞量就已超过渔业资源承载力上限，在随后的20年时间里，近海捕捞强度虽有所控制，但捕捞产量仍呈上升趋势，渔业生态系统依旧处于过度的超载状态。过度捕捞造成的生态压力是导致我国海洋渔业资源退化的直接原因。

6.2 渔业生态效率评价

6.2.1 评价方法

渔业资源环境系统是由资源系统、环境系统和经济社会系统在物质循环、能量转化、价值增值和信息传递等方面相互交织、相互作用形成的复合系统。三个子系统之间存在着物质流、能量流和信息流的交换，以及价值流的循环与转换，并且可以利用各种自然资源和社会经济管理、技术条件产生生态经济功能和效益。渔业资源环境系统兼具生态特征、经济特征、社会特征以及生态与经济、社会相互交织融合的特征。自然资源环境系统和人类社会经济系统之间存在大量的物质循环和能量流动，并且自然资源环境是人类社会经济系统生存和发展的物质基础。因此，人类利用生态资本创造社会经济价值的能力，即生态效率，是衡量渔业资源环境系统可持续发展水平的重要指标。

1990年，Schaltegger和Sturm根据经济学中利用经济生产活动产出与投入的比例关系定义的生产效率概念，将经济生产和环境因素结合起来，提出“生态效率”概念，即经济生产活动产出与生态环境消耗的比例。1992年，世界可持续发展商业委员会（WBCSD）在里约热内卢举办的地球峰会上将生态效率定义为产品和服务价值与生态环境负荷的比值，即单位生态环境负荷创造的产品和服务价值。其后，经济合作与发展组织（Organization for Economic Cooperation and Development，OECD）将生态效率定义为“典型的投入产出过程，使用较少的环境资源代价换取更多的价值”。我国学者对生态效率的概念也进行了深入研究。诸大建等认为，生态效率是经济社会发展的价值量（GDP总量）和资源环境消耗的实物量比值。从国内外生态效率概念研究看，虽然表述不同，但核心思想基本一致，即强调“经济效率和环境效益统一”，追求以最少的原材料、能源、生态环境投入获得最多的满足人类需求的产出。生态效率可以看作达到地球承载能力的资源环境投入与满足人类活动需求的产出之间的相互协调关系，即在经济和环境之间达到一种平衡状态。

自生态效率概念提出以来，不同组织和学者根据生态效率内涵提出了众多评价方法和模型，并在企业、行业、区域等不同尺度和领域进行了深入研究。比如，Dahlström 等利用生产过程中投入与产出的比值以及经济价值与污染物的比值表征资源效率和资源生产率，衡量了英国钢铁和铝制品行业的生态效率；Michelsen 等选取物质能源消耗、大气排放等 9 个环境指标对挪威家具产品的生态效率进行了分析；孙玉峰等以能值分析法为基础构建了循环经济系统生态效率评价指标体系与方法；黄和平等从绿色 GDP 和生态足迹的视角改进了生态效率度量模型。在模型法中，数据包络分析模型（DEA）凭借其客观性和科学性以及在相对效率评价中应用的有效性，在评价生态经济系统发展效率方面得到了广泛应用。比如，郑德凤等将以生态系统服务价值量化的资源环境等当作投入指标，利用 DEA 模型评价了中国大陆的生态效率。韩增林等利用 SBM-DEA 评价了 2006—2015 年我国沿海省市海洋渔业生态效率。本研究结合生态足迹模型，构建海洋渔业资源环境系统生态效率评价指标，利用超效率 DEA 模型评价海洋渔业资源环境系统发展效率。

综合考虑海洋渔业资源环境系统中各种能量要素的投入和产出，可将生态资源、劳务、生产力当作生态经济系统输入指标，以渔业经济产值为产出指标，建立基于海洋渔业资源环境系统生态效率的评价指标体系。在指标选取中，利用渔业生态足迹表征生态资源的总占用；选择海洋渔业从业人员数量表示劳务输入指标；生产力指标以投入机动渔船吨位进行表示，表征渔业生产的技术水平。与上一章不同，本章评价的时间序列为 1965—2018 年，时间跨度较大，其间统计口径变化加大，并充分考虑数据的可获得性，客观反映生产力投入情况，选用机动吨位代替。

6.2.2 评价结果

基于超效率 DEA 模型计算得到 1965—2018 年长山群岛渔业经济生态效率，结果如图 6.2 所示。由图 6.2 可知，长山群岛渔业生态效率呈持续上升趋势。根据生态效率数值、变化速率等，总体上将渔业生态效率变化分为三个阶段。① 1965—1984 年，低效发展阶段。其间最小值为 1969 年的 0.021 5，最大值为 1972 年的 0.041 5，年平均值为 0.030 1，增长速度极慢，年均增长率仅为 1.50%，表明利用长山群岛海洋渔业生态资源创造经济价值的效率极低，海洋渔业处于原始开发阶段。② 1985—2008 年，波动变化阶段。生态效率较前一阶段有明显提升，但处于不断波动变化状态，整体呈增长趋势，2008 年较 1985 年增长幅度达 353.92%，增长速度明显提升，年均增长率为 6.80%。

③ 2009—2018 年，快速上升阶段。生态效率由 2009 年的 0.417 8 上升至 2018 年的 1.325 8，增长了 217.33%，年均增长率为 13.69%，2018 年是 1965 年的 46.56 倍，表明生态效率极大提高。但从整体来看，在 1965—2012 年，生态效率均低于 0.5，2013—2018 年虽有所提升，但除 2018 年超过 1.0 外，其余年份均不高于 0.8，表明长山群岛海洋渔业生态效率仍有待提升。

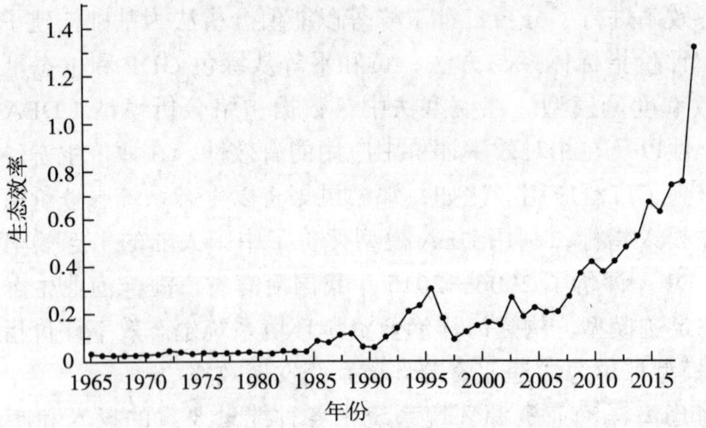

图 6.2　1965—2018 年长山群岛渔业生态效率

6.2.3　生态效率变化分析

Cairns 和 Martinet 认为，可持续发展研究的一个中心问题是动态经济中增长和牺牲的相互作用。经济增长最大化，资源环境“牺牲”最小化是可持续发展的目标之一，即生态环境成本最小，经济收益最大，这也是生态效率的本质含义。顾晓薇等对辽宁省自然资源可持续利用的生态足迹进行分析发现，生态效率与产业结构密切相关，工业产业链级别高的地区具有高生态效率。结合上述理论分析，长山群岛生态效率发展阶段的变化反映了典型的渔业经济可持续发展演变特征。1965—1984 年，长山群岛渔业经济以捕捞和养殖海洋初级水产品的第一产业为主，尚未出现水产加工产业，渔业资源的利用水平较低，单位产品创造价值有限。20 世纪 80 年代，随着市场经济体制改革全面实施，县域经济开始发展。20 世纪 90 年代，以工业为主的县域经济加大投入力度，水产品加工业得以快速发展，产品附加值显著提高，生态效率提升。王波等认为，海洋渔业产业结构的演进是导致渔业经济波动的重要因素。1985—2008 年，长山群岛水产品加工业的发展促使以捕捞和养殖业为主的第一产业快速发展，从而导致生态足迹加大。但这一时期水产品加工业多处于初级产品加工阶段，层次较低，经济效益的提升幅度远不能弥补生态足迹的增加，因此又导致了生态效率的下降。一段时间后，技术进步带动了水产加工业的发展，促使经济效益得以提高，同时生态效率也开始呈上升趋势。因此，在1985—2008年，生态效率呈现周期性波动变化的特征。2009年，国家出台辽宁沿海经济带发展规划，长山群岛作为海洋生态经济区被列入重点支持区域，迎来了难得的发展机遇，“海洋牧场”和“国际旅游胜地”被确立为未来发展的主要方向。通过发展定位的调整，以旅游业为主的第三产业取得了快速发展，同时海洋渔业通过养殖业和水产品加工业的提升，促进了产业结构优化，在推动经济快速发展的同时，降低了资源和能源消耗，提高了生态效率。因此，在2009—2018年，生态效率发展变化表现为快速上升。通过渔业资源环境系统生态效率三个阶段的变化可以看出，和国内多数地区经济发展轨迹相似，长山群岛渔业经济发展经历了从以资源环境消耗为基础的粗放型增长向以提高生产效率为动力的集约型增长转变的过程。粗放型经济增长方式难以提高生态效率，而随着技术进步，生产效率逐步提高，生态效率也得以提升。产业结构调整是实现经济、社会、生态环境可持续发展的基础。

6.3 生态压力与生态效率耦合协调关系分析

生态压力和生态效率分别从人类占用生态资本的强度和生态资本利用的效率两个不同方面表征了海洋渔业资源环境系统可持续发展状态，但核心均是生态资本评估。生态压力强调生态资本的占用规模，生态效率则重视渔业经济发展中生态资本的产出效率。理想状态下，系统生态压力越小，生态效率越高，可持续发展能力越强。降低资源环境系统生态压力、提高生态资本的利用效率是增强海洋渔业资源环境系统可持续发展能力的有效途径。海洋渔业资源环境系统内部的生态压力和生态效率之间存在一定的关联响应关系。一方面，生态压力是制约生态效率提升的主要因素；另一方面，提升生态效率可以缓解生态压力。因此，有必要对生态压力和生态效率之间的相互作用关系进行深入分析。本书利用耦合协调度模型评价长山群岛海洋渔业资源环境系统生态压力和生态效率之间存在的耦合协调关系，结果如表6.3所示。

表 6.3 长山群岛海洋渔业资源环境系统生态压力与生态效率耦合协调度评价结果

年 份	耦合度	耦合度等级	协调度	协调度等级
1965	0.158 8	低度耦合	0.282 2	中度失调
1966	0.088 3	低度耦合	0.209 5	中度失调
1967	0.081 8	低度耦合	0.201 5	中度失调
1968	0.094 6	低度耦合	0.216 3	中度失调
1969	0.077 6	低度耦合	0.195 9	严重失调
1970	0.089 0	低度耦合	0.208 9	中度失调
1971	0.137 0	低度耦合	0.257 2	中度失调
1972	0.248 3	低度耦合	0.349 8	中度失调
1973	0.212 3	低度耦合	0.321 5	中度失调
1974	0.174 0	低度耦合	0.286 9	中度失调
1975	0.189 0	低度耦合	0.298 5	中度失调
1976	0.156 7	低度耦合	0.264 8	中度失调
1977	0.183 8	低度耦合	0.291 6	中度失调
1978	0.196 1	低度耦合	0.304 4	中度失调
1979	0.210 8	低度耦合	0.319 0	中度失调
1980	0.173 1	低度耦合	0.286 8	中度失调
1981	0.170 4	低度耦合	0.281 8	中度失调
1982	0.243 9	低度耦合	0.335 1	中度失调
1983	0.233 6	低度耦合	0.327 2	中度失调
1984	0.235 3	低度耦合	0.328 2	中度失调
1985	0.408 3	拮抗阶段	0.449 4	基本协调
1986	0.384 1	拮抗阶段	0.436 4	基本协调
1987	0.478 9	拮抗阶段	0.485 7	基本协调
1988	0.505 2	拮抗阶段	0.488 1	基本协调

续 表

年 份	耦合度	耦合度等级	协调度	协调度等级
1989	0.321 0	拮抗阶段	0.386 7	中度失调
1990	0.381 0	拮抗阶段	0.355 1	中度失调
1991	0.483 8	拮抗阶段	0.459 1	基本协调
1992	0.563 0	拮抗阶段	0.510 1	基本协调
1993	0.679 8	磨合阶段	0.574 8	基本协调
1994	0.701 0	磨合阶段	0.599 1	基本协调
1995	0.783 0	磨合阶段	0.637 1	中度协调
1996	0.655 0	磨合阶段	0.542 9	基本协调
1997	0.480 8	拮抗阶段	0.439 5	基本协调
1998	0.593 7	拮抗阶段	0.460 4	基本协调
1999	0.645 5	磨合阶段	0.490 7	基本协调
2000	0.668 5	磨合阶段	0.502 8	基本协调
2001	0.660 9	磨合阶段	0.488 6	基本协调
2002	0.741 5	磨合阶段	0.621 2	中度协调
2003	0.704 0	磨合阶段	0.525 7	基本协调
2004	0.753 2	磨合阶段	0.554 8	基本协调
2005	0.810 9	高度耦合	0.498 2	基本协调
2006	0.891 5	高度耦合	0.459 4	基本协调
2007	0.883 6	高度耦合	0.537 8	基本协调
2008	0.902 5	高度耦合	0.620 9	中度协调
2009	0.939 3	高度耦合	0.629 2	中度协调
2010	0.940 4	高度耦合	0.416 6	基本协调
2011	0.993 2	高度耦合	0.498 3	基本协调
2012	0.835 5	高度耦合	0.415 9	基本协调

续 表

年 份	耦合度	耦合度等级	协调度	协调度等级
2013	0.844 8	高度耦合	0.440 4	基本协调
2014	0.972 8	高度耦合	0.597 9	基本协调
2015	0.999 2	高度耦合	0.639 8	中度协调
2016	0.997 7	高度耦合	0.686 4	中度协调
2017	0.985 9	高度耦合	0.658 9	中度协调
2018	0.949 6	高度耦合	0.810 2	高度协调

从耦合协调度变化趋势来看（见图 6.3），长山群岛海洋渔业资源环境系统生态压力与生态效率的耦合度和协调度总体呈上升趋势。

（1）耦合关系持续增强。除 1989—1997 年有一定幅度波动外，长山群岛海洋渔业资源环境系统生态压力与生态效率的耦合度持续增加，从低度耦合增至高度耦合阶段，耦合度最高至 2015 年的 0.999 2，接近 1。耦合度的提高表明，长山群岛海洋渔业资源环境系统生态压力和生态效率的耦合相互作用关系持续增强。但根据生态压力指数和生态效率指数的变化趋势，研究期内长山群岛海洋渔业资源环境系统生态效率的增加并未减轻生态压力，而是随着效率增加，人类利用生态资本的强度进一步加大，导致生态压力持续增加。尤其是在 2005 年以后，长山群岛海洋渔业资源环境系统生态效率和生态压力出现快速的大幅增加态势，两者进入高度耦合阶段，相互作用关系明显。

（2）协调关系经历了多个阶段变化过程。第一阶段（1965—1988 年），协调度稳步增长，由 1965 年的 0.282 2 增至 1988 年的 0.488 1，协调度水平由中度失调过渡至基本协调。本阶段长山群岛海洋渔业资源环境系统生态压力最高为 1988 年的 0.98，未出现超载状态，但生态效率较低，绝大多数年份低于 0.1，导致生态压力和生态效率协调度较差，大部分年份处于中度失调水平，属于初级发展阶段。第二阶段（1989—2012 年），波动变化阶段，协调度较前一阶段有明显提升，但一直在 0.355 1 ～ 0.637 1 波动变化，未出现明显增强或减弱趋向，处于基本协调与中度协调状态。本阶段长山群岛海洋渔业资源环境系统生态压力和生态效率均有大幅提升，年均增速基本一致，分别为 8.25% 和 8.71%，协调度有所增强，但受到生态压力波动变化的影响，协调度不断波动变化。第三阶段（2013—2018 年），协调度快速提升，2013 年以后，长山群岛海洋渔业资源环境系统生态压力虽仍处高位，但出现明显快速下降趋势，生态效率显著提高，两者协调关系显著提升。

图 6.3　长山群岛海洋渔业资源环境系统生态压力与生态效率耦合协调度变化趋势

综上所述，以渔业资源环境为核心的生态资本是长山群岛海洋渔业资源环境系统发展的基础条件，是海洋渔业资源环境系统可持续发展的重要支撑。一般情况下，人类渔业经济社会越发达，生态资本占用越强，生态压力越大。随着人类经济社会的发展以及渔业规模的扩大、渔业科技投入的增加、渔业生产技术的改进，渔业活动的生态效率也会逐步提升。但如果渔业活动规模过大，超出海洋渔业资源环境系统的承载能力，生态效率的增强无益于生态压力的减缓，反而有可能导致生态压力进一步加强。1965—1988 年，长山群岛海洋渔业资源环境系统生态压力与生态效率的耦合度和协调度均呈上升趋势，说明两者的相互关联程度更加密切，虽然生态压力增大，但生态效率的提升仍促使两者的协调度增加。1989—2012 年，长山群岛海洋渔业资源环境系统生态压力与生态效率耦合度虽进一步加强，但是由于受到生态压力持续快速增加的影响，两者的协调度难以提升，呈现出波动变化态势。进入 21 世纪，在县域经济强劲发展的势头下，长海县在 2000—2004 年连续 5 年被列入全国综合实力百强县。经济社会的进步促进了生产力水平的提高，提升了海洋经济的生态效率，降低了单位经济增长的生态资本消耗，但难以弥补快速的经济增长带来的资源总量过度消耗。随着长山群岛“国家级生态示范区”“国际旅游度假区”建设的逐步推进，产业结构逐渐调整优化，产业发展重心由以渔业为主的第一产业向水产品加工业和海洋旅游业转移，生态效率与生态压力的矛盾有所缓解。2013 年以后，生态效率继续快速提高，生态压力下降，两者的耦合度达到最大值，且协调度快速上升，表明生态效率在缓解生态压力方面发挥了积极作用。

6.4 小结

本章通过生态足迹和超效率 DEA 模型方法分别评价了海洋渔业资源环境系统中人类渔业经济活动的生态压力和生态效率。生态压力指数变化表明，随着渔业经济的发展，人类渔业活动对渔业资源环境持续施加影响，生态压力逐渐增大：1965—1989 年，海洋渔业资源环境系统为生态盈余阶段，海洋渔业资源环境系统基本处于安全或较安全的状态；1990—2004 年，海洋渔业资源环境系统出现生态超载，海洋渔业资源环境系统在中度、重度不安全之间波动变化，个别年份出现极度不安全状态；2005—2018 年，海洋渔业资源环境系统严重超载，海洋渔业资源环境系统处于极度不安全状态，但 2013 年以后随着渔业生态管理的深入，生态压力减小，生态安全状况有所好转。随着经济快速发展，作为资源依赖型人地关系系统，长山群岛海洋渔业资源环境系统中人类活动对生态环境的占用与环境生态服务之间的矛盾逐渐突出。长山群岛海洋渔业资源环境系统生态效率评价表明，1965—2018 年，生态效率大幅提升。整体可划分为三阶段：原始开发阶段（1965—1984 年）、波动变化阶段（1985—2008 年）、快速上升阶段（2009—2018 年）。各阶段变化特征表明，长山群岛渔业经济发展经历了从以资源环境消耗为基础的粗放型增长向以提高生产效率为动力的集约型增长转变的过程。生态效率与渔业产业结构和渔业技术进步密切相关，产业结构的优化、资源的深度利用、产品附加值的提升对促进生态效率的提高具有重要意义。长山群岛海洋渔业资源环境系统生态压力和生态效率的耦合协调关系变化表明，两者耦合度由低度耦合增至高度耦合，相互作用关系显著增强；协调度经历了“稳步增长—波动变化—快速提升”三个阶段，协调水平由中度失调过渡至高度协调。在资源开发的初级阶段，生态压力较低，但较低的生态效率制约了两者的协调关系；在中期阶段，生态压力和生态效率同步增长，生态压力过大，导致协调关系难以改善；在后期阶段，生态压力降低，生态效率提升，两者的协调关系持续优化，向高度协调发展。

7　长山群岛海洋渔业资源环境系统脆弱性分析

脆弱性是表征资源环境系统可持续发展能力的关键指标，已成为自然资源相关研究的重要内容之一。20 世纪 60 年代末期，脆弱性概念被提出并应用于自然灾害研究，此后被引入复杂系统理论，用于反映系统在外部扰动下的受损程度，为分析生态子系统和社会子系统之间的协同关系提供了可供量化的工具，成为全球可持续发展研究领域的前沿热点。

2009 年，Allison 等将脆弱性概念引入渔业发展评价，并对全球渔业开展脆弱性评价。此后，众多学者从全球、国家大尺度和区域小尺度下的海洋渔业社会—生态系统的脆弱性方面进行了广泛探究。比如，Cornell 等从社会—生态系统视角评价分析了阿拉斯加渔业社区脆弱性；Thiault 等建立了一个生态和社会双重驱动下的小型海洋渔业脆弱性时空评估框架。我国学者对渔业资源环境系统的脆弱性问题也较为重视。丁琪评估了全球 109 个国家海洋渔业面对气候冲击时的粮食安全脆弱性；李博等从敏感性、应对能力两方面构建指标体系，评价了我国沿海省市海洋渔业产业生态系统脆弱性，并分析了脆弱性时空演变特征及其影响因素；陈琦等从暴露性、敏感性和适应性三个维度分析了我国海洋渔业社会—生态系统脆弱性影响因素。但整体来看，国内海洋渔业脆弱性相关研究报道较少，尤其是针对中国海洋渔业资源环境系统脆弱性的研究尚不多见，对脆弱性的形成原因、影响因素及驱动机制缺乏深入研究，相关研究亟待加强。

7.1 海洋渔业资源环境系统脆弱性评价方法

7.1.1 脆弱性内涵

生态系统脆弱性概念自提出以来，在生态学、工程学、地理学、经济学等多个学科得到了深入研究，其研究重点也已从关注自然环境系统转向强调自然与人文系统综合作用的脆弱性研究，并呈现出多学科交融的趋势。总体来看，脆弱性概念及内涵经历了由一元到多元、由简单到复杂的演变过程。早期，脆弱性概念主要应用于自然灾害和气候变化等自然科学领域，被理解为因灾害等不利影响而使系统遭受损害的程度或可能性。其后，脆弱性概念被引入社会科学领域，并主要应用于旅游地理、城市地理以及乡村地理等领域。方创琳等指出，脆弱性研究尚不成熟，且不同学科存在视角差异，对脆弱性的理解差异较大。即使在相同领域内，人们对脆弱性的理解与研究也存在分歧，特别是在脆弱性的本质、构成要素、发生机制以及测度方法等方面存在诸多不同见解。Smit 等将脆弱性定义为系统容易受到伤害、损害或破坏的程度。Adger 等认为，脆弱性是在环境和社会变化等外部压力和扰动因素下，系统因缺乏适应能力而易受损害的一种状态。政府间气候变化专业委员会（IPCC）针对全球变化及其区域响应将脆弱性定义为系统容易受到气候变化造成的不良后果影响或者无法应对其不良影响的程度，是系统外在气候变化的特征、强度和速率，敏感性和适应性的函数。Turner 等认为，脆弱性是指系统子系统、系统组分由于暴露于灾害（扰动或压力）而可能遭受损害的程度。李鹤等认为，脆弱性是指因系统对内外扰动的敏感性以及缺乏应对能力而使系统的结构和功能容易发生改变的一种属性。

随着海洋渔业资源过度开发，渔业活动与渔业资源环境之间的矛盾也越发尖锐，海洋渔业资源环境系统承受着经济社会发展与海洋生态环境的双重压力和挑战，由此引发的海洋渔业资源环境系统脆弱性问题日益显现。但是，人海关系地域系统具有其自身特殊性。孙才志等指出，和陆域经济系统相比，以海洋自然生态系统和海岸带地区的社会经济系统共同组成的综合系统更具开放性、动态性和复杂性。李博等认为，人海关系地域系统脆弱性是在以海洋资源及其相关生产为对象的特殊地域范围内，因子系统内部和子系统之间相互作用而使系统内部形成的不稳定性、对外界干扰的敏感性及其对干扰的损失或损害。陈琦等在研究海洋渔业社会—生态系统时，将脆弱性定义为海洋渔业社会—生态系统暴露在多重自然和社会因素扰动下所表现出的敏感程度及适应能力。

综合以上概念可以看出，脆弱性概念主要强调以下内容：海洋渔业资源环境系统在受到内外部扰动因素威胁时的易损程度，海洋渔业资源环境系统通过内部结构和主体功能表现出的稳定状态，海洋渔业资源环境系统对内外部胁迫的应对能力以及受损后的恢复能力。因此，本研究认为海洋渔业资源环境系统脆弱性是指在海洋自然环境和人类开发活动胁迫下，海洋渔业资源环境系统所表现出的应对能力、系统结构稳定性、易损程度以及受损后的恢复能力。

脆弱性是在海洋渔业资源环境系统内部人类活动与资源环境相互作用过程中，人海关系结构稳定程度的表现，是人海关系维持平衡的动态过程（见图 7.1）：在外部环境变化、系统内部渔业资源环境与人类经济社会活动的共同扰动下，海洋渔业资源环境系统中人海关系稳定性受到一定胁迫；当胁迫因素扰动使人海关系发生变化时，海洋渔业资源环境子系统中的生物群落、生态环境要素以及人类经济社会子系统的经济要素、社会要素都会对胁迫因素做出敏感性响应；当渔业经济社会子系统和资源环境子系统敏感性因素对环境胁迫作出响应时，人类即会通过科技进步和生态管理等方式加强对自身活动和生态环境的治理，一方面约束人类自身的环境行为，另一方面改善资源环境承载能力，以此构建应对胁迫性和敏感性因素影响的适应性机制；当适应性机制无法抵消胁迫性和敏感性因素的消极影响时，海洋渔业资源系统就会表现出不稳定状态，诱发经济、生态、资源以及社会等多方面的损失。

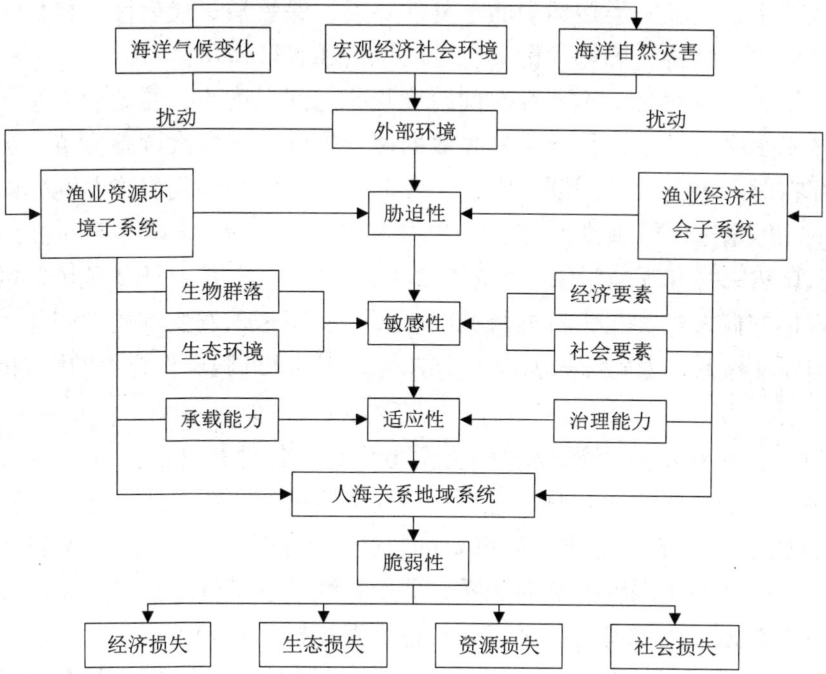

图 7.1 海洋渔业资源环境系统脆弱性发生内涵

7.1.2 脆弱性评价指标体系构建

1. 指标选取原则

基于海洋渔业资源环境系统脆弱性内涵和评价方法，在“暴露性—敏感性—适应性”评估框架下，根据以下原则建构脆弱性评价指标体系。

（1）科学性。在便于评价分析的前提下，根据脆弱性内涵和发生机制，并充分参考已有研究成果，科学、规范、合理地选取指标，确保指标客观、准确地表征海洋渔业资源环境系统脆弱性的基本属性。

（2）系统性。依据海洋渔业资源环境系统作为人海关系复合性地域系统的属性特征，指标必须能够全面地反映系统脆弱性的本质特征和发展趋势，兼顾渔业经济社会子系统、海洋渔业资源子系统和生态环境子系统的特征，进行多方面因素综合筛选。

（3）代表性。由于海洋渔业资源环境系统较复杂，涉及指标庞杂，为明确指标之间的主次关系，突出重点，就要着重分析影响程度较高的指标，并在构建过程中充分体现包含性和层次性，既包含各子系统核心要素，又划分各要素的主次关系，剔除同类指标中的重复性要素，保留最具代表性的指标，简化和优化指标体系结构，确保指标具有全局视角和表征作用。

（4）数据可获得性。本研究时间跨度长，空间尺度小，受历史因素、社会发展和技术水平的影响，行政区划和数据统计指标经历多次调整变革，部分数据指标存在时间不连续的问题。因此，要在保证指标能够代表脆弱性影响因素的前提下，尽量选取能够覆盖1965—2018年各年份且统计口径一致的指标。气候变化、自然灾害和环境污染等数据自2004年才计入长海县统计范围之内，同时考虑指标的偶发性和长山群岛海域生态环境多年来未发生本质性变化，对脆弱性影响程度较低，因此该三项指标不纳入长时间序列脆弱性评价的影响因素。

2. 指标内涵

本质上，海洋渔业资源环境系统脆弱性是因各种扰动因素在渔业资源环境系统中产生的暴露性（也称胁迫性）、敏感性和适应性而使海洋渔业资源环境系统表现出不稳定状态或产生风险的可能。暴露性、敏感性与脆弱性呈正向关系，适应性与脆弱性呈负向关系，即暴露性、敏感性越强，则脆弱性就越大；适应性越强，则脆弱性就越小。其各维度指标内涵如下。

（1）暴露性指标内涵。暴露性是指系统所面对的内外扰动因素作用强度的大小，反映了内部因素对系统整体功能传导的压力。因长时间序列下灾害性天气的胁迫为偶发因素，概率较小，在暴露性指标选取中只考虑持续性的人类活动胁迫性指标作为系统承受的压力表征。选择渔业生态压力强度、渔业生产力投入强度、渔业捕捞资源利用强度、渔业养殖资源利用强度四个指标表征海洋渔业资源环境系统面临的胁迫程度。其中，渔业生态压力强度表示渔业活动对海洋渔业资源环境的生态胁迫性的大小；渔业生产力投入强度表示人类投入渔业资源环境开发的物质要素胁迫性；渔业捕捞资源利用强度表示海洋捕捞活动对海洋生物资源的胁迫性，渔业养殖资源利用强度表示海洋养殖活动对海域环境资源的胁迫性。

（2）敏感性指标内涵。敏感性是指表征系统运行质量的主要指标在面对内外环境扰动时的反应强度。系统敏感性主要是由系统结构发育不成熟导致的，反映了系统为维持稳定状态对相应因素的依赖程度。本书从渔业经济依赖程度、渔业生态依赖程度、渔业社会依赖程度三个角度评价海洋渔业资源环境系统对三类要素的依赖程度，表征海洋渔业资源环境系统所具有的敏感性大小。其中，利用渔业产值/地区国民生产总值表示区域经济对渔业的经济依赖程度，利用单位渔业产值所占用的生态足迹表示渔业的生态依赖程度，利用地区社会从业人员中渔业从业人员所占比重表示渔业的社会依赖程度。

（3）适应性指标内涵。适应性也称为弹性，是指面对扰动时系统的应对能力，可以用系统运行的稳定状态指标来表征，反映了系统应对内部扰动因素、维持稳定、抵御风险的能力。本书分别利用人均渔业收入、生态足迹效率（渔业产值/渔业足迹）和科学研究、技术服务业人员数量表示社会满足能力、渔业生态产出能力、科技支撑能力，以反映海岛经济所具有的适应能力。

3. 指标权重

为客观反映各类指标对三个维度的重要性，利用熵权法和层次分析法综合确定各评价指标权重，步骤如下所述。

（1）为使数据量纲一致，利用极差法对指标数据标准化。根据指标与脆弱性的关系属性，对暴露性和敏感性指标采用正向标准化方法，对适应性指标采用负向标准化方法，公式如下：

正向指标：

$$X'_{ij} = \frac{X_{ij} - \min\{X_j\}}{\max\{X_j\} - \min\{X_j\}} \tag{7.1}$$

负向指标：

$$X'_{ij} = \frac{\max\{X_j\} - X_{ij}}{\max\{X_j\} - \min\{X_j\}} \tag{7.2}$$

式中，X_{ij} 为第 i 年第 j 项指标的原始数值；$\max\{X_j\}$ 与 $\min\{X_j\}$ 分别为评价年份中第 j 项指标的最大值及最小值；X'_{ij} 为指标标准化以后的数值。

（2）计算各指标比重 Y_{ij}，公式如下：

$$Y_{ij} = \frac{X'_{ij}}{\sum_{i=1}^{n} X'_{ij}} \tag{7.3}$$

（3）计算各指标的信息熵：

$$E_j = -(\ln n)^{-1} \times \sum_{i=1}^{n}\left(Y_{ij} \times \ln Y_{ij}\right) \tag{7.4}$$

其中，当 $Y_{ij}=0$ 时，$Y_{ij} \times \ln Y_{ij}=0$，$E_j$ 为第 j 项指标的信息熵，$0 \leqslant E_j \leqslant 1$，ln 为自然对数。

（4）计算指标权重：

$$W_j = \frac{1-E_j}{m-\sum_{j=1}^{m} E_j} \tag{7.5}$$

式中，W_j 为第 j 项指标的权重；m 为指标数量。熵权法过分依赖客观数据，不能有效反映现实情况。所以，本研究进一步利用层次分析法（AHP）计算各指标主观权重，将主观权重和客观权重结合起来，得到最终指标权重，结合计算公式如下：

$$W'_j = \frac{\sqrt{W_{1j} \times W_{2j}}}{\sum_{j=1}^{n}\sqrt{W_{1j} \times W_{1j}}} \tag{7.6}$$

式中，W'_j 为第 j 个指标的最终权重值，W_{1j} 是通过熵权法计算得到第 j 个指标的客观权重，W_{2j} 是通过 AHP 方法计算得到第 j 个指标的主观权重，结果如表 7.1 所示。

表 7.1　海洋渔业资源环境系统脆弱性评价指标体系

维度	指标	指标内涵或算法	权重		
			熵权法	AHP 法	综合权重
暴露度（P）	渔业生态压力强度（P_1）	渔业生态足迹 / 生态承载力	0.205 0	0.420 3	0.322 6
	渔业生产力投入强度（P_2）	机动渔船吨位（t）	0.164 2	0.121 3	0.155 1
	渔业捕捞资源利用强度（P_3）	FiB 指数	0.088 7	0.268 5	0.169 6
	渔业养殖资源利用强度（P_4）	海水养殖面积（hm^2）	0.542 1	0.189 9	0.352 7

续表

维度	指 标	指标内涵或算法	权 重		
			熵权法	AHP 法	综合权重
敏感性（S）	渔业经济依赖程度（S_1）	渔业产值 /GDP（%）	0.170 4	0.310 8	0.233 4
	渔业生态依赖程度（S_2）	渔业生态足迹 / 渔业产值（hm^2/ 万元）	0.586 7	0.493 4	0.545 5
	渔业社会依赖程度（S_3）	渔业从业人数 / 总就业人数（%）	0.242 8	0.195 8	0.221 1
适应性（R）	社会满足能力（R_1）	人均渔业收入（万元）	0.417 7	0.443 4	0.441 0
	渔业生态产出能力（R_2）	渔业产值 / 渔业足迹（万元 /hm^2）	0.239 9	0.387 4	0.312 4
	科技支撑能力（R_3）	科学研究、技术服务业人员数量（人）	0.342 5	0.169 2	0.246 7

7.1.3 脆弱性评价方法

目前关于脆弱性评价主要有综合指数法、模糊数学法、BP 神经网络、集对分析等方法。其中，综合指数法是社会经济领域常用的脆弱性评价方法，且涵盖生态脆弱性的构成要素，在经济—社会—生态系统脆弱性评价中被广泛应用。比如，李永化等基于 SRP（Sensitivity–Recovery–Pressure）综合评价模型方法评价自然灾害多发区生态脆弱性；何茜灵等测度了台湾地区旅游经济系统脆弱性；彭飞等评价了我国沿海地区海洋生态经济系统脆弱性；孙才志等评价了环渤海地区海洋经济系统脆弱性。海洋渔业资源环境系统是人海关系复合系统，具有明显的经济属性、社会属性和自然属性。因此，在对海洋渔业资源环境系统脆弱性进行评价时，采用综合指数法模型能够较好地反映系统因子作用关系。根据脆弱性模型基本原理，从海洋渔业资源环境系统的暴露性（Pressure）、敏感性（Sensitivity）和适应性（Recovery）三个方面评价海洋渔业资源环境系统脆弱性，公式分别为：

$$P_i = \sum_{j=1}^{4} W_{pj} Y_{pij} \tag{7.7}$$

$$S_i = \sum_{j=1}^{3} W_{sj} Y_{sij} \tag{7.8}$$

$$R_i = \sum_{j=1}^{3} W_{rj} Y_{rij} \tag{7.9}$$

式中，P_i 为海洋渔业资源环境暴露性，即海洋渔业资源环境系统面对的内外部压力指数；S_i 为敏感性，即对海洋渔业资源环境系统各类因素的依赖程度；R_i 为适应性，即面对内外不稳定因素冲击，海洋渔业资源环境系统保持稳定和恢复的能力；W_{pj}、W_{sj}、W_{rj} 分别表示暴露性、敏感性和适应性三个维度中各指标的权重；Y_{pij}、Y_{sij}、Y_{rij} 分别表示暴露性、敏感性和适应性指标的归一化值。暴露性、敏感性和适应性构成了复杂的非线性系统，其中，暴露性和敏感性共同作用，海洋渔业资源环境成了系统脆弱的影响力指数。参考学者对生态系统脆弱性的研究成果，脆弱性的函数表达式为：

$$V_i = f(P_i, S_i, R_i) = f(E_i, R_i) \tag{7.10}$$

式中，V_i 为海洋渔业资源环境系统脆弱性；P_i、S_i、R_i 分别表示系统的暴露性、敏感性和适应性；E_i 为影响力指数。脆弱性程度的计算公式为：

$$V_i = \frac{E_i + R_i}{2} \tag{7.11}$$

$$E_i = \left[\frac{4 \times P_i \times S_i}{(P_i + S_i)^2}\right]^2 \tag{7.12}$$

V_i 取值范围为 [0,1]，V_i 值越大，海洋渔业资源环境系统脆弱性越强。参考前人研究成果，按照等间距法进行分级，将其分为微度脆弱、轻度脆弱、中度脆弱、重度脆弱和极度脆弱 5 个等级，各级阈值和特征如表 7.2 所示。

表 7.2　长山群岛渔业资源环境系统脆弱性分级标准

等　级	脆弱性	脆弱性程度	系统特征
Ⅰ	$V_i \leqslant 0.2$	微度脆弱	系统状态稳定，无生态异常现象，结构和功能合理完善，承受压力和敏感性弱，抗干扰能力和自我恢复能力强
Ⅱ	$0.2<V_i \leqslant 0.4$	轻度脆弱	系统状态较稳定，存在潜在生态异常现象，结构和功能较为完善，承受压力和敏感性较小，抗干扰能力和自我恢复能力较强

续 表

等 级	脆弱性	脆弱性程度	系统特征
Ⅲ	$0.4<V_i \leqslant 0.6$	中度脆弱	系统状态较不稳定，存在少量生态异常现象，结构和功能尚可维持，承受压力接近生态阈值，对各类干扰敏感性中等，自我恢复能力较弱
Ⅳ	$0.6<V_i \leqslant 0.8$	重度脆弱	系统状态不稳定，存在较多生态异常现象，结构和功能出现退化，承受压力较大，对各类干扰敏感性较强，受损后自我恢复难度较大
Ⅴ	$0.8<V_i$	极度脆弱	系统状态极不稳定，存在大面积生态异常现象，系统结构和功能严重退化，承受压力极大，对各类干扰敏感性极强，受损后自我恢复难度极大

7.2 海洋渔业资源环境系统脆弱性评价

7.2.1 影响力指标评价

海洋渔业资源环境系统脆弱性的影响力指标由暴露性和敏感性组成，代表海洋渔业资源环境系统面临的内外部压力和对主要因子的依赖程度，影响力越大，海洋渔业资源环境系统脆弱性风险越高。根据式（7.7）、式（7.8）和式（7.12）分别计算暴露性、敏感性和影响力指数，结果如图 7.2 所示。从影响力指数变化看，整体上呈先升后降的发展趋势。1965—2001 年，呈阶段性上升，影响力从 0.002 1 上升至 0.999 2，接近 1；2002 年以后，除个别年份略有上升外，基本处于下降趋势，最低降至 2014 年的 0.244 3；2014 年以后有回升态势。从暴露性指标数据计算结果看，长山群岛海洋渔业资源环境系统面临的胁迫度自 1965 年以来持续增大，并在 2013 年达到研究期内最大值。1965 年，暴露性指数仅为 0.007 9，基本可以忽略不计，而 2013 年达到 0.967 4，接近最大值 1。从时序变化看，1965—1975 年，暴露性极低，除 1974 年外，其余各年均低于 0.1。1976—1996 年，暴露性除 1990 年突增至 0.274 2 外，其余各年均保持在 0.1 ～ 0.2 水平，表明较 1975 年之前，人类活动强度有所增加。1997—2013 年，暴露性持续上升，1997 年暴露性为 0.234 5，2013 年达到 0.967 4，上升了 312.54%，表明此阶段系统面临的压力持续增加，并在 2013 年达到极值。2013 年以后，暴露性有所下降，人类活动的胁迫程度降低，但 2014—2018 年，年均暴露性指数为 0.743 7，暴露性水平仍然维持在较高水平。从敏感性指标数据演变看，长山群岛海洋渔业资源环境系统敏感性整体呈下降趋势，1965—2018 年，敏感性从 0.674 9 下降至 0.206 2，下降了 69.45%，期末约为期初的 1/3。从时序变化看，1969 年以前，敏感性指数稳定下降；1970—2003 年，敏感性呈周期性波动下降变化特征，其中 1970—1989 年波动的周期和幅度逐渐增加，1990—2003 年波动周期和幅度逐渐减小；2004 年以后敏感性进一步下降，波动特征明显减弱。

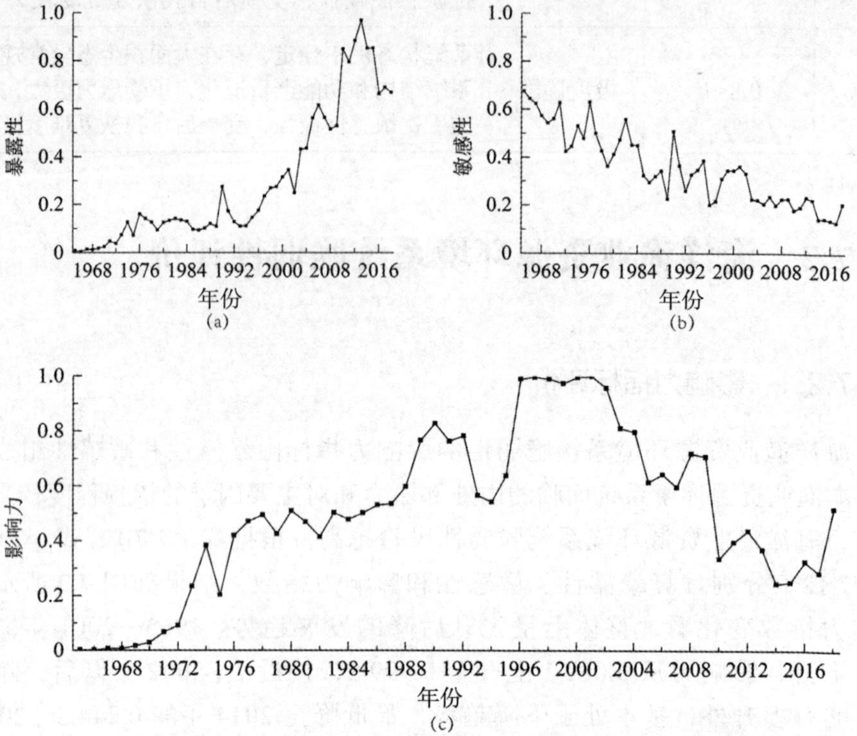

图 7.2　长山群岛海洋渔业资源环境系统暴露性、敏感性和影响力指数变化

7.2.2　适应性指标评价

适应性与脆弱性呈负向关系，适应性指标值越大，代表海洋渔业资源环境系统应对干扰的能力和恢复能力越大，海洋渔业资源环境系统脆弱性程度越低。为表征脆弱性指数，要在计算时对适应性指标作负向标准化处理，而为了阐释的直观性，则要在适应性指标评价中对其进行正向处理（见图 7.3）。从适应性指标变化看，海洋渔业资源环境系统的适应性在研究期有了极大提

升。1965年，适应性仅为0.020 2，2018年升至0.821 3，期末是期初的40.66倍，表明系统的整体抗干扰能力和恢复能力得以大幅增强。从阶段变化特征看,1965—1984年，适应性指数极低，各年均低于0.1,20年平均值为0.052 1，增长趋势并不明显；1985—2005年，适应性波动上升，从1985年的0.174 7上升至2005年的0.193 6，但上升速度缓慢，年均增长率仅为0.54%，适应性仍处于较低水平，最高年份为1995年的0.296 7，其他年份多数低于0.2；2006—2018年，适应性快速提高，从2006年的0.220 6升至2018年的0.821 3，上升了272.30%，年均增长率为11.58%。

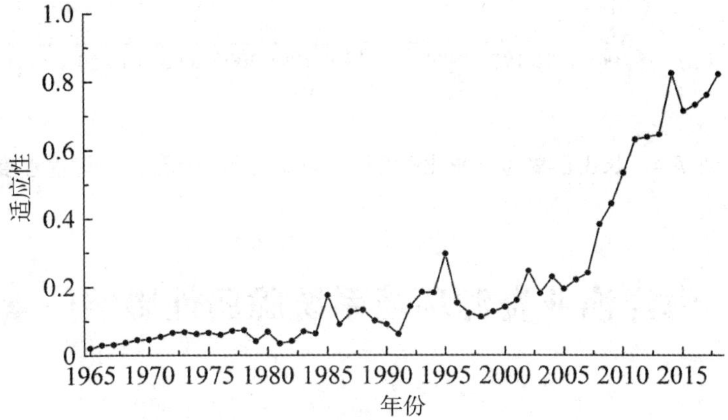

图 7.3 适应性指数变化

7.2.3 脆弱性评价

根据暴露性—敏感性—适应性模型，利用式（7.11）最终计算海洋渔业资源环境系统脆弱性指数，并根据表7.2划分脆弱性程度，结果如图7.4所示。从脆弱性指数变化看，1965—2018年，脆弱性经历了先升后降的变化历程，体现了在人类活动影响下人海复合系统属性的变化特征。1965—1992年，脆弱性呈阶段性上升，经历了1965—1973年中度脆弱、1974—1988年重度脆弱、1989—1992极度脆弱三个阶段，脆弱性从0.490 9上升至0.820 6。1993—1995年系统短暂恢复至中度脆弱。1996—1998年，脆弱性急剧升高，增至研究期内最大值，处于极度脆弱阶段；1999年以后，脆弱性开始快速下降，从1999年的0.923 8降至2014年的0.210 4，为研究期间的最低值，2014年以后略有回升，但整体上2011—2018年基本处于轻度脆弱性，表明自进入21世纪以来，尤其是在2011年以后，长山群岛海洋渔业资源环境系统稳定性和抗风险能力得以显著增强，海洋渔业资源环境系统恢复到较稳定状态，结构和功能得以恢复完善，抗干扰能力和自我恢复能力较强。

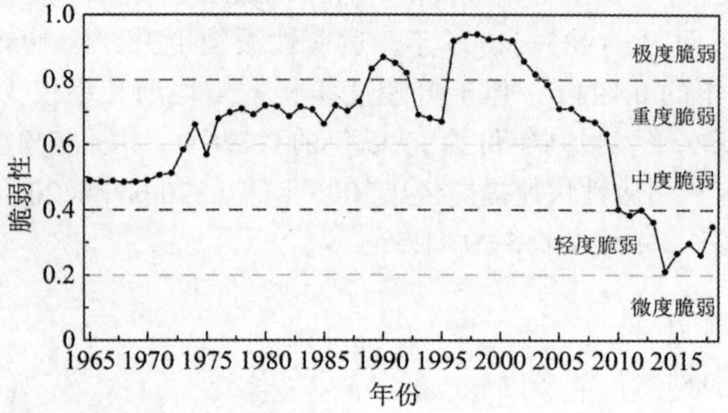

图 7.4　长山群岛海洋渔业资源环境系统脆弱性指数及脆弱性程度

7.3　海洋渔业资源环境系统脆弱性影响因素分析

7.3.1　分析方法

为进一步衡量脆弱性评价体系中各指标对海洋渔业资源环境系统整体脆弱性的影响，可利用障碍度模型综合评价脆弱性指标和各维度的影响程度，并分析各类影响因子障碍度的变化情况，以研究长时间序列下各类因子在海洋渔业资源环境系统演化过程中的作用。障碍度模型计算公式如下：

$$N_{ij}=\frac{(1-Y_{ij})\times W_j}{\sum_{j=1}^{n}(1-Y_{ij})\times W_j}\times 100\% \qquad (7.13)$$

式中，N_{ij} 为第 i 年第 j 指标的障碍度；W_j 为第 j 项指标的权重值；Y_{ij} 为第 i 年第 j 指标的标准值。

7.3.2　影响因素分析

根据式（7.13），计算各指标障碍度，详细结果如表 7.3 所示。从各指标障碍度 54 年平均值看，排序在前三位的指标依次为渔业生态依赖程度、渔业养殖资源利用强度、渔业生态压力强度，三者 54 年平均值分别为 23.30%、19.14%、14.91%，三项指标占总比重的 57.35%。在脆弱性维度中，暴露性、敏感性和适应性维度障碍度 54 年平均值分别为 46.02%、40.67% 和 13.31%。上述数据表明，长山群岛渔业生态压力和渔业活动对生态资源的依赖对当地海洋渔业资源环境的脆弱性具有重大影响。

表 7.3 长山群岛海洋渔业资源环境系统脆弱性指标障碍度

年 份	P_1	P_2	P_3	P_4	S_1	S_2	S_3	R_2	R_3	R_4
1965	24.12	11.60	12.09	26.37	12.57	0.00	11.74	0.34	0.00	1.17
1966	23.21	11.06	12.26	25.50	9.97	2.25	13.57	0.27	0.03	1.87
1967	23.00	10.91	11.58	25.31	9.64	4.79	12.59	0.46	0.07	1.63
1968	21.95	10.47	11.34	24.27	12.18	3.61	13.66	0.42	0.05	2.05
1969	21.52	10.16	10.69	23.76	10.47	5.86	14.51	0.53	0.09	2.41
1970	21.65	10.27	10.66	24.14	10.26	4.72	15.14	0.61	0.07	2.49
1971	22.44	10.81	10.25	25.54	6.47	5.17	15.41	1.00	0.08	2.84
1972	19.51	9.30	9.19	21.98	5.05	17.79	13.09	1.12	0.48	2.50
1973	20.03	9.44	7.62	22.76	6.56	16.91	12.35	1.50	0.42	2.41
1974	21.47	10.31	5.35	25.08	9.36	10.76	13.29	1.48	0.20	2.72
1975	19.79	9.44	8.78	23.25	9.35	12.18	12.85	1.34	0.24	2.76
1976	22.37	11.00	4.98	27.77	10.51	4.66	14.04	1.43	0.07	3.18
1977	20.55	9.66	5.21	24.62	9.11	13.42	12.45	1.67	0.27	3.04
1978	19.77	9.00	5.55	23.18	9.31	17.09	11.30	1.51	0.42	2.87
1979	19.40	8.50	7.06	22.23	9.51	20.45	10.29	1.85	0.64	0.06
1980	19.81	8.60	5.73	23.01	11.08	18.19	9.11	1.70	0.48	2.30
1981	20.80	9.06	6.20	24.68	10.12	17.84	8.94	1.93	0.43	0.00
1982	21.64	9.62	6.48	26.25	0.00	23.19	9.73	2.31	0.69	0.08
1983	19.52	8.56	6.49	23.78	4.54	19.76	12.70	3.70	0.55	0.41

续 表

年份	P_1	P_2	P_3	P_4	S_1	S_2	S_3	R_2	R_3	R_4
1984	19.45	8.58	6.92	23.74	4.90	19.81	12.38	3.53	0.55	0.14
1985	17.35	7.15	6.91	20.08	1.25	26.30	11.01	6.17	2.00	1.78
1986	18.04	6.54	8.00	20.71	3.89	27.35	10.16	0.00	2.17	3.14
1987	17.40	6.80	7.82	20.65	2.23	28.28	9.37	0.34	2.75	4.37
1988	16.80	6.94	7.84	21.09	1.37	28.29	9.77	0.85	2.42	4.65
1989	16.45	6.24	7.87	19.93	11.56	23.02	9.21	0.49	1.12	4.10
1990	14.84	9.01	4.75	26.94	9.86	16.57	11.17	1.11	0.36	5.39
1991	16.91	7.68	6.55	23.06	4.10	28.61	9.06	0.84	1.74	1.45
1992	15.27	6.76	7.61	20.07	7.09	26.97	8.16	1.37	2.34	4.36
1993	15.30	6.75	8.83	20.08	3.71	28.96	5.91	2.12	4.09	4.26
1994	16.23	6.86	8.08	20.38	5.05	30.12	2.74	1.44	5.64	3.45
1995	15.12	6.73	6.61	19.90	1.95	29.66	3.23	2.08	6.28	8.44
1996	14.01	6.54	6.19	19.75	10.96	27.58	6.41	2.08	2.96	3.52
1997	14.11	6.05	4.81	20.85	13.97	25.63	7.29	2.05	1.46	3.80
1998	12.81	7.84	4.50	22.57	13.32	27.12	4.56	1.66	1.41	4.20
1999	13.35	7.64	4.75	22.41	12.16	29.94	1.37	2.44	2.07	3.87
2000	13.64	6.52	3.34	22.82	11.26	32.09	0.88	3.46	2.86	3.13
2001	13.23	4.30	4.34	23.12	10.49	33.08	0.43	4.46	3.15	3.39
2002	16.61	3.42	5.19	19.91	8.18	31.91	0.00	4.15	8.93	1.69
2003	13.53	3.22	1.66	18.94	10.30	33.01	7.55	5.11	4.44	2.24
2004	13.26	3.08	1.46	18.13	9.44	32.69	7.45	6.11	5.44	2.94
2005	9.80	1.50	0.04	19.39	9.81	35.13	10.77	8.46	4.54	0.56
2006	6.53	0.88	0.00	20.70	9.64	36.33	9.81	9.05	4.41	2.65
2007	9.34	0.44	1.38	18.44	8.96	35.00	10.17	9.10	6.36	0.82

续 表

年 份	P_1	P_2	P_3	P_4	S_1	S_2	S_3	R_2	R_3	R_4
2008	11.25	0.39	1.83	16.09	7.85	32.49	6.78	8.36	9.82	5.15
2009	10.00	1.93	2.83	13.22	7.43	31.66	6.73	9.20	9.66	7.34
2010	0.68	0.19	0.62	8.62	10.61	34.38	9.49	15.24	6.12	14.06
2011	2.77	0.23	2.51	7.04	10.92	32.04	6.16	15.95	7.36	15.02
2012	0.00	0.00	2.07	5.58	11.82	34.68	3.91	19.12	8.18	14.64
2013	0.33	0.39	1.44	0.08	12.50	36.43	4.53	23.13	9.47	11.69
2014	3.69	1.85	2.55	0.03	10.43	29.32	7.08	24.12	9.69	11.23
2015	6.24	0.74	1.72	0.00	11.88	31.32	6.53	24.38	11.34	5.86
2016	6.41	2.60	2.31	6.20	10.32	27.98	6.30	20.59	11.67	5.63
2017	5.02	2.84	2.07	6.14	10.82	27.75	6.22	20.82	10.76	7.56
2018	6.99	2.79	3.88	3.42	6.40	28.01	6.34	17.45	16.04	8.68
平均值	14.91	6.28	5.68	19.14	8.56	23.30	8.81	5.59	3.61	4.11

注：表中数据单位为 %。

根据图 7.5 显示的各指标发展趋势，在长山群岛海洋渔业资源环境系统脆弱性发展变化过程中，各因素的作用也在不断发展变化。从脆弱性各指标障碍度变化看，20 世纪 80 年代之前，主要影响因素为渔业养殖资源利用强度、渔业生态压力强度和渔业社会依赖程度；20 世纪 80 年代初至 90 年代末，主要因素为渔业生态依赖程度、渔业养殖资源利用强度、渔业生态压力强度；进入 21 世纪，渔业生态依赖程度障碍度持续增强，渔业养殖资源利用强度和渔业生态压力强度的障碍度快速下降，社会满足能力的障碍度快速提升，渔业生态产出能力和科技支撑能力的障碍度也呈现上升趋势，但这一时期，渔业生态依赖程度和社会满足能力的影响最为强烈，其余指标占比不高。

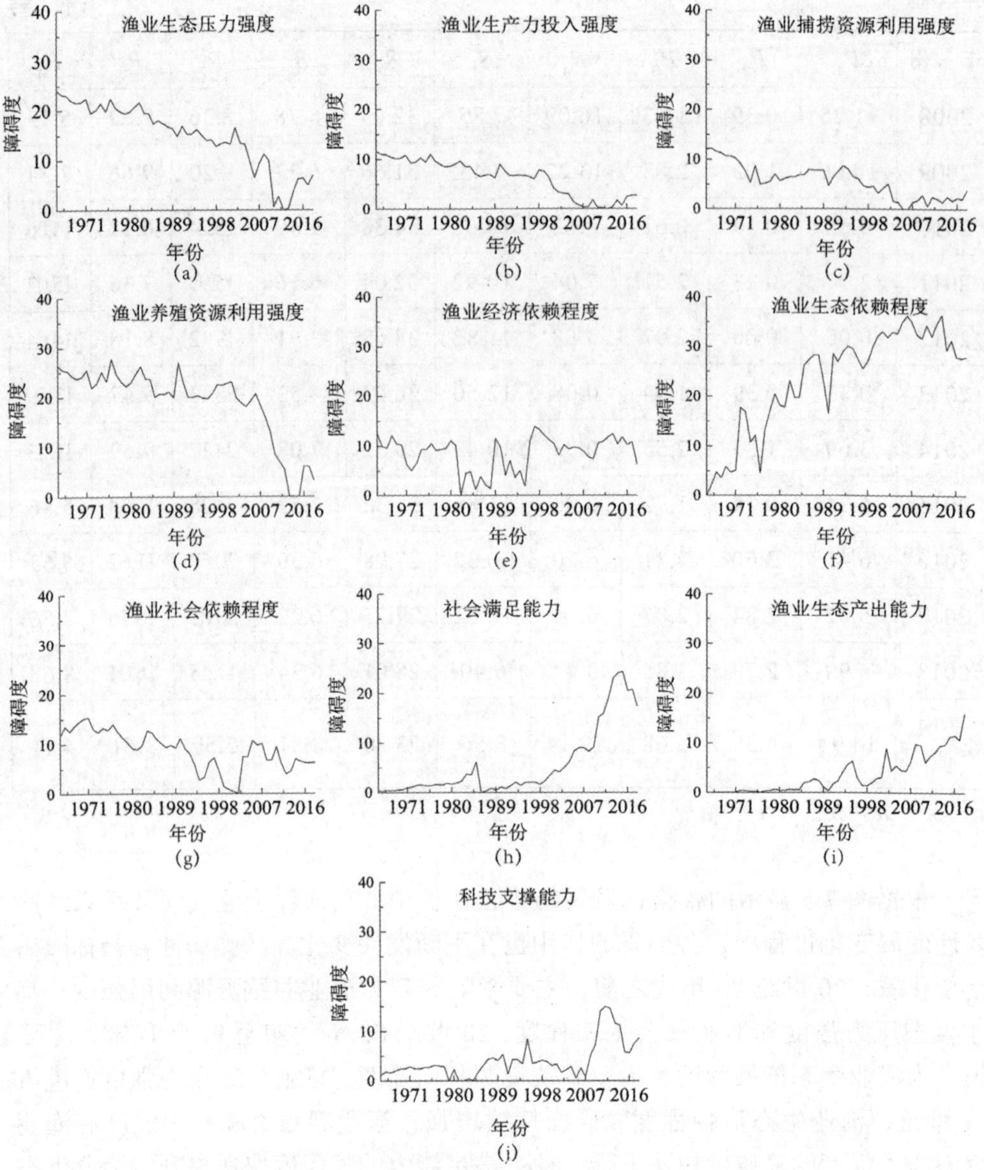

图 7.5　脆弱性各指标障碍度变化趋势

从脆弱性维度看，在整个研究时间段内，暴露性指数自 1965 年障碍度不断下降，2013 年降至 2.24%，2013 年以后又有大幅提升，2018 年猛增至 46.02%；敏感性指数的障碍度在 1965—2006 年稳步增加，从 1965 年的 24.31% 增加至 2006 年的 55.78%；适应性指数呈阶段性变化，1984 年以前，障碍度不足 5%，影响力有限；1985—2000 年，障碍度有所增加，除个别年份外，基本处于 5% ~ 10%，2000 年以后，障碍度迅速提升，2014 年达到最高，为 45.04 %，成为脆弱性的重要影响因素（见图 7.6）。

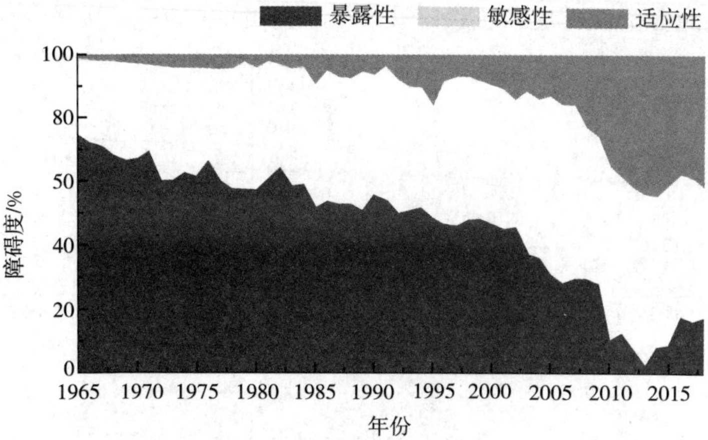

图 7.6 暴露性、敏感性和适应性指数障碍度比重变化

7.4 海洋渔业资源环境系统脆弱性驱动机理分析

7.4.1 暴露性驱动机理

结合暴露性指标变化数据分析（见图 7.7），长山群岛海洋渔业资源环境系统暴露性的变化趋势表明了人类活动对海洋渔业资源环境系统的胁迫度变化过程。在 20 世纪 70 年代中期以前，人类与海洋渔业资源环境之间处于和谐共处的自然状态，20 世纪 70 年代中期至 90 年代中期，尤其是 20 世纪 80 年代以后，出于经济发展的需要，人类加大了对长山群岛海洋渔业资源和生态空间的开发力度。但受到技术条件限制，这一时期对资源环境的开发仍处于低效的原始资源攫取阶段。20 世纪 90 年代中期以后，随着海洋捕捞和海水养殖技术的进步，长山群岛渔业生产力水平大幅提升，海洋捕捞产量与海洋养殖产量均显著增加。其中，长山群岛海洋养殖产量的增长尤为突出，对渔业资源环境的利用程度超出其承载力范围，人类海水养殖活动对海洋渔业资源环境系统的胁迫度显著升高，对海域渔业生态系统稳定性和海水环境质量都造成了显著影响。2013 年以后，随着长山群岛渔业经济的不断转型发展，国家和地方政府

加强了对海洋捕捞的管控，制定了一系列的休渔政策，并开展了海域环境治理活动，有效地缓解了海岛渔业发展与海洋生态环境之间的矛盾。需要注意的是，目前长山群岛海洋捕捞和海水养殖业规模仍极大地超出海域生态承载力阈值，对海洋渔业资源环境系统稳定性产生了高度的胁迫。

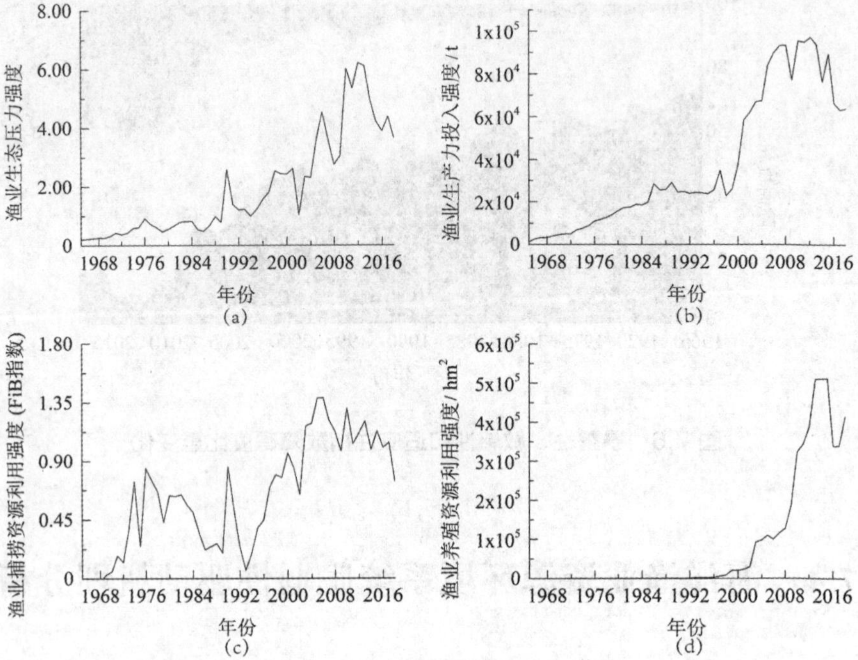

图 7.7 暴露性指标数据变化

7.4.2 敏感性驱动机理

敏感性表示海洋渔业资源环境系统对单个或几个指标依赖度越大，指标扰动产生的影响也就越大，海洋渔业资源环境系统状态越不稳定。长山群岛海洋渔业属于资源密集型产业，渔业生物资源和海域生态环境是渔业经济发展的基础。根据图 7.8 敏感性指标数据变化，长山群岛经济依赖度和社会依赖度（渔业产值占地区生产总值的比重和渔业从业人员占社会总就业人员的比重）上升或下降的变化趋势并不显著，分别集中在 48.56% ～ 90.78% 和 28.01% ～ 73.25% 上下波动。海洋资源依赖程度（单位渔业产值所需要的渔业生态足迹数据）则呈明显的下降趋势，1965 年渔业产值所占用生态足迹为 254.11 hm^2/ 万元，2018 年降至 5.87 hm^2/ 万元，下降了 97.69%，表明长山群岛渔业经济的生态效率大幅提升，对生态资源环境敏感性大幅降低。

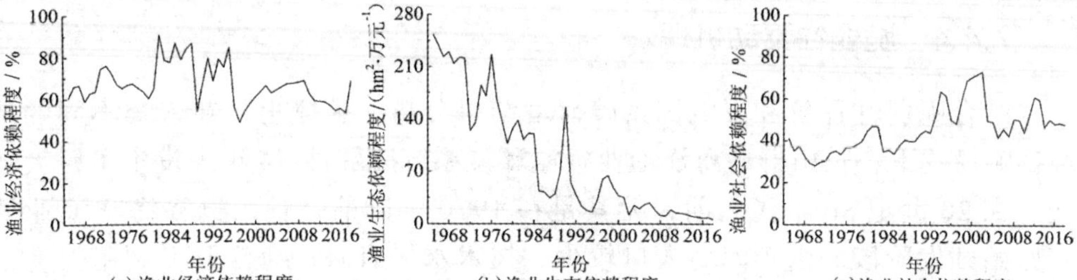

(a) 渔业经济依赖程度　(b) 渔业生态依赖程度　(c) 渔业社会依赖程度

图 7.8　敏感性指标数据变化

7.4.3　适应性驱动机理

在适应性的发展变化中，长山群岛海洋渔业资源环境系统整体适应性水平呈现大幅增长，尤其是 2006 年以后增幅明显，表明 2006 年以后，适应性水平发生了实质性转变。从社会满足能力、渔业生态产出能力、科技支撑能力三个指标来看（见图 7.9），社会满足能力和渔业生态产出能力在 2006 年以后的持续快速提升是长山群岛海洋渔业资源环境系统适应性增长的主要动力。人均渔业收入和生态效率两项指标分别表征了社会和生态的发展能力，两项指标的提升表明长山群岛海洋渔业资源环境系统社会进步能力和生态治理能力显著增强。科技支撑能力在 2006 年以前持续波动变化，且在 1995—2005 年科学研究、技术服务业人员数量持续减少，表明在 2006 年之前，长山群岛海洋渔业资源环境系统科技支撑能力明显不足。2006—2011 年，科学研究、技术服务业人员数量有了大幅增长，从 2006 年的 54 人增加到 2011 年的 263 人，增幅达到 387%，但其后又急剧下降，2015 年仅为 118 人。科技支撑能力的变化表明：一方面，科技力量投入不足；另一方面，在长山群岛县域经济社会发展中，科技人员极易流失，导致科技支撑能力不稳定。

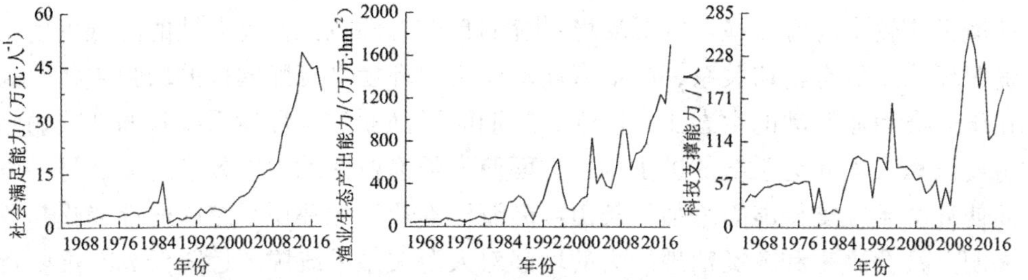

(a) 社会满足能力　(b) 渔业生态产出能力　(c) 科技支撑能力

图 7.9　适应性指标数据变化

7.4.4 脆弱性驱动机理

结合脆弱性评价和影响因素障碍度结果分析，整体上，在人类不同的环境影响模式下，长山群岛海洋渔业资源环境系统脆弱性54年来发生了巨大转变。在20世纪80年代之前，尤其是在1970年以前，长山群岛海洋渔业处于原始开发阶段。由于海岛人口较少、技术水平有限，海洋开发利用强度不高，海洋渔业资源环境系统受到的胁迫度很低。“以渔为生，靠天吃饭”是这一时期的典型特征，海洋渔业资源环境系统对海洋渔业资源环境极度依赖，敏感度较高，但渔业收入低、生态产出能力弱，技术投入缺失，制约了海洋渔业资源环境系统抵抗风险的能力，也导致其适应能力较弱。综合来看，这一阶段的脆弱性处于中等程度，属于原始脆弱，即受到系敏感性和适应性因素制约，海洋渔业资源环境系统自身对人类活动压力风险的抵御和自身恢复能力不强。20世纪80年代以后，随着人口的增加、经济发展的需要，海洋捕捞和海水养殖投入强度大幅提升，海洋渔业的生态足迹不断增加，生态压力大幅提高。这一时期海岛经济和社会对海洋渔业依赖度较高，虽然适应性有所提升，但不足以抵消暴露性和敏感性的增加，尤其是20世纪90年代后期，海洋渔业中的人海矛盾尖锐，海洋渔业资源环境系统极度脆弱。进入21世纪，暴露性因素成为脆弱性的主要障碍性因素，对脆弱性影响最大。然而，随着产业结构调整、社会进步、海洋渔业的生态治理和可持续发展观念的深入，海洋渔业资源环境系统虽仍面临巨大的生态压力，但海岛经济对海洋渔业资源环境的生态依赖程度显著降低，海洋渔业资源环境系统敏感性下降。此外，渔业人均收入水平、生态经济效率和科技支撑能力都显著增强，适应性增强，使海洋渔业资源环境系统脆弱性明显改善，2011年以后恢复到轻度脆弱水平。

从脆弱性的变化可以看出，早期长山群岛人类渔业活动对海洋渔业资源环境影响较小，海洋渔业资源环境系统的自然属性较强，脆弱性的高低主要与资源环境质量有密切关系，中期海洋渔业资源环境系统脆弱性的增强主要原因在于人类渔业活动的生态压力增强，后期海洋渔业资源环境系统脆弱性减弱则主要依靠人类社会系统的进步，一方面使人类渔业活动生态效率提高，另一方面使社会系统支持能力增强。长山群岛海洋渔业资源环境系统脆弱性变化趋势表明，社会进步和人类治理能力的增强对人海关系系统脆弱性降低具有重要意义。但也应注意后期阶段人类渔业活动的生态压力仍然居高不下，脆弱性潜在风险依然存在。目前，有关海洋经济系统和海洋渔业系统脆弱性的研究表明，近年来，我国海洋渔业产业生态系统、社会生态系统的脆弱性有所增加，海洋渔业可持续发展面临挑战，海洋渔业的可持续管理亟待加强。因此，长山群岛海洋渔业资源环境系统的脆弱性改善对其他海区和更大尺度的空间治理具有重要的借鉴意义。

但是，海洋渔业是高度依赖自然环境的产业部门，生态系统本身具有显著的脆弱性，全球气候变化、极端天气对海岛渔业的影响尤为突出。特别是随着渔业经济的不断发展，渔业发展规模和投入力度不断增大，自然灾害造成的损失被显著放大，这在一定程度上影响了海洋渔业经济的可持续发展进程。2005 年，长海县渔业因灾损失 1.53 亿元，2011 年则达到 107.61 亿元，说明自然灾害对海岛经济可持续发展的影响不容忽视。然而，由于缺少自然灾害统计数据，在长时期序列的脆弱性评价中，本研究只关注了人类活动的胁迫度，这对脆弱性评价结果会产生一定影响。因此，有关海洋渔业资源环境系统脆弱性的研究仍有待继续深化。

7.5 小结

本章利用综合指数模型对 1965—2018 年长山群岛海洋渔业资源环境系统脆弱性进行了评价，并利用障碍度模型分析了脆弱性的主要因素以及主导因素变化情况。脆弱性变化分为两个主要阶段：1965—1998 年，脆弱性指数呈阶段性上升，由中度脆弱上升至极度脆弱；1999 年以后，脆弱性指数出现大幅下降，至 2011 年降至轻度脆弱，海洋渔业资源环境系统恢复至较稳定状态，结构和功能得以恢复完善，抗干扰能力和自我恢复能力较强。影响因素方面：在 20 世纪 80 年代之前，渔业养殖资源利用强度、渔业生态压力强度和渔业社会依赖程度是脆弱性的主要影响因素，此时三项指标均较低，因此脆弱性指数不高，海洋渔业资源环境系统的稳定性和抵御外部胁迫的能力主要依赖生态环境系统的自然属性；20 世纪 80 年代初期至 90 年代末期，渔业生态依赖程度、渔业养殖资源利用强度、渔业生态压力强度的增加导致海洋渔业资源环境系统脆弱性极大增强；进入 21 世纪，渔业生态依赖程度是造成海洋渔业资源环境系统脆弱性的主要因素，但渔业的社会满足能力、生态产出能力和科技支撑能力的显著增加，使海洋渔业资源环境系统脆弱性下降。长山群岛海洋渔业资源环境系统脆弱性指数及其影响因素的变化表明，在早期长山群岛人类渔业活动较弱的背景下，海洋渔业资源环境系统的自然属性决定了其稳定性和抵御外部胁迫的能力，而随着人类渔业活动强度不断增加，在中期和后期，系统的社会属性成为影响长山群岛海洋渔业资源环境系统脆弱性程度的关键因素。

8　长山群岛海洋渔业资源环境系统可持续发展综合评价

通过对海洋渔业资源环境系统的生态压力、生态效率和脆弱性的评价，对长山群岛海洋渔业资源环境系统的可持续发展指标有了一定了解。但是长山群岛海洋渔业资源环境系统可持续发展能力除受内部人海关系的交互作用之外，还受到外部环境因素的影响。因此，本章基于DPSR模型，利用外部驱动因素、生态压力、生态效率和脆弱性指标，开展长山群岛海洋渔业资源环境系统可持续发展水平的综合评价，分析长山群岛海洋渔业资源环境系统可持续发展影响因素、演变特征以及发展中存在的问题。

8.1 可持续发展综合评价指标与方法

8.1.1 可持续发展综合评价指标选取

根据海洋渔业资源环境可持续发展评价的理论模型，可基于“驱动力—压力—状态—响应”（DPSR）框架构建海洋渔业资源环境系统可持续发展的综合指标体系，分别以生态压力、脆弱性和生态效率表征压力、状态、响应指标。根据ISM模型的分析结果，选取经济发展水平、产业结构优化水平、工业化水平、政府管理能力、环境治理能力、科技支撑能力作为外部环境的驱动因素（见表8.1）。其中，政府管理能力、环境治理能力、科技支撑能力通常受到财政经费的影响，各专项经费越充足，投入的人力、物力越多，指标驱动能力就越强，因此可采用行政管理费用占财政支出比例、环境管理费用占财政支出比例、科学事业费和科技费用占财政支出比例表示政府管理能力、环境治理能力、科技支撑能力。

表8.1 长山群岛海洋渔业资源环境系统外部环境的驱动因素

序号	评价指标	指标内涵	单位	指标属性
1	经济发展水平	人均GDP	万元/人	正向
2	产业结构优化水平	第三产业产值占GDP比重	%	正向

续 表

序 号	评价指标	指标内涵	单 位	指标属性
3	工业化水平	第二产业产值占 GDP 的比重	%	正向
4	政府管理能力	行政管理费用占财政支出比例	%	正向
5	环境治理能力	环境管理费用占财政支出比例	%	正向
6	科技支撑能力	科学事业费、科技费用占财政支出比例	%	正向

8.1.2 可持续发展综合评价方法

海洋渔业资源环境系统可持续发展是动态演进过程，对其综合发展水平的评价是一个相对数值。因此，可根据不同时期的发展状况设定理想解，通过综合测度评价指标与理想解的距离来评价可持续发展水平。TOPSIS 方法也称为“逼近理想解排序方法”，该方法通过构建决策问题中各指标的最优解和最劣解来计算各评价对象与正、负理想解的偏离和靠近度，进而得到评价样本的可持续发展水平和变化趋势。在可持续发展评价中，各指标的权重对评价结果具有重要影响，熵权 TOPSIS 法将信息熵赋权法与 TOPSIS 法结合起来，增强了评价的客观性。具体步骤如下。

（1）构建数据矩阵。依据 PSR 模型构建的评价指标体系，建立 1965—2018 年长山群岛海洋渔业资源环境系统可持续发展评价指标的原始数据矩阵 $\boldsymbol{X}$，公式如下：

$$\boldsymbol{X}=(x_{ij})_{m\times n}=\begin{bmatrix} x_{11} & x_{12} & \cdots & x_{1n} \\ x_{21} & x_{22} & \cdots & x_{21} \\ \vdots & \vdots & \vdots & \vdots \\ x_{m1} & x_{m2} & \cdots & x_{mn} \end{bmatrix} \tag{8.1}$$

式中，x_{ij} 为第 i 年第 j 项指标原始数据，m 为评价的时间长度，n 为指标数量。本研究中，m=54，n=9。

（2）对评价矩阵进行标准化处理。由于各指标量纲不同，需对指标去量纲化，将各指标归一到 [0，1] 区间内。本研究中，生态压力指数和脆弱性指数与可持续发展为反向关系，两者的值越大，可持续发展水平越低；生态效率与可持续发展为正向关系，值越大，可持续发展水平越高。公式如下：

正向指标：

$$x'_{ij} = \frac{x_{ij} - x_{\min(j)}}{x_{\max(j)} - x_{\min(j)}} \tag{8.2}$$

负向指标：

$$x'_{ij} = \frac{x_{\max(j)} - x_{ij}}{x_{\max(j)} - x_{\min(j)}} \tag{8.3}$$

式中，x'_{ij} 为经过标准化处理后的指标值；x_{ij} 为第 i 年第 j 项指标的原始值；$x_{\max(j)}$，$x_{\min(j)}$ 分别为原始矩阵中第 j 项指标的最大值和最小值。标准化矩阵 $\boldsymbol{X}' = (x'_{ij})_{m\times n}$。

（3）确定指标权重。本书采用熵权法确定各指标权重。

首先，计算第 j 项指标的信息熵 H_j：

$$H_j = -k\sum_{i=1}^{m} p_{ij} \ln p_{ij} \tag{8.4}$$

其中，$p_{ij} = \dfrac{x'_{ij}}{\sum_{i=1}^{m} x'_{ij}}$，$k = \dfrac{1}{\ln m}$。

式中，P_{ij} 为第 i 年第 j 项指标的比重。

其次，根据指标的变异程度计算第 j 项指标的差异程度 G_j：

$$G_j = 1 - H_j \tag{8.5}$$

G_j 值越大，表明指标 j 的差异度越大，权重越大。指标 j 的权重 w_j 计算公式为：

$$w_j = \frac{G_j}{\sum_{j=1}^{n} G_j}\ ,\quad w_j \in [0,1],\quad \sum_{j=1}^{n} w_j = 1 \tag{8.6}$$

（4）构建加权标准矩阵。由权重 w_j 和标准化矩阵 $\boldsymbol{X}' = (x'_{ij})_{m\times n}$，计算加权标准化决策矩阵 $\boldsymbol{A} = (a_{ij})_{m\times n}$，其中 $a_{ij} = w_{ij} \times x'_{ij}$。

（5）确定各评价指标的正理想解和负理想解。分别用标准化矩阵中各指标的最大值和最小值表示最优解 $A^+ = \left(a_j^+\right)_{1\times n}$ 和最劣解 $A^- = \left(a_j^-\right)_{1\times n}$，其中 $a_j^+ = \max(a_{i1},\ a_{i2}, \cdots,\ a_{in})$，$a_j^- = \min(a_{i1},\ a_{i2}, \cdots,\ a_{in})$，$1 \leqslant i \leqslant m$。

（6）计算评价对象到最优解和最劣解的距离。采用欧式距离法计算评价对象与最优解、最劣解的欧式距离 D_i^+ 和 D_i^-：

$$D_i^+ = \sqrt{\sum_{j=1}^{n}\left(a_{ij} - a_j^+\right)^2} \tag{8.7}$$

$$D_i^- = \sqrt{\sum_{j=1}^{n}\left(a_{ij} - a_j^-\right)^2} \tag{8.8}$$

（7）计算可持续发展指数。根据欧氏距离值计算各年份与理想解之间的相对贴近度，即为长山群岛海洋渔业资源环境系统可持续发展指数值，贴近度公式如下：

$$C_i = \frac{D_i^-}{D_i^+ + D_i^-} \tag{8.9}$$

C_i 为贴进度，$0 \leqslant C_i \leqslant 1$，$i$=1，2，…，$m$，$C_i$ 越大表示第 i 年与理想解越贴近，可持续发展水平越高。根据可持续发展指数，可将可持续发展水平划分为五个等级（见表 8.2）。

表 8.2　可持续发展水平等级划分

等　级	指标范围	可持续发展水平
Ⅰ	$0.80 < C_i \leqslant 1.00$	高水平可持续
Ⅱ	$0.60 < C_i \leqslant 0.80$	较高水平可持续
Ⅲ	$0.40 < C_i \leqslant 0.60$	中等水平可持续
Ⅳ	$0.20 < C_i \leqslant 0.40$	较低水平可持续
Ⅴ	$0.00 \leqslant C_i \leqslant 0.20$	低水平可持续

8.2　可持续发展综合评价结果

8.2.1　评价指标权重

根据 1965—2018 年长山群岛海洋渔业资源环境系统的外部驱动力、生态压力、脆弱性和生态效率数据，采用熵值法确定各项指标权重（见表 8.3）。

在各项指标权重中，经济发展水平、环境治理能力和生态效率所占权重均超过 0.15，三项合计 0.592 8，表明三者是影响海洋渔业资源环境系统可持续发展的决定因素。科技支撑能力权重为 0.093 0，接近 0.1，表明海洋渔业资源环境系统状态是反映海洋渔业资源环境系统可持续发展的重要指标。在所有指标中，外部驱动力指标合计 0.730 6，生态压力、脆弱性和生态效率三项海洋渔业资源环境系统内部指标合计 0.269 4，表明驱动力指标在海洋渔业资源环境系统可持续发展中占据重要位置。

表 8.3　可持续发展综合评价指标体系与权重

代　码	指　标	熵　值	权　重
x_1	经济发展水平	0.756 8	0.252 9
x_2	产业结构优化水平	0.928 5	0.074 3
x_3	工业化水平	0.925 2	0.077 8
x_4	政府管理能力	0.929 8	0.073 0
x_5	环境治理能力	0.846 5	0.159 6
x_6	科技支撑能力	0.910 6	0.093 0
x_7	生态压力	0.972 2	0.028 9
x_8	脆弱性	0.942 1	0.060 2
x_9	生态效率	0.826 5	0.180 3

8.2.2　综合评价结果

基于熵权分析，按照 TOPSIS 法计算长山群岛海洋渔业资源环境系统可持续发展水平的最优解 D_i^+ 和最劣解 D_i^-。其中，D_i^+ 越大，D_i^- 越小，贴进度 C_i 越高，可持续发展水平越高，计算结果如表 8.4 所示。从结果可以看出，1965—2018 年，长山群岛海洋渔业资源环境系统的可持续发展水平从低水平可持续逐步提升至高水平可持续。从可持续发展水平变化趋势可以看出（见图 8.1），长山群岛海洋渔业资源环境系统可持续发展水平呈显著的阶段性变化特征，分为三个阶段。① 1966—1984 年，低水平发展阶段。除 1975 年外，其余年份长山群岛海洋渔业资源环境系统可持续发展水平均在 0.20 以下，且在 1965—1980 年呈下降趋势，从 1965 年的 0.178 2 逐渐下降至 1980 年的 0.122 1，年平均下降速度2.49%。② 1985—2009年，波动变化阶段。可持续发展水平在0.20～0.40区间波动变化，处于较低水平发展状态。在1985—1997年，可持续发展水平基本处于0.25以上，相对较高，但1998—2006年，可持续发展水平回落至0.20～0.25，较前一时期有明显下降，2007年以后开始出现明显持续上升趋势。③ 2010—2018年，持续提升阶段。本阶段可持续发展水平高于0.40，且不断上升，从2010年的0.423 5增至2018年的0.706 4，增幅为66.80%，年均增长速度为8.35%。2010—2014为中等水平可持续，2015—2018年达到较高水平可持续阶段，但总体上可持续发展水平仍有待进一步提升。

表8.4 长山群岛海洋渔业资源环境系统可持续发展综合评价结果

年 份	D_i^+	D_i^-	C_i	可持续发展水平
1965	0.669 5	0.174 4	0.206 6	较低水平可持续
1966	0.674 1	0.175 4	0.206 4	较低水平可持续
1967	0.674 6	0.174 5	0.205 5	较低水平可持续
1968	0.673 8	0.175 0	0.206 2	较低水平可持续
1969	0.674 6	0.174 9	0.205 9	较低水平可持续
1970	0.674 3	0.173 0	0.204 2	较低水平可持续
1971	0.672 2	0.167 9	0.199 9	较低水平可持续
1972	0.660 6	0.167 8	0.202 6	较低水平可持续
1973	0.668 7	0.150 4	0.183 7	较低水平可持续
1974	0.677 3	0.131 8	0.162 9	低水平可持续
1975	0.670 7	0.151 4	0.184 2	较低水平可持续
1976	0.680 4	0.123 5	0.153 6	低水平可持续
1977	0.679 1	0.122 6	0.152 9	低水平可持续
1978	0.678 5	0.122 4	0.152 8	低水平可持续
1979	0.675 4	0.127 7	0.159 0	低水平可持续
1980	0.681 3	0.121 3	0.151 1	低水平可持续

续 表

年 份	D_i^+	D_i^-	C_i	可持续发展水平
1981	0.681 5	0.120 0	0.149 7	低水平可持续
1982	0.671 9	0.124 5	0.156 3	低水平可持续
1983	0.675 2	0.118 6	0.149 4	低水平可持续
1984	0.674 4	0.120 0	0.151 1	低水平可持续
1985	0.639 0	0.139 5	0.179 2	较低水平可持续
1986	0.648 4	0.128 6	0.165 5	低水平可持续
1987	0.623 7	0.138 2	0.181 4	较低水平可持续
1988	0.621 3	0.132 2	0.175 5	低水平可持续
1989	0.671 7	0.105 1	0.135 3	低水平可持续
1990	0.675 9	0.072 7	0.097 1	低水平可持续
1991	0.642 5	0.107 1	0.142 9	低水平可持续
1992	0.612 6	0.129 3	0.174 3	低水平可持续
1993	0.549 4	0.182 7	0.249 6	较低水平可持续
1994	0.530 1	0.200 9	0.274 8	较低水平可持续
1995	0.477 8	0.245 2	0.339 1	较低水平可持续
1996	0.592 2	0.145 0	0.196 7	较低水平可持续
1997	0.656 4	0.094 5	0.125 8	低水平可持续
1998	0.636 5	0.099 4	0.135 1	低水平可持续
1999	0.615 9	0.116 3	0.158 9	低水平可持续
2000	0.607 4	0.124 4	0.170 0	低水平可持续
2001	0.613 6	0.116 5	0.159 6	低水平可持续
2002	0.522 4	0.209 3	0.286 0	较低水平可持续
2003	0.578 2	0.145 9	0.201 5	较低水平可持续
2004	0.548 1	0.173 4	0.240 3	较低水平可持续

续 表

年 份	D_i^+	D_i^-	C_i	可持续发展水平
2005	0.556 8	0.161 2	0.224 5	较低水平可持续
2006	0.556 2	0.159 6	0.222 9	较低水平可持续
2007	0.504 8	0.210 5	0.294 3	较低水平可持续
2008	0.430 4	0.284 5	0.398 0	中等水平可持续
2009	0.392 9	0.321 2	0.449 8	中等水平可持续
2010	0.417 2	0.315 9	0.430 9	中等水平可持续
2011	0.380 2	0.349 1	0.478 7	中等水平可持续
2012	0.341 8	0.387 0	0.531 0	中等水平可持续
2013	0.307 1	0.423 4	0.579 6	较高水平可持续
2014	0.194 3	0.543 1	0.736 5	较高水平可持续
2015	0.217 1	0.509 9	0.701 4	较高水平可持续
2016	0.137 8	0.586 9	0.809 9	高水平可持续
2017	0.131 8	0.600 0	0.819 9	高水平可持续
2018	0.075 3	0.694 8	0.902 2	高水平可持续

图 8.1 可持续发展水平变化趋势

8.3 可持续发展演变特征分析

在有关可持续发展变化的研究中，由于受到时间序列长度的限制，往往较多关注中短时间序列下的变化趋势，而忽略长时间尺度的阶段性变化特征。通过分析长山群岛海洋渔业资源环境系统1965—2018年长时间序列下的发展变化发现，由生态压力、脆弱性和生态效率指标表征的可持续发展呈现出明显的阶段性变化特征。依据三项指标的变化特征（见图8.2），将可持续发展演变分为三个阶段。

图 8.2 生态压力、脆弱性和生态效率变化特征

8.3.1 前期阶段

1965—1984年为可持续发展演变的前期阶段，本阶段特征主要表现为粗放式发展。在1978年以前，我国处于计划经济时期。长山群岛人口规模较小，经济社会发展水平较低，渔业经济发展缓慢，对海洋渔业资源环境的开发处于初级阶段，海洋渔业资源环境系统的生态压力较小。但“靠天吃饭”的粗放式渔业发展模式也使海洋渔业资源环境系统稳定性极差，生态效率极低。1978年改革开放以后，在全国经济社会快速发展的带动下，长山群岛渔业经济也进入快速发展时期，尤其是进入20世纪80年代，生态压力有了明显增加，但是单纯依赖规模扩张提高产量的粗放式发展模式仍未发生根本性转变。

8.3.2 中期阶段

1985—2009年为可持续发展演变的中期阶段，本阶段特征主要表现为拮抗式发展。结合长山群岛捕捞活动和海水养殖活动与渔业资源环境的交互响应关系分析，这种拮抗式发展主要由人海之间拮抗的关系造成，人类与海洋生态环境之间的关系处于不断拮抗、博弈状态。在20世纪80年代中期以后，由于长山群岛经济的快速发展和人们生活水平的大幅提升，人们对水产品的需求大增，渔业生态压力和海洋渔业资源环境系统脆弱性急速增加，而此时为了扩大生产、提高产能，渔业技术得到了改进，生态效率有明显提升。过度渔业活动致使渔业资源和生态环境破坏严重，长山群岛在20世纪90年代初期开始陆续出台相应政策和管理措施保护渔业资源、加强环境治理，一段时间内生态压力和脆弱性明显降低，同时受前期生产投入的影响，生态效率有所下降。但是，受经济利益驱动，在资源环境有所好转的情况下，渔业活动进一步加强，形成了拮抗式的波动变化特征。

8.3.3 后期阶段

2010—2018年为可持续发展演变的后期阶段，本阶段特征主要表现为优化式发展。进入21世纪，随着可持续发展的深入，同时受长山群岛传统渔业和资源环境的制约，经济发展空间受限。绿色发展、生态发展的观念日益被海岛各利益主体接受，长山群岛旅游避暑度假区、海洋生态经济区、国际生态岛、国家海洋公园、海洋牧场等战略逐步实施，海洋捕捞活动管理日益加强，海水养殖产业逐步规范，渔业资源环境保护与治理力度不断加大，海洋渔业资源环境系统生态压力和脆弱性显著下降，使渔业发展质量显著提高，生态效率快速提升，人海关系在不断探索中日渐优化。

8.4 可持续发展的影响因素分析

根据DPSR模型，长山群岛海洋渔业资源环境系统可持续发展的演变是由内部驱动因素（生态压力、脆弱性、生态效率）和外部驱动因素共同作用的结果。为分析海洋渔业资源环境系统可持续发展的内外部因素对可持续发展的影响，利用障碍度模型，对各指标障碍度进行测算，结果如表8.5所示。在各指标历年平均障碍度中，经济发展水平、生态效率、环境治理能力三项指标值分别为26.17%、18.62%、16.34%，是影响可持续发展的主要因素。

表 8.5　1965—2018年可持续指标障碍度比重

年份	外部驱动因素						内部驱动因素		
	x_1	x_2	x_3	x_4	x_5	x_6	x_7	x_8	x_9
1965	26.75	7.40	8.00	5.23	16.88	9.84	1.94	4.94	19.02
1966	26.67	7.43	8.04	5.66	16.83	9.81	1.81	4.73	19.02
1967	26.69	7.50	8.06	5.40	16.85	9.82	1.85	4.80	19.04
1968	26.69	7.69	8.21	5.09	16.85	9.82	1.86	4.78	19.03
1969	26.72	7.73	8.18	4.82	16.87	9.83	1.92	4.88	19.06
1970	26.61	7.60	7.80	6.18	16.80	9.79	1.68	4.56	18.98
1971	26.52	7.62	8.10	6.49	16.75	9.76	1.51	4.36	18.88
1972	26.58	7.83	7.93	6.13	16.80	9.79	1.62	4.54	18.78
1973	26.59	7.78	7.48	6.44	16.81	9.67	1.59	4.80	18.85
1974	26.63	7.79	7.26	5.92	16.84	9.72	1.68	5.19	18.95
1975	26.98	7.88	7.61	6.87	17.06	6.92	2.14	5.35	19.20
1976	26.75	7.79	7.04	6.24	16.93	8.93	1.87	5.38	19.07
1977	26.62	7.76	6.39	6.87	16.86	9.60	1.65	5.30	18.95
1978	26.71	7.81	6.56	6.50	16.91	9.24	1.79	5.48	19.00
1979	26.73	7.25	6.88	7.09	16.92	8.88	1.80	5.44	19.00
1980	26.66	7.10	6.53	7.10	16.88	9.55	1.72	5.47	18.99
1981	26.72	7.07	6.41	7.08	16.92	9.40	1.83	5.53	19.04
1982	26.81	7.10	6.39	7.06	16.97	9.11	1.99	5.53	19.03
1983	26.82	6.53	6.59	7.06	16.98	9.29	2.02	5.65	19.05
1984	26.86	6.31	6.89	7.27	17.01	8.85	2.07	5.67	19.09
1985	27.33	7.28	6.91	7.72	14.55	9.00	2.25	5.79	19.18
1986	27.18	7.01	6.67	7.64	16.21	7.88	2.31	5.96	19.15
1987	27.45	7.45	6.48	7.81	14.69	8.34	2.47	6.07	19.25

续 表

年份	外部驱动因素						内部驱动因素		
	x_1	x_2	x_3	x_4	x_5	x_6	x_7	x_8	x_9
1988	27.29	7.39	6.79	7.95	15.54	7.54	2.39	6.04	19.07
1989	27.66	6.93	7.49	7.95	12.96	8.57	2.43	6.37	19.64
1990	27.46	6.61	7.72	7.43	15.05	7.24	2.60	6.40	19.50
1991	27.35	6.63	7.47	7.49	15.40	7.56	2.50	6.36	19.23
1992	27.34	6.51	7.68	7.63	14.97	8.02	2.48	6.31	19.07
1993	27.05	6.43	7.70	7.78	16.10	8.07	2.42	5.94	18.50
1994	27.04	6.56	7.92	7.61	16.21	7.86	2.43	5.94	18.42
1995	26.93	6.50	7.79	7.59	16.81	7.95	2.47	5.93	18.04
1996	27.19	6.59	8.02	7.45	15.05	7.63	2.56	6.58	18.95
1997	27.30	6.25	7.77	7.53	14.64	7.97	2.56	6.60	19.38
1998	26.86	5.67	7.95	7.53	15.93	8.21	2.42	6.57	18.85
1999	26.83	5.98	8.14	7.65	15.99	7.68	2.45	6.54	18.74
2000	26.78	6.23	8.30	7.73	15.50	7.67	2.46	6.59	18.73
2001	26.47	5.88	8.37	7.62	16.24	7.81	2.42	6.53	18.65
2002	26.58	6.44	8.51	7.45	16.05	8.34	2.28	6.36	17.99
2003	26.35	6.11	8.28	7.60	16.05	8.37	2.47	6.22	18.54
2004	26.15	6.67	8.28	7.46	16.44	8.08	2.47	6.14	18.30
2005	25.82	6.89	8.19	7.64	16.05	8.43	2.68	5.87	18.44
2006	25.34	7.29	7.90	7.21	16.60	8.61	2.85	5.84	18.36
2007	25.52	7.52	7.78	6.92	16.63	8.65	2.78	5.94	18.27
2008	25.26	7.25	7.88	7.40	16.84	8.81	2.70	6.00	17.86
2009	24.93	7.25	7.95	7.49	16.92	9.28	2.74	5.91	17.53
2010	24.25	6.88	8.06	7.67	17.18	9.36	3.25	5.34	18.02

续 表

年 份	外部驱动因素						内部驱动因素		
	x_1	x_2	x_3	x_4	x_5	x_6	x_7	x_8	x_9
2011	23.34	6.95	8.17	8.03	17.51	9.76	3.16	5.30	17.77
2012	22.86	7.17	8.44	7.99	17.35	9.65	3.33	5.48	17.71
2013	23.26	7.38	8.58	8.18	16.00	9.72	3.34	5.61	17.94
2014	23.94	7.03	8.74	8.31	15.65	9.91	3.19	5.54	17.69
2015	23.67	6.81	8.63	8.05	17.09	9.48	3.07	5.56	17.62
2016	23.37	6.74	8.83	8.25	17.26	9.83	3.04	5.61	17.06
2017	23.03	6.77	8.77	8.38	16.92	10.30	3.12	5.58	17.12
2018	23.80	6.96	8.75	8.22	16.12	10.43	3.06	5.86	16.79
平均值	26.17	7.02	7.73	7.20	16.34	8.88	2.36	5.69	18.62

8.4.1 外部驱动因素

结合图 8.3 分析，长山群岛人均 GDP 水平持续增长，第二、第三产业比重经历了阶段性发展变化，经济社会发展质量不断提高，促进了海洋渔业经济发展水平的提升。因此，从整体来看，海岛经济社会的进步在海洋渔业资源环境系统可持续发展中起到了积极的促进作用。政府管理能力、环境治理能力以及科技支撑能力的障碍度分别为 7.20%、16.34%、8.8%，三者合计达到 32.34%，在可持续发展中占有重要地位。然而，受财政支出能力的影响，政府行政管理支出占财政支出的比重不断下降，制约了政府管理能力的发挥。在环境治理能力方面，20 世纪 80 年代之前由于缺乏环境意识，没有环境治理的专项经费投入，在一定程度上限制了渔业生态环境的改善。1980—1990 年，在经济发展和宏观政策的推动下，政府加大了环境治理的财政支出，使渔业生态环境治理取得了一定成效，但是 1990 年以后环境治理的投入明显减少，直至 2010 年以后，随着生态岛和旅游岛的建设需要，环境治理的财政支出比例才有了大幅增加。在科技方面，对科学技术研发的财政支出在 20 世纪 80—90 年代有所增加，但在 2000 年以后，比例持续下降。总体而言，外部的科技支持有限。综合分析，政府管理能力、环境治理能力、科技支撑能力在促进可持续发展方面未能发挥出应有的作用，是制约可持续发展的关键因素。

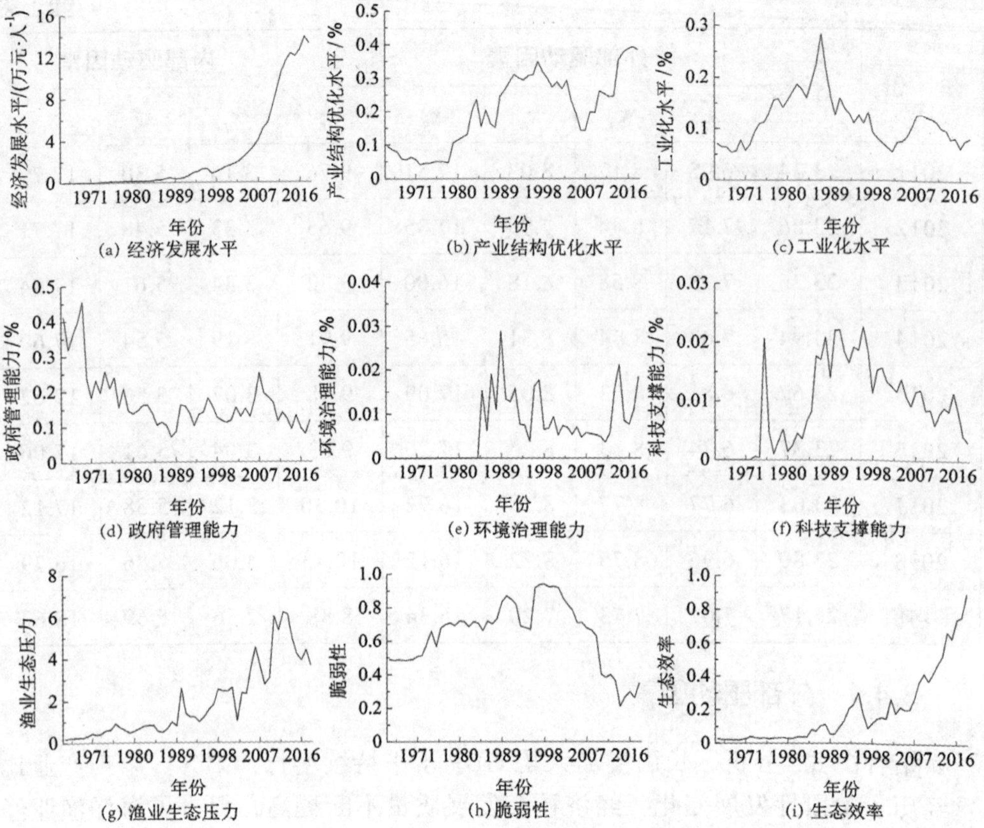

图 8.3　可持续发展指标时序变化

8.4.2　内部驱动因素

长山群岛海洋渔业资源环境系统的可持续发展水平受到人类渔业活动和渔业资源环境属性交互作用的影响，表现为复杂的作用关系。从长山群岛海洋渔业资源环境系统内部各维度的障碍度来看，长山群岛海洋渔业资源环境系统生态效率和脆弱性指标是影响其可持续发展的内部关键因素。生态效率表明了人类利用生态资本的能力，是仅次于经济发展水平的重要指标，对可持续发展具有极大的促进作用。脆弱性则表明了海洋渔业资源环境系统的自身稳定性，在一定程度上限制了可持续发展水平的提升。从长山群岛渔业资源环境系统的生态效率和脆弱性整体变化趋势可以看出，随着人类社会的进步，生态资本的利用能力有了极大提高，海洋渔业资源环境系统脆弱性也大幅下降。生态效率和脆弱性的共同作用促进了海洋渔业资源环境系统可持续发展水平的提升。

8.5 小结

基于DPSR模型，根据补充外部驱动因素，综合生态压力、生态效率和脆弱性指标，利用熵权-TOPSIS法，对长山群岛海洋渔业资源环境系统可持续发展水平进行综合评价。结果显示，长山群岛海洋渔业资源环境系统可持续发展水平整体呈上升趋势，并呈显著的阶段性变化特征，可分为三个阶段：1965—1984年，低水平发展阶段；1985—2009年，波动变化阶段；2010—2018年，持续提升阶段。在综合评价的基础上分析了可持续发展演变前期、中期和后期的基本特征，通过障碍度分析表明：经济发展水平、生态效率、环境治理能力是影响可持续发展的主要因素；部门管理能力、环境治理能力、科技支撑能力在促进可持续发展方面未能发挥出应有的作用，制约可持续发展水平的提升，生态效率和脆弱性的共同作用促进了长山群岛海洋渔业资源环境系统可持续发展水平的提升。

9　长山群岛海洋渔业资源系统可持续发展策略研究

9.1 可持续发展中存在的问题

9.1.1 海洋渔业资源环境系统生态压力居高不下

1990 年以后，长山群岛生态足迹超出生态承载力阈值，生态压力指数大于 1，并持续上升，在 2012 年达到最大值 6.21，即生态足迹是生态承载力的 6.21 倍，超出承载力范围 521%。根据生态压力指数等级划分标准，自 2005 年，长山群岛海洋渔业资源环境系统一直处于严重超载状态，系统极度不安全。2013 年以后，情况虽有好转，但整体依然严重超载，海洋渔业资源环境系统仍处于极度不安全状态。高强度的海洋捕捞和高密度的海水养殖对渔业生物资源和海洋生态环境质量都带来了严重的生态压力。在海洋捕捞业方面，过度捕捞对渔业资源存量和生物多样性产生了严重影响。海洋近海捕捞产量在 2013 年达到历史时期最大值 18.62×10^4 t，其后持续下降，2018 年仅为 8.61×10^4 t，较 2013 年下降了 53.76%。捕捞产量下降的原因一方面是近年来持续实施的限制捕捞政策，另一面是渔业资源存量减少的困境。捕捞对渔业生物种群结构也产生了消极影响，根据长山群岛海域捕捞渔获物平均营养级的估算，自 2013 年以来，平均营养级持续下降，渔业资源衰退趋势明显。在海水养殖方面，研究期内海水养殖规模呈指数级增长。20 世纪 80 年代后期，随着渔业资源的衰退，海水养殖业规模逐渐超过海洋捕捞业，成为支柱产业。2015 年，海水养殖面积达到 51.27 万 hm^2，占长海县总海域面积的 49.66%。但长期以来，长山群岛海水养殖业增养殖品种相对集中和单一的问题较为突出。2018 年，贝类养殖面积占 77.81%，海胆海参等海珍产品占 21.99%，贝类养殖中虾夷扇贝占贝类养殖面积的 94.90%。于佐安等认为，养殖模式单一、结构不合理、种质退化、病害频发等问题是造成近年来扇贝养殖品种发生大规模死亡的主要原因。此外，海水养殖过程中农药和饵料的大量投放，加上高密度养殖对海水流动性的影响，使海水质量下降，海水受到污染。生物资源掠夺式的开发利用、海水污染、外来养殖物种的引进也造成了长山群岛海域海洋生物多样性的下降。除渔业直接生产造成的海域污染外，渔业生产船只维修、渔具大规模无序堆放、水产加工产生的固体废弃物、渔业生产中污水排放也对海岛陆地和海域环境产生了严重影响。

9.1.2 海洋渔业资源环境系统生态效率有待提升

海洋渔业资源环境系统生态效率虽然在1965—2018年有了极大提高，尤其是在2005年以后，生态效率提升速度明显加快。但是，除了2018年生态效率超过1外，其余年份皆低于1，海洋渔业资源环境系统产出的提高仍然依靠生态资本的投入，规模效率和技术效率的贡献有限。海洋捕捞的规模效率方面，机动渔船和劳动力的投入增加，并未引起捕捞产量的大幅提升，表明捕捞产量与生物资源存量存在关系，而过量的生产要素投入引发了生态超载，降低了承载力，反而致使捕捞产量下降，造成了规模不经济的现象。海水养殖方面也有同样的问题，大规模、高密度的海水养殖非但没有提高养殖产量，反而导致环境质量下降，养殖病害增加，渔业损失加重。目前，长山群岛渔业经济仍以第一产业为主，以水产品加工为主的第二产业发展滞后，在生态资本的深度利用方面依旧停留在初级阶段。此外，长山群岛经济社会发展中技术力量投入明显不足。自2009年长山群岛实施改革开放政策以来，对人才需求日益强烈。为此，政府出台了一系列人才引进和人才保障相关政策。比如，2012年制定《长海县中长期人才发展规划（2010—2020年）》，2013年颁布《长海县人才发展资金管理办法》，2015年出台《长海县人才工作站管理暂行办法》，2017年实施《长海县人才人事代理服务实施办法》。总体来看，这些政策在专业技术人才、高层次人才、急需紧缺人才的引进和支持方面发挥了积极的作用，也取得了一定成效。但受海岛区位、行政体制等客观条件影响，依然存在人才流失严重、高层次人才引进困难、人才留住难等问题。2011年，长海县科技人员为263人，占全社会从业人数的5.16‰，2018年降至186人，占全社会从业人数比重为4.17‰。在海洋渔业方面，人才问题更显紧迫，海洋渔业科技服务能力远不能适应形势发展的需要，技术管理人才匮乏。综上所述，长山群岛海洋渔业仍属于资源依赖型经济模式，经济的增长动力主要为产业规模扩张和资源的开发。以渔为主、依靠资源、粗放发展模式未发生根本性的转变，海洋渔业资源环境系统生态效率提升的空间受到了极大限制。

9.1.3 海洋渔业资源环境系统脆弱性风险依然存在

根据脆弱性评价结果，自2000年以来，海洋渔业资源环境系统脆弱性显著降低，从极度脆弱降至轻度脆弱水平。这种变化的主要原因在于海洋渔业资源环境系统敏感性的减弱和适应性的增强，敏感性和适应性指数的改善则主要由生态资本的依赖程度降低和生态足迹效率的提高所致。渔业生产技术的进步和水产品加工业的发展提升了渔业生态资本的利用效率，减少了单位渔业产值对渔业生态资本的依赖，从而表明人类在渔业活动中利用渔业生态资本的能力有所增强，这是社会进步的必然结果。但与此同时，渔业在地区产业结构中始终占据重要位置，渔业活动利用生态资本的强度很大，海洋渔业资源环境系统的暴露性依旧呈增长态势。由于科技要素投入有限、粗放式的海洋捕捞和海水养殖，低层次的水产品加工产业的发展虽然在渔业产值的提升上发挥了巨大作用，但也使生态资本占用规模增加，造成了海洋渔业资源环境系统生态压力过大。社会进步对海洋渔业资源环境系统中经济社会子系统稳定性的提升具有重要意义，而资源子系统和生态子系统状态最终由其自然本底决定。在面对人类活动的扰动时，海洋渔业资源环境系统承载能力呈现波动变化，而且虽然自身具有一定的弹性，即恢复能力，但如果长期处于人类活动高度的生态压力胁迫下，海洋渔业资源环境系统退化趋势将会增强。此外，随着渔业经济规模的不断扩张，海洋渔业资源环境系统在承受外部冲击（如气候变化、病害、灾害性天气等）时，其损失也在不断加重。目前，长山群岛过度养殖带来的病害已经成为制约海洋渔业发展的重要因素。2008—2013 年，病害造成的水产品产量损失均在 2×10^4 t 以上，2011 年达到 8.13×10^4 t，为历年统计最大值。综上，生态压力、技术力量薄弱，以及外部胁迫作为海洋渔业资源环境系统脆弱性的潜在影响因素依然存在，阻碍了海洋渔业资源环境系统可持续发展水平的提高（见表 9.1）。

表 9.1　2004—2018年长海县渔业经济损失情况

年 份	水产品损失量 /t					渔业损失价值 / 万元		
	病害	污染	台风	其他	合计	水产品损失	渔业设施损失	合计
2004	4 148	275	50	730	5 203	1 140	6 871	8 011
2005	5 095	1 000	0	0	6 095	3 534	666	4 200
2006	13 150	0	0	300	13 450	10 994	4 312	15 306
2007	19 350	0	3 760	0	23 110	24 129	4 567	28 696
2008	28 010	0	1 110	0	29 120	33 633	994	34 627
2009	81 050	0	0	0	81 050	46 282	93	46 375

续 表

年 份	水产品损失量 /t					渔业损失价值 / 万元		
	病害	污染	台风	其他	合计	水产品损失	渔业设施损失	合计
2010	60 000	0	0	0	60 000	46 282	46	46 328
2011	81 320	0	7 000	0	88 320	107 386	193	107 579
2012	40 800	0	9 000	0	49 800	59 036	81	59 117
2013	25 600	0	0	0	25 600	25 000	0	25 000
2014	14 534	0	0	60 300	74 834	126 084	0	126 084
2015	0	0	2	2 000	2 002	55 000	65 000	120 000
2016	0	0	10	0	10	30	120	150
2017	—	—	—	—	—	—	—	—
2018	11 114	0	0	0	11 114	7 400	0	7 400

注："—"表示无数据。

9.1.4 系统发展矛盾日益突出

在生态压力、生态效率、脆弱性和可持续发展综合评价结果中，有一个共同的特点，即波动变化。尤其是1985—2005年，波动特征最为明显。从人海关系角度看，这种波动变化是人海关系矛盾的集中体现。在人海关系变化中，渔民与环境、政府与环境以及渔民与政府之间均存在长期的博弈冲突，渔民生计、经济发展与渔业生态环境之间的利益协调成了渔业生态管理的核心问题。2014年，长山群岛获原国家海洋局批准，被列入第三批国家海洋公园。设立国家海洋公园的主要目的在于保护海洋区域内的生物多样性和海洋景观，这是海洋自然保护区的主要模式。但在长山群岛国家海洋公园实际推进中，由于生态红线范围和海岛生产生活活动范围重叠较多，海岛经济社会发展与海洋环境保护矛盾突出，生态保护和环境治理政策措施难以推进落实。根据国家级海洋公园重点保护区范围和功能分区规划，长山群岛重点保护区面积共计16 097.1 hm^2，而位于海洋公园重点保护区内的确权海水养殖面积达到了11 127.95 hm^2，占重点保护区面积的69.13%。养殖区大量的浮筏、吊笼等养殖设施、来往频繁的养殖作业船舶使海域自然生态系统受到人类活动的持续干扰。根据《海洋特别保护区管理办法》对海洋公园重点保护区的管理规定和定位，上述养殖用海到期后无法续期，需要逐步清退，届时将面临大量养殖从业人员生计问题和巨额清退补偿问题，不仅会给地方政府财政收入带来损失，还会带来沉重的财政负担。长山群岛中哈仙岛、瓜皮岛、塞里岛、蚆蛸岛的全部陆域，洪子东岛的近乎全部，格仙岛的近半面积和柳条湾周边的广鹿岛中心区均被划入重点保护区。上述区域在国家海洋公园成立前就已经分布大量人口，而且随着近年来海岛社会经济的发展，对陆岛交通、水资源、电力系统的需求越来越大，但受海洋公园管理制约，无法开展民生基础设施建设。经过历代海岛居民的持续开发，各岛适宜开发的土地均已开辟为海岛居民生产生活用地，不具备岛内异地安置条件。而将重点保护区内的居民整体安置到大陆操作难度极大，海岛居民生活生产将受到严重影响。由于海岛土地资源有限，产业结构相对单一，渔民缺乏生产技能，就业渠道有限，在退渔退捕、减船转产后面临较大再就业和持续增收压力。

9.2 长山群岛海洋渔业资源环境系统可持续发展原则

为推进全球整体实现联合国2030年可持续发展目标（SDGs），傅伯杰等提出“分类—统筹—协作”框架：分类是指根据SDGs的主体特征、国家的发展差异以及不同尺度的影响划分相应组别；统筹是指通过顶层设计，协调不同部门和不同层级之间的关系；协作则是指社会各部门在经济、科技和文化领域加强合作，共同推进可持续发展。根据“分类—统筹—协作”框架指导和前述可持续发展指标驱动因子分析，本研究提出长山群岛海洋渔业资源环境系统可持续发展应当遵循以下原则。

9.2.1 分类管理，突出重点

长山群岛海洋渔业资源环境系统是典型的海岛型人地关系地域系统，即以海岛人类社会为中心，开发利用周边海域生物和空间资源而形成的海岛人地关系地域系统，这种系统的发展是“人”与“地”在较长时间范围内相互作用的结果。同时，长山群岛海洋渔业资源环境系统是复杂的经济—社会—生态耦合系统，涉及区域经济发展、社会进步、资源合理利用和生态环境保护等多个方面。在海洋渔业资源环境系统中，渔业主要涉及海洋捕捞和海水养殖两种人类活动，两者产品属性相同，但生产方式和资源依赖迥异。因此，应厘清各子系统之间的逻辑关系，把握各系统交互影响的规律和特征，对各系统实施分类管理。海洋渔业资源环境系统发展本质上是围绕“人”的活动而运行。在整合海洋渔业发展的过程中需要着重控制“人”这一关键点，充分考虑人的“理性经济人”属性，即以追求利益最大化为目标，同时强调作为“生态理性经济人”在系统中应担负的生态责任。在实现海洋渔业资源环境系统可持续发展过程中，应以生态承载能力为基础，兼顾海洋渔业社会的渔民生计，提高海洋渔业资源环境系统发展质量。

9.2.2 统筹协调，整体推进

统筹协调的目的在于解决发展不平衡的问题。统筹协调原则要求：要实现海域生态环境保护、海洋生物资源开发与经济社会高质量发展的耦合协调，要从现阶段人海关系发展中存在的资源开发脱节、产业发展错位、空间利用冲突、生物资源和生态环境退化等问题出发，强调经济效益、社会效益、环境效益并重。一方面，在立足海洋第一产业发展优势的基础上，优先发展海洋第三产业，提升海洋第二产业发展质量，实现产业链条的纵向连接发展，推动海洋产业结构的优化与协调；另一方面，在渔业发展中，要注重渔业资源环境承载能力，确保渔业生物资源更新能力和海域生态环境自净能力能够维持在可持续水平，实现代际纵向持续发展。整体推进原则要求：在发展中，既要加强对海洋生物资源存量的保护，加大海水养殖区域的环境整治，又要充分考虑渔民生计转型、海岛经济发展和社会进步的需求，处理好渔业与横向产业、生态环境以及人类社会之间的关系；全面加强海洋国土和环境保护工作，在资源集约利用和资源有效保护的基础上，促进长山群岛经济和资源环境整体可持续发展。

9.2.3 协作共赢，一体发展

海岛作为特殊的地理单元，具有向海亲近、向陆封闭的特点，是海洋与陆地之间的纽带，海洋渔业资源的开发具有向海和向陆的双重特点。向海获取生物资源和生态空间，向陆满足腹地巨大的资源需求。水产品消费和渔业资源供给具有明显的空间异质性，陆地社会享受着海洋资源环境系统供给的生态福祉，海洋资源环境承担了陆域人类生态占用导致的生态服务价值损失。基于可持续发展要求区域之间享有公平发展权利的原则，区域之间、部门之间、领域之间要加强协作。在渔业资源环境的开发中，应当更加注重发挥海岛的海陆衔接作用，实现陆海统筹发展。同时，在海洋空间利用方面，长山群岛应当以空间集约、高效利用为导向，为地区陆海联动提供便捷的支撑体系。根据一体化发展原则，在科技领域，推进陆域科技力量的向海支持，加强科技人才、技术研发、项目攻关等方面的陆海协作，提高海岛对渔业资源环境的集约利用能力，同时对海洋渔业生产的废弃物进行综合利用，提升生态效率；在经济领域，加强飞地经济模式合作，实现陆海协作、陆岛一体化发展。

9.3 长山群岛海洋渔业资源环境系统可持续发展对策

9.3.1 减轻渔业生态压力，提升系统生态效率

树立绿色发展理念，推动生态渔业发展，推进海洋资源集约利用，减轻海洋渔业生态压力，是实现长山群岛渔业资源环境系统可持续发展的关键。因此，长山群岛应及时转变渔业发展观念，依托岛外技术力量和岛内企业实体合作，加大渔业科技研发投入，加强新型绿色生态技术推广和基层渔民专业技能培训，强化科技转化能力，不断提高渔业发展的技术含量，减少生态足迹，提高生态效率。

首先，在海水增养殖业方面，因海制宜，进一步优化产业区域空间布局，建立资源节约型、环境友好型的生产方式。通过努力争取政策扶持、技术指导，鼓励企业和个体户有针对性地进行优质苗种引进与培育活动，探索新的养殖模式，提高海水养殖苗种质量，加快推进养殖生产良种化，提高优良品种覆盖率。大力推广多品种、多形态、多形式的生态化健康养殖模式，促进海洋生物种类的优势互补，提高海域生态环境质量。打破传统虾夷扇贝一统天下的养殖模式，不断优化养殖产业结构，深入实施“参、鲍、鱼、藻”四大规模工程，广泛推行兼养、套养、轮养等多样化养殖格局。积极推广鲍鱼南北调养、网箱养鲍、大网箱养参、刺参吊养、贝藻套养等新技术。

其次，在海洋捕捞业方面，通过结构调整、技术创新等手段，科学合理地开发和利用沿岸、近海和远洋渔业资源。加强近海捕捞渔船管控，落实海洋渔业资源总量管理制度，实施减船转产战略。组织、梳理、引导近岸老旧渔船减船转产转业和升级改造，压缩沿岸捕捞生产规模，减轻近岸捕捞生产压力，优化捕捞作业结构，逐步缓解捕捞强度过大与渔业资源存量相对不足之间的矛盾。

最后，推动产业融合发展，按照因地制宜、体现特色、规模发展的原则，调整产业布局，推动渔业相关的一、二、三产业融合发展，着力构造四大产业

体系，即充分考虑资源支撑力和生态环境承受力的环境友好型水产养殖业，从单纯的努力提高捕捞产量转向注重资源养护和增殖的资源养护型增殖捕捞业，融合垂钓、观赏与餐饮、娱乐度假、体验、科普教育等内容，发展具有浓郁文化内涵的休闲渔业，通过精深加工提高水产品内在价值，延伸产业链条的水产加工业，重点依托长山群岛旅游避暑度假区和长山群岛海洋生态经济区建设，推动绿色生态渔业和休闲渔业发展。

9.3.2 推进海洋牧场建设，增强抵御风险能力

当前，长山群岛海洋渔业资源环境系统脆弱性风险依然存在，抵御外部环境胁迫的能力仍旧不足。在脆弱性影响因素中，社会属性影响是重要方面，也是可以通过人类社会自身建设加以改进的重要方面。因此，应通过现代海洋牧场建设，提升长山群岛海洋渔业资源环境系统综合发展能力，增强抵御风险能力。2006 年，国务院在《中国水生生物资源养护行动纲要》中提出将海洋牧场建设当作养护水生生物资源的重要措施之一。2015 年，大连市政府发布《大连市人民政府办公厅关于推进大连市现代海洋牧场长海示范区建设的指导意见》（大政办发〔2015〕6 号），在政策和资金方面大力推进现代海洋牧场长海示范区建设，取得了良好效益。推进现代海洋牧场建设对长山群岛集约节约利用海洋资源、保护海域生态环境、推动海洋经济向质量效益型转变等方面具有重要作用，现代海洋牧场的建设将最终促进海洋渔业持续健康发展。在降低系统脆弱性方面，现代海洋牧场建设应注意以下方面内容。

首先，统筹渔业发展空间，合理规划渔业功能分区。综合考虑长山群岛及其周围海域的资源、环境特点、空间位置以及水、岛、砣、礁等关系，科学调整渔业生产空间，做好区域分类统筹，划分浮筏养殖区、虾夷扇贝底播增殖区、刺参底播增殖区、鲍鱼底播增殖区、珍品鱼类养殖区等，确立区域渔业发展重点和发展方向。

其次，加强海洋牧场基础设施建设，增强渔业应急管理能力。开展大型抗风浪网箱专项建设工作，推动养殖设施的更新换代；推进发展水产品加工与冷链物流基地建设，为现代海洋牧场下游产业链的完善奠定基础；推动陆基工厂化苗种繁育基地建设，为海洋牧场提供健康优质苗种，保障海洋牧场的稳定有效产出。

最后，深化海域生态环境整治，促进海洋牧场生态保护。以海上筏式养殖设施整治为重点，对各海区进行养殖规模排查，逐步将养殖数量控制在海域容量评估的限度之内。严格执行海洋功能区划和现代海洋牧场总体规划，加大

对海洋自然保护区的保护力度，积极推动海洋生态恢复工程，对传统渔业生产占有和破坏的陆地、浴场、滩涂资源进行清理。

9.3.3 加强资源环境保护，提高生态管理水平

为保护长山群岛海洋生物资源和海域生态环境，2008 年，辽宁师范大学李悦铮教授在《大连长山群岛旅游度假区总体规划》中首次提出在长山群岛建立国家海洋公园。国家海洋公园是一种重要的海洋保护区形式，对保护海洋生态环境和资源、探索人海关系和谐发展的新模式具有重要的意义。长山群岛国家海洋公园的建设为加强海洋综合管理提供了良好的平台和契机，针对长山群岛国家海洋公园建设中的瓶颈和海洋生态管理遇到的实际困难，为提高生态管理水平，建议采取以下措施。

第一，及时调整国家海洋公园规划内容，提高规划可操作性。根据《海洋特别保护区管理办法》的规定，结合长山群岛各海岛海洋渔业和社会发展现状，尽可能地协调生态环境保护与海水养殖业发展的关系，提高国家海洋公园的可操作性。将大耗岛、小耗岛、东褡裢岛周边海域经济生物（对虾、蓝点马鲛、带鱼、鳀鱼）的产卵场和索饵场，棘球海胆、皱纹盘鲍、刺参、栉孔扇贝、香螺的天然集中分布区，大连海洋岛国家级水产种质资源保护区，长山列岛珍贵海洋生物市级自然保护区等划入重点保护区；将大长山岛、小长山岛、广鹿岛和獐子岛等因过度开发而被破坏的海域划入生态与资源恢复区；在长山群岛主要人口和经济活动的集中区域划出相应适度利用区，从事生态养殖、休闲渔业等绿色产业活动。

第二，着重加强海洋生态环境保护，改善基础设施配套能力。完善海洋生态保护红线制度，对生态保护区实施强制保护和严格管控；启动海域使用管理示范区建设，建立海洋生态环境补偿制度，探索多元化的生态补偿方式；利用地理信息系统、遥感技术，实时观测、记录生物多样性资源变化情况，完善海洋渔业资源环境预警保护系统。同时，加大政府对养殖用海的监督管理力度，加强海洋环境的综合治理，实施联防联治，及时监测海域水质变化情况，严格控制海水养殖饵料和农药的投放。

第三，加大海洋执法监察力度，提高依法治理水平。加大海洋执法监察力度，加强环岛岸线和海上巡航执法，深化和细化对各种类型用海的检查，做好海水养殖相关法律监管工作。严厉查处违法向海洋倾倒废弃物和非法占海养殖的行为，及时制止和查处违法用海行为。强化沿岸生产秩序整顿，重点做好伏季休渔管理和打击非法捕捞工作，严厉打击“三无”渔船和“地滚笼”等违

法捕捞行为，切实保护好沿岸渔业资源。

第四，建立健全生态补偿机制，提高生态文明建设水平。综合考虑生态系统的自然价值、功能及其生产力和生物多样性，按照国家确定的统一生态环境建设目标，以共享、受益者补偿和损害者赔偿为原则，逐步建立健全多元化生态补偿机制。借鉴国内外资源环境系统生态补偿的经验，科学制定相应的补偿标准，并建立海洋生态系统资源、环境、生物等监测机构及信息管理系统，对资源环境开发项目实施严格审批及影响评估，为合理利用海洋渔业资源环境提供科学依据。

9.4 小结

结合可持续发展定量评价结果，梳理目前长山群岛海洋渔业资源环境系统可持续发展在生态压力、生态效率、脆弱性以及发展矛盾方面存在的问题。基于联合国 2030 年可持续发展目标，根据“分类—统筹—协作”框架指导和前述可持续发展指标驱动因子分析，提出长山群岛海洋渔业资源环境系统可持续发展的三项原则：分类管理，突出重点；统筹协调，整体推进；协作共赢，一体发展。在此基础上，提出可持续发展对策：减轻渔业生态压力，提升系统生态效率；推进海洋牧场建设，增强抵御风险能力；加强资源环境保护，提高生态管理水平。

10　结论与展望

海洋渔业是对海洋生物资源损耗最直接、最显著的海洋经济活动，对海洋环境及其生态系统服务产生了深刻影响。而随着生产技术的进步和人类生态意识的增强，人类与生态环境的关系也在转变。因此，在长时间序列中，研究人海关系变化背景下的渔业资源环境系统的可持续发展对深入探讨人类活动与生态环境过程耦合，促进人海关系协调发展具有重要意义。本研究基于海洋渔业资源环境系统内涵、人地关系理论、经济人理论、资源环境承载力理论的分析，分析海洋渔业资源环境系统可持续发展的演化机制，构建可持续发展评估的理论模型。基于此，可从海洋捕捞与渔业资源环境之间的交互响应关系、海水养殖与渔业生态环境的耦合协调关系两个方面分析海洋渔业资源环境系统中的人海关系变化过程，从生态压力、生态效率和脆弱性三个方面评价长山群岛海洋渔业资源环境系统运行状况，分析其影响因素，进而根据“驱动力—压力—状态—响应”模型以综合协调的观点评价海洋渔业资源环境系统的可持续发展水平，分析发展中存在的问题，并提出可持续发展策略。

10.1 主要结论

海洋渔业资源环境系统是在一定海洋空间范围内，以人类渔业活动中的人海关系为纽带，以海洋渔业资源和海域生态环境为依托的，由海洋渔业社会、渔业经济、渔业资源、海洋生态环境等要素相互关联、耦合的复合人海关系地域系统。长山群岛海洋渔业资源环境系统由海洋渔业资源子系统、海洋生态环境子系统和渔业经济社会子系统组成，是人与渔业资源环境在海洋生态系统中相互联系、相互作用而形成的一种动态系统。在长山群岛海洋渔业资源环境系统可持续发展演化中，受到各层级因素的共同影响，人类渔业活动和海洋渔业资源环境之间呈现出拮抗式演进关系，并推动长山群岛海洋渔业资源环境系统可持续发展状态不断演变，最终达到生态协调的均衡发展状态。

根据长山群岛海洋渔业资源环境系统中人海关系变化过程分析，在长山群岛海洋渔业活动中，“理性经济人”为追求经济利益，不断加大经济活动，导致资源环境被破坏，而面对资源环境的束缚，又表现出“生态理性经济人”属性，即通过反思和治理促进人海关系协调发展。在整个长山群岛海洋渔业资源环境系统可持续发展演变过程中，人类活动在“理性经济人”和“生态理性经济人”

之间不断转换，这也是长山群岛海洋渔业活动与资源环境博弈的根本原因。

本研究通过改进渔业生态足迹模型，得出海洋渔业资源环境系统生态压力指数和生态安全状态。结果表明，随着长山群岛渔业经济的发展，1965—2012年人类渔业活动对渔业资源环境持续施加影响，生态压力逐渐增大，海洋渔业资源环境系统出现生态超载问题，其生态安全从安全状态持续向极度不安全状态发展，但2013年以后随着渔业生态管理的深入，生态压力减小。

根据长山群岛海洋渔业资源环境系统中生态资本、生产力和劳动力投入及其经济产出情况，利用超效率DEA模型，评估海洋渔业资源环境系统的生态效率的结果表明：长山群岛海洋渔业活动生态效率呈阶段性变化，各阶段变化特征表明长山群岛渔业经济发展经历了从以资源环境消耗为基础的粗放型增长向以提高生产效率为动力的集约型增长转变的过程。渔业产业结构和渔业技术进步是影响生态效率的重要因素。

长山群岛海洋渔业资源环境系统脆弱性的评价结果表明，20世纪80年代之前，系统处于中度脆弱状态；20世纪80年代初期至90年代末期，系统处于重度和极度脆弱状态；进入21世纪，系统脆弱性下降，至2011年降至轻度脆弱，系统恢复至较稳定状态，结构和功能得以恢复完善，抗干扰能力和自我恢复能力较强。脆弱性指数及其影响因素的变化表明，在早期，人类活动较弱的背景下，海洋渔业资源环境系统的自然属性决定了脆弱性，而随着人类活动强度不断增加，中期和后期海洋渔业资源环境系统的社会属性成了影响脆弱性程度的关键因素。在系统脆弱性变化中，社会进步和人类治理能力的增强对人海关系系统脆弱性降低具有重要意义，但也应注意后期阶段人类活动的生态压力仍然居高不下，脆弱性潜在风险依然存在。

基于“驱动力—压力—状态—响应”模型，对长山群岛海洋渔业资源环境系统的可持续发展水平综合评价表明，海洋渔业资源环境系统可持续发展水平整体呈上升趋势，整体经历了1966—1984年低水平发展阶段、1985—2009年波动变化阶段、2010—2018年持续提升阶段。其发展经历了粗放式发展、拮抗式发展和优化式发展三种模式。可持续发展影响因素分析发现，海洋渔业资源环境系统可持续发展受到外部和内部双重驱动因素影响。在外部影响因素方面，政府管理能力、环境治理能力以及科技支撑能力在可持续发展中占有重要地位，但受到财政支出制约，上述因素在促进可持续发展方面未能发挥出应有的作用，制约了可持续发展水平的提升。在内部驱动因素方面，生态效率和脆弱性指标是影响海洋渔业资源环境系统可持续发展的内部关键因素，在生态效率提高和脆弱性降低的共同作用下，海洋渔业资源环境系统可持续发展水平得以显著提升。

根据各项指标评价结果，并经过实地调查研究，笔者认为生态压力过大、生态效率有待提升、脆弱性存在潜在风险、发展矛盾突出是阻碍长山群岛海洋渔业资源环境系统可持续发展的主要原因。根据我国海洋强国战略部署和海洋生态文明建设总体要求，本书提出长山群岛海洋渔业资源环境系统可持续发展的三项原则：分类管理，突出重点；统筹协调，整体推进；协作共赢，一体发展。同时，建议长山群岛在海洋渔业发展中采取以下措施：减轻渔业生态压力，提升系统生态效率；推进海洋牧场建设，增强抵御风险能力；加强资源环境保护，提高生态管理水平。

10.2 主要创新点

本研究以“人海关系”为研究视角，综合渔业生物学、社会学和生态经济学等理论基础，基于自然地理学中的人海关系过程耦合机理，研究小尺度上区域渔业资源环境系统可持续发展问题，并深入解析人类行为对海洋渔业资源环境产生的影响，以期为区域海洋经济活动中的生态管理提供科学依据。主要创新点体现在以下方面。

（1）从人海关系切入，将“经济人”思想引入人海关系研究，探究在“理性经济人”和“生态理性经济人”的角色转换中人海关系发生的变化。基于海洋渔业资源环境系统可持续发展演变的影响因素分析，归纳出可持续发展中人海关系呈拮抗式演进的规律，最终达到生态协调的均衡发展状态，并从海洋捕捞、海水养殖两类活动入手，利用模型实证分析了人类与环境之间的交互响应关系，进一步验证了拮抗关系的存在。

（2）基于 Ostrom 的“社会—生态”系统分析框架，构建包括渔业经济、渔业管理、渔业资源、渔业生态环境在内的复合海洋渔业资源环境系统，充分考虑渔业经济产值、渔业生产投入要素（渔船、渔具、劳动力等）、渔业管理制度等经济社会要素在海洋渔业资源环境系统可持续发展中的作用机理。

（3）在传统可持续综合评价模型基础上，依据“驱动力—压力—状态—响应”（DPSR）评价体系，从外部驱动力因素、生态压力、生态效率和脆弱性四个维度构建海洋渔业资源环境系统可持续发展评价的理论模型，引入生态足迹模型、DEA 模型、脆弱性评价模型以及熵权 TOPSIS 法，对海洋渔业资源环境系统可持续发展状态和综合可持续发展水平开展评价。

10.3 不足与展望

海洋渔业资源环境系统作为复杂的人海关系地域系统，涉及范围广，关联领域众多，虽然本研究围绕海洋渔业活动与海洋渔业资源环境关系深入地进行了分析与研究，但对该领域的研究仍有诸多不足，具体如下。

10.3.1 研究方法与技术手段需要进一步完善

本研究所需数据主要来自1965—2018年历年官方统计，时间跨度大，数据收集难度极高，尤其是20世纪90年代之前的数据统计指标较少，统计口径不一。在海水养殖业效率、海洋渔业生态经济效率、海洋渔业资源环境系统脆弱性等评价中数据指标较少，特别是在海水养殖与海域生态环境耦合协调关系研究中，由于海域污染物指标自2006年开始才纳入统计范畴，无法展开更长时间序列的人海耦合协调关系研究。未来的研究中应加强指标体系完整性构建，完善数据获取来源，在研究手段上加强海域环境遥感数据技术和GIS空间分析方法的应用。

10.3.2 研究尺度有待进一步拓展

海洋渔业活动因一定区域范围内资源禀赋的差异而存在空间异质性，尤其是海水养殖业对空间资源更为敏感，对海域水质、水文、位置、基底条件要求较高，且存在海域使用权、生态红线、海域功能区划等社会条件制约。但和陆地行政界限不同，海域边界较为模糊，无法获取准确边界。因此，本书主要基于长山群岛海洋渔业资源环境系统可持续发展的时间过程演变，探究长时间序列的演变特征，缺乏海域空间的演变过程研究。在今后的研究中应进一步拓展研究尺度，在空间上深入研究长山群岛海域范围内海洋渔业发展变化。同时，构建中观、宏观尺度评估体系，加强省、市两级地域单元的空间尺度横向对比研究，提高研究对不同区域的指导意义。

10.3.3 研究内容有待进一步深化

本书强调海洋渔业资源环境系统可持续发展演变的规律和特征，对其中的生态压力、生态效率和脆弱性影响因素进行研究主要采用障碍度模型分析，定性分析了影响因素的作用机理，但缺乏对海洋渔业资源环境系统可持续发展演变中影响因子作用机制的深入研究，尤其是对中期阶段波动性变化特征的形成机制尚未有深入探究。因此，在未来的研究中应重点加强人海关系耦合过程中的影响因素指标体系构建，准确找出关键影响因子，并深入研究因子的驱动机理和影响机制。

参考文献

[1] LANGTON R, AUSTER P. Marine fishery and habitat interactions: to what extent are fisheries and habitat interdependent?[J]. Fisheries, 1999, 24(6): 14–21.

[2] 韩立民，李大海．“蓝色粮仓”：国家粮食安全的战略保障 [J]. 农业经济问题，2015, 36(1): 24–29, 110.

[3] NORMAN R A, CRUMLISH M, STETKIEWICZ S. The importance of fisheries and aquaculture production for nutrition and food security[J]. Revue scientifique et technique (International Office of Epizootics), 2019, 38(2): 395–407.

[4] ZELLER D, CASHION T, PALOMARES M, et al. Global marine fisheries discards：a synthesis of reconstructed data[J]. Fish and fisheries, 2018(19): 30–39.

[5] 李惠玉，杨林林，徐强强．全球海洋渔业资源现状 [M]. 北京：中国农业出版社，2017.

[6] BURGESS M G, MCDERMOTT G R, OWASHI B, et al. Protecting marine mammals, turtles, and birds by rebuilding global fisheries[J]. Science, 2018, 359(6381): 1255–1258.

[7] CLAVELLE T, LESTER S E, GENTRY R, et al. Interactions and management for the future of marine aquaculture and capture fisheries[J]. Fish and fisheries, 2019, 20(2): 368–388.

[8] SRINIVASAN U T, WATSON R, SUMAILA U R. Global fisheries losses at the exclusive economic zone level[J]. Marine policy, 2012, 36(2): 544–549.

[9] 崔丽．空间多尺度下西北太平洋柔鱼空间模式及其与海洋环境的关系 [D]. 上海：上海海洋大学，2018.

[10] FENG Y, CHEN X, LIU Y. The effects of changing spatial scales on spatial patterns of cpue for ommastrephes bartramii in the northwest pacific ocean[J]. Fisheries research, 2016, 183(2): 1–12.

[11] 纪建悦，郭昕，张懿．生态—经济共生视角下的中国海洋渔业生态安全评价研究 [J]. 中国海洋大学学报（社会科学版），2020(1): 58–66.

[12] 朱玉贵．中国伏季休渔效果研究 [D]. 青岛：中国海洋大学，2009.

[13] HADDON M. Modelling and quantitative methods in fisheries second Edition[M]. Florida: Crc Press, 2011.

[14] 张耀光，张岩，王宁．长山群岛海洋农牧化海域环境分区研究 [J]. 地理科学，2007, 27(6): 768–773.

[15] 张雪莲，金英熙，贾笑冰．辽宁长海小珠山遗址考古学文化的年代序列 [J]. 考古，2016(5): 110–120.

[16] 黄备，魏娜，孟伟杰，等．基于压力—状态—响应模型的辽宁省长海海域海洋生物多样性评价 [J]. 生物多样性，2016, 24(1): 48–54.

[17] 孙怡，包特力根白乙．长海县海岛渔业发展问题及其对策 [J]. 现代渔业信息，2009, 24(9): 5–8.

[18] 陈东景，郑伟，郭惠丽，等．基于物质流分析方法的生态海岛建设研究：以长海县为例 [J]. 生态学报，2014, 34(1): 154–162.

[19] 獐子岛集团股份有限公司．关于 2019 年秋季底播虾夷扇贝存量抽测的风险提示公告 [R]. 大连：獐子岛集团股份有限公司，2019.

[20] 李小云，杨宇，刘毅．中国人地关系的历史演变过程及影响机制 [J]. 地理研究，2018, 37(8): 1495–1514.

[21] SEN S. The evolution of high-seas fisheries management in the north-east atlantic[J]. Ocean and coastal management, 1997, 35(2): 85–100.

[22] 斯汀格 · S. 耶塞柳斯，加斯帕 · 拉凯尔．有效的渔业管理：可持续渔业政策的实施 [M]. 唐议，沈卉卉，译．北京：中国民主法制出版社，2018: 25.

[23] AGARDY T. Effects of fisheries on marine ecosystems: a conservationist's perspective[J]. Ices journal of marine science, 2000, 57(3): 761–765.

[24] 黄欣欣．人海关系地域系统可持续性评估 [D]. 济南：山东师范大学，2014.

[25] 孙才志，曹威威．基于人地关系的海岛可持续发展研究：以长山群岛为例 [M]. 北京：科学出版社，2019.

[26] 李博，韩增林，孙才志，等．环渤海地区人海资源环境系统脆弱性的时空分析 [J]. 资源科学，2012, 34(11): 2214–2221.

[27] 韩增林，刘桂春．人海关系地域系统探讨 [J]. 地理科学，2007, 27(6): 761–767.

[28] HALPERN B S, WALBRIDGE S, SELKOE K A, et al. A global map of human impact on marine ecosystems[J]. Science, 2008, 319(5865): 948–952.

[29] 许思思 . 人为影响下渤海渔业资源的衰退机制 [D]. 青岛：中国科学院研究生院（海洋研究所）, 2011.

[30] CROWDER L B, HAZEN E L, AVISSAR N, et al. The impacts of fisheries on marine ecosystems and the transition to ecosystem–based management[J]. Annual review of ecology, evolution, and systematics, 2008, 39(1): 259–278.

[31] DING Q, WANG Y L, CHEN X J, et al. Effects of economics and demographics on global fisheries sustainability[J]. Conservation biology, 2017, 31(4): 799–808.

[32] NEWTON K, CÔTÉ I M, PILLING G M, et al. Current and future sustainability of island coral reef fisheries[J]. Current biology, 2007, 17(7): 655–658.

[33] JENNINGS S, KAISE M J. The effects of fishing on marine ecosystems[J]. Advances in marine biology, 1998, 34(34): 201–212.

[34] JACKSON J B C, KIRBY M X, BERGER W H, et al. Historical overfishing and the recent collapse of coastal ecosystems[J]. Science, 2001, 293(5530): 629–638.

[35] FRID C, PARAMOR O, SCOTT C. Ecosystem–based management of fisheries: is science limiting?[J]. Ices journal of marine science, 2006, 63(9): 1567–1572.

[36] PAULY D, CHRISTENSEN V, DALSGAARD J, et al. Fishing down marine food webs[J]. Science, 1998, 279(5352): 860–863.

[37] SCHEFFER M, CARPENTER S, YOUNG B D. Cascading effects of overfishing marine systems[J]. Trends in ecology and evolution, 2005, 20(11): 579–581.

[38] MANICKCHAND–HEILEMAN S, MENDOZA–HIL J, KONG A L, et al. A trophic model for exploring possible ecosystem impacts of fishing in the gulf of paria, between venezuela and trinidad[J]. Ecological mode, 2003, 172(2): 307–322.

[39] SHANNON L J, CURY P M, JARRE A. Modelling effects of fishing in the suthern bnguela ecosystem[J]. Ices journal of marine science, 2000(3): 720–722.

[40] 马孟磊，陈作志，许友伟，等 . 基于 Ecopath 模型的胶州湾生态系统结构和能量流动分析 [J]. 生态学杂志，2018, 37(2): 462–470.

[41] 宋金明，许思思，李学刚，等 . 人为影响下渤海生态环境—渔业资源的耦合关系 [C]// 中国海洋湖沼学会第十次全国会员代表大会暨学术研讨会论文集 . 青岛：中国海洋湖沼学会，2012: 76.

[42] 张国政，李显森，金显仕，等．黄海中南部小黄鱼生物学特征的变化 [J]. 生态学报，2010, 30(24): 6854–6861.

[43] 曾玲，金显仕，李富国．黄海南部银鲳的生殖力及其变化 [J]. 海洋水产研究，2005, 26(6): 1–5.

[44] 曾玲，金显仕，李富国，等．渤海小黄鱼生殖力及其变化 [J]. 海洋科学，2005, 29(5): 80–83.

[45] 李忠炉．黄渤海小黄鱼、大头鳕和黄鮟鱇种群生物学特征的年际变化 [D]. 北京：中国科学院研究生院（海洋研究所），2011.

[46] 俞连福．我国海洋捕捞副渔获物现状、问题和对策 [J]. 海洋信息，1996(7): 7–9.

[47] 张虎，黄昕，胡海生，等．江苏省近岸海域鳗苗网兼捕对渔业资源损害性的初步研究 [J]. 大连海洋大学学报，2019, 34(1): 119–125.

[48] HALL M A. On bycatches[J]. Reviews in fish biology and fisheries, 1996, 6(3): 319–352.

[49] 唐衍力，李文涛，万荣，等．副渔获物对渔业资源的影响及其减少方法的探讨 [J]. 青岛海洋大学学报（自然科学版），2003, 33(2): 211–218.

[50] HORNBORG S, SVENSSON M, NILSSON P, et al. By-catch impacts in fisheries: utilizing the iucn red list categories for enhanced product level assessment in seafood lcas[J]. Environmental management, 2013, 52(5): 1239–1248.

[51] 贾晓平，蔡文贵，林钦．我国沿海水域的主要污染问题及其对海水增养殖的影响 [J]. 中国水产科学，1997, 4(4): 79–83.

[52] 王秀娟，胡求光．中国海水养殖与海洋生态环境协调度分析 [J]. 中国农村经济，2013(11): 88–98.

[53] 董彬．渤海污染的现状与对策分析 [J]. 生态科学，2012, 31(5): 126–130.

[54] 杜虹，郑兵，陈伟洲，等．深澳湾海水养殖区水化因子的动态变化与水质量评价 [J]. 海洋与湖沼，2010(6): 20–27.

[55] XU S S, SONG J M, LI X G, et al. Changes in nitrogen and phosphorus and their effects on phytoplankton in the bohai sea[J]. Chinese journal of oceanology and limnology, 2010, 28(4): 945–952.

[56] 许思思，宋金明，袁华茂，等．镉、汞、铅和石油烃复合污染对渤海湾常见渔业资源生物的影响初探 [J]. 生态毒理学报，2010(6): 35–44.

[57] XU S S, SONG J M, YUAN H M, et al. Petroleum hydrocarbons and their effects on

fishery species in the bohai sea, north china[J]. Journal of environmental sciences, 2011, 23(4): 553–559.

[58] 许思思，宋金明，段丽琴，等．渤海主要渔业资源结构的演变分析 [J]. 海洋科学，2010, 34(6): 61–67.

[59] 陈新军，周应祺．国际海洋渔业管理的发展历史及趋势 [J]. 上海水产大学学报，2000, 9(4): 348–354.

[60] PAULY D, CHRISTENSEN V, GUÉNETTE S, et al. Towards sustainability in world fisheries[J]. Nature, 2002, 418(6898): 689–695.

[61] 陈新军，丁琪．全球海洋渔业资源可持续利用及脆弱性评价 [M]. 北京：科学出版社，2018.

[62] 吴佳颖，薛莹，刘笑笑，等．黄、渤海渔业生物平均营养级的长期变动 [J]. 中国海洋大学学报 (自然科学版), 2017, 47(11): 53–60.

[63] 焦敏，高郭平，陈新军．东北大西洋海洋捕捞渔获物营养级变化研究 [J]. 海洋学报，2016, 38(2): 48–63.

[64] 许思思，宋金明，李学刚，等．渤海渔获物资源结构的变化特征及其影响因素分析 [J]. 自然资源学报，2014, 29(3): 500–506.

[65] 晁敏，全为民，李纯厚，等．东海区海洋捕捞渔获物的营养级变化研究 [J]. 海洋科学，2005, 29(9): 53–57.

[66] 李继龙，曹坤，丁放，等．基于渔获物统计的中国近海鱼类营养级结构变换及其与捕捞作业的关系 [J]. 中国水产科学，2017, 24(1): 113–123.

[67] 丁琪，陈新军，耿婷，等．基于渔获统计的太平洋岛国渔业资源开发利用现状评价 [J]. 生态学报，2016, 36(8): 2295–2303.

[68] MILESSI A C, ARANCIBIA H, NEIRA S, et al. The mean trophic level of uruguayan landings during the period 1990–2001[J]. Fisheries research, 2005, 74(1): 223–231.

[69] ALLEWAY H K, CONNELL S D, WARD T M, et al. Historical changes in mean trophic level of southern australian fisheries[J]. Marine and freshwater research, 2014, 65(10): 884–893.

[70] KLEISNER K, MANSOUR H, PAULY D. Region–based mti: resolving geographic expansion in the marine trophic index[J]. Marine ecology progress series, 2014, 512(9): 185–199.

[71] 沃佳，牟秀霞，徐宾铎，等．江苏近海北部海域春季鱼类群落结构的年间变化 [J].

应用生态学报，2018, 29(1): 285–292.

[72] 袁华荣，陈丕茂，秦传新，等．南海柘林湾鱼类群落结构季节变动的研究 [J]. 南方水产科学，2017, 13(2): 26–35.

[73] 李建生，姜亚洲，金艳．冬季长江口渔场游泳动物群落种类组成和多样性的年代际变化 [J]. 自然资源学报，2017, 32(3): 507–516.

[74] 卞晓东，万瑞景，金显仕，等．近 30 年渤海鱼类种群早期补充群体群聚特性和结构更替 [J]. 渔业科学进展，2018, 39(2): 1–15.

[75] CHOWDHURY M S N, HOSSAIN M S, DAS N G, et al. Environmental variables and fisheries diversity of the naaf river estuary, bangladesh[J]. Journal of coastal conservation, 2011, 15(1): 163–180.

[76] BOER W D, PRINS H. Human exploitation and benthic community structure on a tropical intertidal flat[J]. Journal of sea research, 2002, 48(3): 225–240.

[77] 殷瑞，刘群．应用体重结构的实际种群分析模型估算捕捞死亡系数和资源量的初步研究 [J]. 南方水产，2007, 3(2): 36–41.

[78] 倪建峰，刘群．剩余产量模型在不同渔业中的应用 [J]. 海洋湖沼通报，2004(1): 60–67.

[79] 崔鹤，刘群，王艳君．连续形 Fox 产量模型在模拟和实际渔业评估中的应用 [J]. 南方水产，2008, 4(2): 34–42.

[80] 严利平，凌建忠，李建生，等．应用 Ricker 动态综合模型模拟解析东海区伏季休渔效果 [J]. 中国水产科学，2006, 13(1): 85–91.

[81] 凌建忠，李圣法，严利平，等．基于 Beverton–Holt 模型的东海带鱼资源利用与管理 [J]. 应用生态学报，2008, 19(1): 178–182.

[82] 陈卫忠，李长松，胡芬．实际种群分析法在绿鳍马面鲀资源评估中的应用和改进 [J]. 水产学报，2000, 24(6): 522–526.

[83] PIKITCH E, SANTORA C, BABCOCK E, et al. Ecosystem based fishery management[J]. Science, 2004, 305(5682): 346–347.

[84] 陈新军．海洋渔业资源可持续利用评价 [D]. 南京：南京农业大学，2001.

[85] 孙康，周晓静，苏子晓，等．中国海洋渔业资源可持续利用的动态评价与空间分异 [J]. 地理科学，2016, 36(8): 1172–1179.

[86] 倪海儿，陆杰华．舟山渔场渔业资源动态解析 [J]. 水产学报，2002, 26(5): 428–432.

[87] 倪海儿，周瑞娟．渔业资源动态的综合时序模型 [J]. 自然资源学报，2011, 26(6): 992–1000.

[88] 张耀光．长山群岛资源利用与经济可持续发展对策 [J]. 辽宁师范大学学报（社会科学版），2004, 27(1): 35–38.

[89] 许澄源．辽宁省长海县近海生态特点与渔业 [J]. 水产科学，1985, 4(1): 32–36.

[90] 张耀光．北黄海长山群岛及其海域发展方向研究 [J]. 地域研究与开发，1991, 10(4): 30–34, 64.

[91] 李淑媛，苗丰民，何宝林，等．北黄海长山群岛海域环境现状评价 [J]. 黄渤海海洋，1995, 13(1): 31–39.

[92] 杨新梅，刘娟．长山群岛海域沉积物氮、磷营养要素背景含量研究 [J]. 海洋环境科学，1994, 13(4): 70–75.

[93] 许澄源，于学利．长海县小长山岛局部海区赤潮调查和监测 [J]. 水产科学，1994, 13(4): 18–20.

[94] 张耀光．长山列岛海洋农牧化布局与可持续发展研究 [J]. 资源科学，2000, 22(2): 54–60.

[95] 张耀光，韩增林，刘锴，等．海岛海域生物资源利用与海洋农牧化生产布局新发展的研究：以长山群岛为例 [J]. 自然资源学报，2009, 24(6): 945–955.

[96] 徐凯，李悦铮．长海县生态文明建设探析 [J]. 国土与自然资源研究，2015(2): 10–12.

[97] 宋伦，王年斌，董婧，等．捕捞对长山群岛海域渔业生态系统的影响 [J]. 生态学杂志，2010, 29(8): 1578–1584.

[98] 俞金国，张瑞霞，王丽华．制约长海县可持续发展的机制及应对策略研究 [J]. 海洋开发与管理，2011, 28(1): 72–75.

[99] 郑莉，张进．长山群岛周边海域水质监测分析 [J]. 水产科学，2000, 19(3): 33–34.

[100] 付成东，李大成，于佐安，等．长海县西北部海域浮游植物种类及密度的变化 [J]. 水产科学，2012, 31(7): 408–412.

[101] 于佐安，李大成，王笑月，等．长海县筏养虾夷扇贝大规模死亡原因探讨 [J]. 水产科学，2019, 38(3): 420–427.

[102] 刘述锡，崔金元．长山群岛海域生物资源承载力评价指标体系研究 [J]. 中国渔业经济，2010, 28(2): 86–91.

[103] 陈东景，郭惠丽，付元宾．海岛生态经济系统的物质输入与输出分析：以长海

县为例 [J]. 海洋环境科学 , 2012, 31(4): 576–580.

[104] 李悦铮 , 王恒 . 国家海洋公园 : 概念、特征及建设 [J]. 旅游学刊 , 2015, 30(6): 11–14.

[105] 曹威威 , 孙才志 , 杨璇业 , 等 . 基于能值生态足迹的长山群岛人地关系分析 [J]. 生态学报 , 2020, 40(1): 89–99.

[106] 初佳兰 , 赵冬至 , 张丰收 , 等 . 基于卫星遥感的浮筏养殖监测技术初探 : 以长海县为例 [J]. 海洋环境科学 , 2008, 27(S2): 35–40.

[107] 闫吉顺 , 王鹏 , 林霞 , 等 . 基于 GIS 的长海县养殖用海规模结构分析 [J]. 海洋开发与管理 , 2016, 33(12): 99–101.

[108] 邱明 , 张燕 , 隋传国 , 等 . 基于 GIS 的深水网箱养殖适宜性评价 : 以长海县为例 [J]. 渔业研究 , 2018, 40(6): 449–457.

[109] 张燕 , 隋传国 , 张瑞瑾 , 等 . 基于 GIS 的长海海域环境信息分析 [J]. 安徽农业科学 , 2018, 46(12): 61–63, 76.

[110] HOLLING C S. Resilience and stability of ecological systems[J]. Annual review of ecology and systematics, 1973, 4(1): 1–23.

[111] CADDY J F. Toward a comparative evaluation of human impacts on fishery ecosystems of enclosed and semi–enclosed seas[J]. Reviews in fisheries science, 1993, 1(1): 57–95.

[112] 慕永通 . 市场理性、产权与海洋生物资源管理 : 兼析美国北太平洋渔业私有化之逻辑 [J]. 中国海洋大学学报 (社会科学版), 2004(6): 114–127.

[113] KLEISNER K, ZELLER D, FROESE R, et al. Using global catch data for inferences on the world’s marine fisheries[J]. Fish and fisheries, 2013, 14(3): 293–311.

[114] WORM B, HILBORN R, BAUM J K, et al. Rebuilding global fisheries[J]. Science, 2009, 325(5940): 578–585.

[115] 敬博 , 李同昇 , 祁航 , 等 . 基于供需匹配模型的秦巴山区人地关系均衡状态及空间管控研究 [J]. 长江流域资源与环境 , 2020, 29(3): 654–667.

[116] 傅伯杰 . 新时代自然地理学发展的思考 [J]. 地理科学进展 , 2018, 37(1): 1–7.

[117] 长海县志办公室 . 长海县志 [M]. 大连 : 大连出版社 , 2002.

[118] 王颖 . 中国海洋地理 [M]. 北京 : 科学出版社 , 2013.

[119] 李悦铮 , 江海旭 . 海岛旅游度假区规划 GEME 模式创新及其在大连长山群岛规划中的应用 [J]. 旅游规划与设计 , 2013(4): 116–127.

[120] 农业大词典编辑委员会 . 农业大词典 [M]. 北京 : 中国农业出版社 , 1998.
[121] 陈新军 . 渔业资源与渔场学 [M]. 2 版 . 北京 : 海洋出版社 , 2014.
[122] 俞存根 , 叶振江 , 韩志强 . 渔业资源与渔场学 [M]. 北京 : 中国农业出版社 , 2016.
[123] 中国农业百科全书总编辑委员会 . 中国农业百科全书 [M]. 北京 : 中国农业出版社 , 1994.
[124] 蔡运龙 . 自然资源学原理 [M]. 北京 : 科学出版社 , 2007.
[125] 李冠国 , 范振刚 . 海洋生态学 [M]. 北京 : 高等教育出版社 , 2004.
[126] 封志明 . 资源科学导论 [M]. 北京 : 科学出版社 , 2004.
[127] 李加林 , 马仁锋 . 中国海洋资源环境与海洋经济发展研究 40 年发展报告 [M]. 杭州 : 浙江大学出版社 , 2014.
[128] 王玉梅 , 王啸 , 张舒 , 等 . 基于信息熵的区域人海复合生态系统可持续发展分析 [J]. 水土保持研究 , 2018, 25(3): 332–338.
[129] OSTROM E. A general framework for analyzing sustainability of social-ecological systems[J]. Science, 2009, 325(5939): 419–422.
[130] ASWANI S, GURNEY G G, MULVILLE S, et al. Insights from experimental economics on local cooperation in a small-scale fishery management system[J]. Global environmental change, 2013, 23(6): 1402–1409.
[131] ERNST B, CHAMORRO J, MANRÍQUEZ P, et al. Sustainability of the juan fern á ndez lobster fishery (chile) and the perils of generic science-based prescriptions[J]. Global environmental change, 2013, 23(6): 1381–1392.
[132] PARTELOW S, BODA C. A modified diagnostic social-ecological system framework for lobster fisheries: case implementation and sustainability assessment in southern california[J]. Ocean and costal management, 2015, 114(4): 204–217.
[133] BASURTO X, NENADOVIC M. A systematic approach to studying fisheries governance[J]. Global policy, 2012, 3(2): 222–230.
[134] BASURTO X, GELCICH S, OSTROM E. The social-ecological system framework as a knowledge classificatory system for benthic small-scale fisheries[J]. Global environmental change, 2013, 23(6): 1366–1380.
[135] 基德 , 普莱特 , 弗里德 . 海洋规划与管理的生态系统方法 [M]. 徐胜 , 译 . 北京 : 海洋出版社 , 2013.

[136] GAMMAGE L C, JARRE A, MATHER C. A changing fishery system: perspectives from crew in the southern cape' s handline fishery[J]. South african geographical journal, 2019, 101(2): 210–252.

[137] 刘天宝，韩增林，彭飞．人海关系地域系统的构成及其研究重点探讨 [J]. 地理科学，2017, 37(10): 1527–1534.

[138] 赵荣，王恩涌，张小林，等．人文地理学 [M]. 北京：高等教育出版社，2006.

[139] 吴传钧．论地理学的研究核心：人地关系地域系统 [J]. 经济地理，1991(3): 1–6.

[140] 邹璇．资本要素流动机理分析 [J]. 重庆工商大学学报（社会科学版），2004(1): 31–37.

[141] 任启平，任建兰．人地关系地域系统要素流研究 [J]. 山东师范大学学报（自然科学版），2006(3): 95–98.

[142] 李后强，艾南山．人地协同论：兼论人地系统的若干非线性动力学问题 [J]. 地球科学进展，1996, 11(2): 178–184.

[143] 欧阳玲．人地关系理论研究进展 [J]. 赤峰学院学报（自然科学版），2008, 91(3): 103–105.

[144] 方创琳．中国人地关系研究的新进展与展望 [J]. 地理学报，2004, 59(S1): 21–32.

[145] 申玉铭．论人地关系的演变与人地系统优化研究 [J]. 人文地理，1998, 13(4): 34–38.

[146] 王长征，刘毅．人地关系时空特性分析 [J]. 地域研究与开发，2004, 23(1): 7–11.

[147] 刘天宝，杨芳芳，韩增林，等．人海关系地域系统视角下海洋本体的解构与研究重点 [J]. 地理科学，2019, 39(8): 1321–1329.

[148] 刘桂春．人海关系与人海关系地域系统理论研究 [D]. 大连：辽宁师范大学，2007.

[149] 俞金国，王丽华．试论人海地域空间相互作用关系及协调对策 [J]. 海洋开发与管理，2009, 26(11): 49–54.

[150] 孙才志，张坤领，邹玮，等．中国沿海地区人海关系地域系统评价及协同演化研究 [J]. 地理研究，2015, 34(10): 1824–1838.

[151] 张春敏．“经济人”假设的阶段性分析 [J]. 河北经贸大学学报，2015, 36(1): 9–13.

[152] 张雄．市场经济中的非理性世界 [D]. 上海：复旦大学，1995.

[153] 焦君红，孙万国．从“经济人”走向“生态理性经济人”[J]. 理论探索，

2007(6): 81–83.

[154] BECKER G S. Irrational behavior and economic theory[J]. Journal of political economy, 1962, 70(1): 1–13.

[155] 唐代兴 . 生态理性哲学导论 [M]. 北京 : 北京大学出版社 , 2005.

[156] 胡伟希 . 经济哲学 : 从"理性经济人"到"理性生态人"[J]. 学术月刊 , 1997(5): 8–10.

[157] 张连国 , 戴建忠 . 循环经济的生态理性经济人假设研究 [J]. 社会科学战线 , 2009(9): 267–269.

[158] 张丽 , 周清华 . 循环经济的价值回归 : 生态理性经济人假设 [J]. 学术界 , 2009(6): 69–75.

[159] 封志明 , 杨艳昭 , 闫慧敏 , 等 . 百年来的资源环境承载力研究 : 从理论到实践 [J]. 资源科学 , 2017, 39(3): 379–395.

[160] 高吉喜 . 可持续发展理论探索：生态承载力理论、方法与应用 [M]. 北京 : 中国环境科学出版社 , 2001.

[161] PARK R E, BURGESS E W. Introduction to the Science of Sociology[M]. Chicago: The University of Chicago Progress, 1921.

[162] FAO. Potential population supporting capacities of lands in developing world[R]. Rome: Food and Agriculture Organization of the United Nations, 1982.

[163] UNESCO, FAO. Carrying capacity assessment with a pilot study of Kenya: a resource accounting methodology for exploring national options for sustainable development[R]. Rome: Food and Agriculture Organization of the United Nations, 1986.

[164] 封志明 , 李鹏 . 承载力概念的源起与发展 : 基于资源环境视角的讨论 [J]. 自然资源学报 , 2018, 33(9): 1475–1489.

[165] 郝庆 , 邓玲 , 封志明 . 国土空间规划中的承载力反思：概念、理论与实践 [J]. 自然资源学报 , 2019, 34(10): 2073–2086.

[166] PEARCE D W. The limits of cost-benefit analysis as a guide to environmental policy[J]. Kyklos, 1976, 29(1): 97–112.

[167] BISHOP A, Fullerton, Crawford A. Carrying capacity in regional environment management[M]. Washington: government printing office, 1974.

[168] PRAVDIĆ V. Environmental capacity—is a new scientific concept acceptable as a

strategy to combat marine pollution?[J]. Marine pollution bulletin, 1985, 16(7): 295–296.

[169] 曾维华，王华东，薛纪渝，等．人口、资源与环境协调发展关键问题之一：环境承载力研究 [J]. 中国人口·资源与环境，1991, 1(2): 33–37.

[170] 唐剑武，郭怀成，叶文虎．环境承载力及其在环境规划中的初步应用 [J]. 中国环境科学，1997, 17(1): 8–11.

[171] ARROW K, BOLIN B, COSTANZA R, et al. Economic growth, carrying capacity, and the environment[J]. Science, 1995, 268(5210): 520–521.

[172] HADWEN S, PALMER J L. Reindeer in alaska[R]. Washington: government printing office, 1922.

[173] 樊杰，王亚飞，汤青，等．全国资源环境承载能力监测预警 (2014 版) 学术思路与总体技术流程 [J]. 地理科学，2015, 35(1): 1–10.

[174] 樊杰．资源环境承载能力预警技术方法 [M]. 北京：科学出版社，2019.

[175] 谢高地，曹淑艳，鲁春霞．中国生态资源承载力研究 [M]. 北京：科学出版社，2011.

[176] REES W E. Ecological footprints and appropriated carrying capacity: what urban economics leaves out[J]. Environment and urbanization, 1992, 4(2): 121–130.

[177] WACKERNAGEL M, ONISTO L, BELLO P, et al. National natural capital accounting with the ecological footprint concept[J]. Ecological economics, 1999, 29(3): 375–390.

[178] 刘某承．中国生态足迹的时间动态与空间格局 [M]. 北京：化学工业出版社，2014.

[179] 蓝盛芳，钦佩，陆宏芳．生态经济系统能值分析 [M]. 北京：化学工业出版社，2002.

[180] 刘耕源，杨志峰．能值分析理论与实践：生态经济核算与城市绿色管理 [M]. 北京：科学出版社，2018.

[181] 樊杰，周侃，王亚飞．全国资源环境承载能力预警 (2016 版) 的基点和技术方法进展 [J]. 地理科学进展，2017, 36(3): 266–276.

[182] 张林波，李兴，李文华，等．人类承载力研究面临的困境与原因 [J]. 生态学报，2009, 29(2): 889–897.

[183] 毛汉英，余丹林．区域承载力定量研究方法探讨 [J]. 地球科学进展，2001,

16(4): 549–555.

[184] 牛方曲，封志明，刘慧．资源环境承载力评价方法回顾与展望 [J]. 资源科学，2018, 40(4): 655–663.

[185] 张连波，刘锡财．海洋经济发展战略研究 [M]. 北京：中国言实出版社，2013.

[186] 李博，金校名，杨俊，等．中国海洋渔业产业生态系统脆弱性时空演化及影响因素 [J]. 生态学报，2019, 39(12): 4273–4283.

[187] 李元刚，徐忠．我国海洋渔业经济发展的影响因素评价：基于广义灰色关联度分析 [J]. 海洋开发与管理，2016, 33(7): 37–40.

[188] 陈琦，韩立民．基于 ISM 模型的中国大洋性渔业发展影响因素分析 [J]. 资源科学，2016, 38(6): 1088–1098.

[189] 陈新军，龚彩霞，高峰．气候变化对不同海洋生态系统渔业的影响 [C]//2017 年中国水产学会学术年会论文摘要集．北京：中国水产学会，2017: 88.

[190] WARFIELD J N. Developing interconnection matrices in structural modeling[J]. Ieee Trans. Systems Man Cybernet., 1974, 4(1): 81–87.

[191] 李楠楠，李同昇，于正松，等．基于 Logistic–ISM 模型的农户采用新技术影响因素：以甘肃省定西市马铃薯种植技术为例 [J]. 地理科学进展，2014, 33(4): 542–551.

[192] 樊新刚，仲俊涛，杨美玲，等．区域可持续发展能力的能值与熵耦合分析模型构建 [J]. 地理学报，2019, 74(10): 2062–2077.

[193] 高珊，黄贤金．基于 PSR 框架的 1953—2008 年中国生态建设成效评价 [J]. 自然资源学报，2010, 25(2): 341–350.

[194] 侯伟，翟亮，田莉，等．基于 PSR 模型的景观人为干扰度综合分析：以北京市为例 [J]. 地理与地理信息科学，2019, 35(6): 90–96.

[195] 李佳芮，张峰，曹英志，等．基于 PSR 模型的海岛地区可持续发展评价研究：以长岛县为例 [J]. 海洋开发与管理，2019, 36(1): 75–82.

[196] OU C H, LIU W H. Developing a sustainable indicator system based on the pressure–state–response framework for local fisheries: a case study of gungliau, taiwan[J]. Ocean & coastal management, 2010, 53(5): 289–300.

[197] 乔瑞琪．我国海洋渔业生态安全评价体系实证研究 [D]. 湛江：广东海洋大学，2015.

[198] 左伟，王桥，王文杰，等．区域生态安全评价指标与标准研究 [J]. 地理学与国

土研究, 2002, 18(1): 67-71.

[199] 刘苗苗, 赵鑫涯, 毕军, 等. 基于 DPSR 模型的区域河流健康综合评价指标体系研究 [J]. 环境科学学报, 2019, 39(10): 3542-3550.

[200] 丁琪. 全球海洋渔业资源可持续利用及脆弱性评价 [D]. 上海: 上海海洋大学, 2017.

[201] LINDEMAN R L. The trophic-dynamic aspect of ecology [J]. Ecology, 1942, 23(3): 399-418.

[202] 丁琪, 陈新军, 李纲, 等. 渔获物平均营养级在渔业可持续性评价中的应用研究进展 [J]. 海洋渔业, 2016, 38(1): 88-97.

[203] PAULY D, PALOMARES M L, FROESE R, et al. Fishing down canadian aquatic food webs[J]. Canadian journal of fisheries and aquatic sciences, 2001, 58(1): 51-62.

[204] PAULY D,CHRISTENSEN V,WALTERS C J. Ecopath, ecosim, and ecospace as tools for evaluating ecosystem impact of fisheries[J]. Ices journal of marine science, 2000, 57(3): 697-706.

[205] 丁琪, 陈新军. 基于渔获物的平均营养级的文献计量分析 [J]. 广东海洋大学学报, 2016, 36(2): 27-33.

[206] PINNEGAR J, JENNINGS S, O' BRIEN C, et al. Long-term changes in the trophic level of the celtic sea fish community and fish market price distribution[J]. Journal of applied ecology, 2002, 39(3): 377-390.

[207] ARANCIBIA H, NEIRA S. Long-term changes in the mean trophic level of central Chile fishery landings[J]. Scientia marina, 2005, 69(2): 295-300.

[208] 杜建国, 叶观琼, 陈彬, 等. 中国海域海洋生物的营养级指数变化特征 [J]. 生物多样性, 2014, 22(4): 532-539.

[209] 薛莹, 金显仕. 鱼类食性和食物网研究综述 [J]. 海洋水产研究, 2005, 24(2): 76-87.

[210] PAULY D, WATSON R. Background and interpretation of the "Marine Trophic Index" as a measure of biodiversity[J]. Philosophical transactions of the royal society b: biological sciences, 2005, 360(1454): 415-423.

[211] PAULY D, CHRISTENSEN V, WALTERS C. Ecopath, Ecosim, and Ecospace as tools for evaluating ecosystem impact of fisheries[J]. Ices journal of marine science, 2000, 57(3): 697-706.

[212] CHRISTENSEN V. Indicators for marine ecosystems affected by fisheries[J]. Marine & freshwater research, 2000, 51(5): 447–450.

[213] 张忠，杨文波，陈新军，等 . 基于渔获量平均营养级的东南大西洋渔业资源状况分析 [J]. 海洋渔业，2015, 37(3): 197–207.

[214] 吴静 . 几内亚比绍近海渔业资源利用状况评价 [D]. 上海：上海海洋大学，2017.

[215] 刘建梅，王安志，裴铁璠，等 . 杂谷脑河径流趋势及周期变化特征的小波分析 [J]. 北京林业大学学报，2005, 27(4): 49–55.

[216] 张彦龙，刘普幸，王允 . 基于干旱指数的宁夏干旱时空变化特征及其 Morlet 小波分析 [J]. 生态学杂志，2015, 34(8): 2373–2380.

[217] 黄炜楠，李雪，董胜 . 基于小波分析的山东寒潮强弱变化特征研究 [J]. 自然灾害学报，2017, 26(3): 56–62.

[218] 徐芝英，胡云锋，甄霖，等 . 基于小波的浙江省 NDVI 与自然—人文因子多尺度空间关联分析 [J]. 地理研究，2015, 34(3): 567–577.

[219] 王洁，宫辉力，陈蓓蓓，等 . 基于 Morlet 小波技术的北京平原地面沉降周期性分析 [J]. 吉林大学学报（地球科学版），2018, 48(3): 836–845.

[220] 马日新，黄金廷，田华，等 . 格尔木河流域近 60 a 降水、蒸发及温度变化特征分析 [J]. 干旱区地理，2017, 40(5): 1005–1012.

[221] 田甲申，韩家波，鹿志创，等 . 大连海域食物网连续营养谱 [J]. 应用生态学报，2018, 29(1): 300–308.

[222] 王荦，杜双成，杨婷越，等 . 应用稳定同位素技术评价大连近岸海域食物网营养结构 [J]. 生态学杂志，2017, 36(5): 1452–1457.

[223] 陈琦，韩立民 . 我国海洋捕捞业生产的波动特征及成因分析 [J]. 经济地理，2016, 36(1): 105–112.

[224] 同春芬，张绍游 . 我国海洋渔业生态政策变迁史研究 (1949–1986)[J]. 广东海洋大学学报，2015, 35(2): 39–44.

[225] 许罕多 . 资源衰退下的我国海洋捕捞业产量增长：基于 1956 年—2011 年渔业数据的实证分析 [J]. 山东大学学报（哲学社会科学版），2013(5): 86–93.

[226] 许思思，宋金明，李学刚，等 . 渔业捕捞对渤海渔业资源及生态系统影响的模型研究 [J]. 资源科学，2011, 33(6): 1153–1162.

[227] 丁琪，陈新军，李纲，等 . 基于渔获统计的西北太平洋渔业资源可持续利用评

价 [J]. 资源科学 , 2013, 35(10): 2032–2040.

[228] Russell E S. Some theoretical considerations on the "overfishing" problem[J]. Ices journal of marine science, 1931, 6(1): 3–20.

[229] 韩增林 , 狄乾斌 , 刘锴 . 海域承载力的理论与评价方法 [J]. 地域研究与开发 , 2006(1): 3–7.

[230] 刘胜浩 , 赵林林 , 刘玮 , 等 . 基于初级生产力的海洋生物资源承载力评估 : 以日照近岸海域为例 [J]. 海洋学报 , 2019, 41(12): 121–133.

[231] 宁修仁, 刘子琳, 史君贤 . 渤、黄、东海初级生产力和潜在渔业生产量的评估 [J]. 海洋学报 (中文版), 1995, 17(3): 72–84.

[232] 卢振彬 . 闽中渔场鱼类资源生产量和最大可持续开发量 [J]. 南方水产 , 2006, 2(2): 6–14.

[233] 国家海洋环境监测中心 . 长海县海域养殖容量与增殖潜力调查研究报告 [R]. 大连 : 国家海洋环境监测中心 , 2009.

[234] 王子超 , 晁敏 . 基于 Stella 的江苏近海海域生态足迹模拟分析 [J]. 中国水产科学 , 2017, 24(3): 576–586.

[235] SIMS C A. Macroeconomics and Reality[J]. Econometrica, 1980, 48(4): 1–48.

[236] XU B D, JIN X S. Variations in fish community structure during winter in the southern yellow sea over the period 1985—2002[J]. Fisheries research, 2005, 71(1): 79–91.

[237] 李涛 . 北黄海及山东半岛南部近岸海域渔业资源群落结构的初步研究 [D]. 青岛 : 中国海洋大学 , 2010.

[238] LU Z B, XU B Q, LI F, et al. Structure and distribution of fish resources in the yellow sea off shandong during spring and autumn 2006[J]. Journal of fishery sciences of China, 2011, 18(6): 1335–1342.

[239] 高群 . 国外生态—经济系统整合模型研究进展 [J]. 自然资源学报 , 2003, 18(3): 375–384.

[240] 傅伯杰 . 面向全球可持续发展的地理学 [J]. 科技导报 , 2018, 36(2): 1.

[241] WOODWELL J C. A simulation model to illustrate feedbacks among resource consumption, production, and factors of production in ecological–economic systems[J]. Ecological modelling, 1998, 112(2): 227–248.

[242] WIER M, HASLER B, ANDERSEN J M. Evaluating consequences of agricultural

policy measures in an integrated economic and environmental model system[J]. Ecosystems and sustainable development, 1999, 27(6): 113–122.

[243] JAGER W, JANSSEN M, VRIES H D, et al. Behaviour in commons dilemmas: homo economicus and homo psychologicus in an ecological–economic model[J]. Ecological economics, 2000, 35(3): 357–379.

[244] 刘德强，沙海江，吴成亮．中国省域生态经济系统耦合协调发展时空分异 [J]. 江苏农业科学，2018, 46(5): 338–342.

[245] 李悦铮，徐凯，王凯．山东省旅游—经济—环境耦合协调分析 [J]. 地域研究与开发，2016, 35(4): 99–103, 109.

[246] 高乐华．我国海洋生态经济系统协调发展测度与优化机制研究 [D]. 青岛：中国海洋大学，2012.

[247] 于谨凯，张同亮．我国海洋渔业生态经济系统的协调度 [J]. 河北渔业，2018(4): 7–14.

[248] 肖姗，孙才志．基于 DEA 方法的沿海省市海洋渔业经济发展水平评价 [J]. 海洋开发与管理，2008, 114(4): 90–94.

[249] IDDA L, MADAU F A, PULINA P. Capacity and economic efficiency in small–scale fisheries: evidence from the mediterranean sea[J]. Marine policy, 2009, 33(5): 860–867.

[250] 孙康，季建文，李丽丹，等．基于非期望产出的中国海洋渔业经济效率评价与时空分异 [J]. 资源科学，2017, 39(11): 2040–2051.

[251] ANDERSEN P, PETERSEN N C. A procedure for ranking efficient units in data envelopment analysis[J]. Management sciences, 1993, 39(10): 1261–1264.

[252] 成刚．数据包络分析方法与 MaxDEA 软件 [M]. 北京：知识产权出版社，2014.

[253] 王欢欢，毕福洋，曹敏，等．獐子岛海洋牧场秋季渔业资源声学调查与评估 [J]. 大连海洋大学学报，2018, 33(6): 802–807.

[254] 刘方，李俊龙，丁页，等．关于近岸海域生态环境监测技术体系的探讨 [J]. 中国环境监测，2017, 33(2): 17–22.

[255] 黄小露，闫吉顺，王权明，等．县级海域生态环境质量评价技术方法研究：以普陀区海域为例 [J]. 海洋开发与管理，2019, 36(11): 59–63.

[256] 韩术鑫，王利红，赵长盛．内梅罗指数法在环境质量评价中的适用性与修正原则 [J]. 农业环境科学学报，2017, 36(10): 2153–2160.

[257] 章鑫慧，刘好真，李进京，等．基于改进内梅罗指数的东海中鹿岛生态养殖区水质评价 [J]. 应用海洋学学报，2019, 38(2): 225–231.

[258] 王恒．国家海洋公园选址研究：以大连长山群岛为例 [J]. 自然资源学报，2013, 28(3): 492–503.

[259] 康小兵，刘庆贺，李科，等．修正内梅罗指数法在小型污染场地中的应用 [J]. 环境保护科学，2019, 45(1): 111–115.

[260] 马丽，金凤君，刘毅．中国经济与环境污染耦合度格局及工业结构解析 [J]. 地理学报，2012, 67(10): 1299–1307.

[261] 李雪铭，郭玉洁，田深圳，等．辽宁省城市人居环境系统耦合协调度时空格局演变及驱动力研究 [J]. 地理科学，2019, 39(8): 1208–1218.

[262] 韩增林，赵启行，赵东霞，等．2000 —2015 年东北地区县域人口与经济耦合协调演变及空间差异：以辽宁省为例 [J]. 地理研究，2019, 38(12): 3025–3037.

[263] 郑度．21 世纪人地关系研究前瞻 [J]. 地理研究，2002, 21(1): 9–13.

[264] 章锦河，张捷．国外生态足迹模型修正与前沿研究进展 [J]. 资源科学，2006, 28(6): 196–203.

[265] 王云平，别雪艳．生态足迹模型测度可持续发展的缺陷分析 [J]. 地理科学进展，2009, 28(3): 424–428.

[266] 熊德国．生态足迹理论在区域可持续发展评价中的应用及改进 [J]. 地理科学进展，2003, 22(6): 618–626.

[267] VENETOULIS J, TALBERTH J. Refining the ecological footprint[J]. Environment, development and sustainability, 2008, 10(4): 441–469.

[268] 刘某承，李文华．基于净初级生产力的中国生态足迹均衡因子测算 [J]. 自然资源学报，2009, 24(9): 1550–1559.

[269] 谢高地，曹淑艳，鲁春霞，等．中国的生态服务消费与生态债务研究 [J]. 自然资源学报，2010, 25(1): 43–51.

[270] 杨海波，王宗敏，赵红领，等．基于改进模型的东营市生态足迹动态分析 [J]. 应用生态学报，2009, 20(7): 1753–1758.

[271] 方恺，董德明，林卓，等．基于全球净初级生产力的能源足迹计算方法 [J]. 生态学报，2012, 32(9): 2900–2909.

[272] 吴隆杰．基于渔业生态足迹指数的渔业资源可持续利用测度研究 [D]. 青岛：中国海洋大学，2006.

[273] JÓHANNESSON S E, HEINONEN J T, DAVÍÐSDÓTTIR B. Increasing the accuracy of marine footprint calculations[J]. Ecological indicators, 2019, 99(3): 153–158.

[274] REES W E. Economic development and environmental protection: an ecological economics perspective[J]. Environmental monitoring and assessment, 2003, 86(1): 29–45.

[275] 顾晓薇，王青，刘建兴，等．基于"国家公顷"计算城市生态足迹的新方法[J]. 东北大学学报，2005, 26(4): 295–298.

[276] 杨晶晶．基于能值生态足迹的城市可持续性评价研究[D]. 重庆：重庆大学，2016.

[277] 赵先贵，马彩虹，高利峰，等．基于生态压力指数的不同尺度区域生态安全评价[J]. 中国生态农业学报，2007, 15(6): 135–138.

[278] 刘东，封志明，杨艳昭．基于生态足迹的中国生态承载力供需平衡分析[J]. 自然资源学报，2012, 27(4): 614–624.

[279] 徐冰．我国海洋资源开发存在的主要问题及对策研究[C]// 中国太平洋学会海洋维权与执法研究分会 2016 年学术研讨会论文集．大连：中国太平洋学会海洋维权与执法研究分会，2017: 439–454.

[280] SCHALTEGGER S, STURM A. Okologische rationalitat[J]. Die Unternehmung, 1990, 4(6): 273–290.

[281] OECD. Eco–efficiency[M]. Paris: Organization for Economic Cooperation and Development, 2008.

[282] 诸大建，朱远．从生态效率的角度深入认识循环经济[J]. 中国发展，2005(1): 10–15.

[283] 侯孟阳，姚顺波．1978—2016 年中国农业生态效率时空演变及趋势预测[J]. 地理学报，2018, 73(11): 2168–2183.

[284] DAHLSTRÖM K, EKINS P. Eco–efficiency trends in the uk steel and aluminum industries: differences between resource efficiency and resource productivity[J]. Journal of industrial ecology, 2005, 9(4): 171–188.

[285] MICHELSEN O, FET A M, DAHLSRUD A. Eco–efficiency in extended supply chains: a case study of furniture production[J]. Journal of environmental management, 2006, 79(3): 290–297.

[286] 孙玉峰，郭全营．基于能值分析法的矿区循环经济系统生态效率分析[J]. 生态

学报, 2014, 34(3): 710–717.

[287] 黄和平, 胡晴, 乔学忠. 基于绿色 GDP 和生态足迹的江西省生态效率动态变化研究 [J]. 生态学报, 2018, 38(15): 5473–5484.

[288] 郑德凤, 郝帅, 孙才志, 等. 中国大陆生态效率时空演化分析及其趋势预测 [J]. 地理研究, 2018, 37(5): 1034–1046.

[289] 韩增林, 计雪晴, 胡盈, 等. 基于 SBM 模型的我国海洋渔业生态效率的时空演变 [J]. 海洋开发与管理, 2019, 36(12): 3–8.

[290] CAIRNS R D, MARTINET V. An environmental–economic measure of sustainable development[J]. European economic review, 2014, 69(5): 4–17.

[291] 吕彬, 杨建新. 生态效率方法研究进展与应用 [J]. 生态学报, 2006(11): 3898–3906.

[292] 顾晓薇, 王青, 刘建兴, 等. 辽宁省自然资源可持续利用的生态足迹分析 [J]. 资源科学, 2005(4): 118–124.

[293] 王波, 倪国江, 韩立民. 产业结构演进对海洋渔业经济波动的影响 [J]. 资源科学, 2019, 41(2): 289–300.

[294] 王丽萍, 夏文静. 基于生态足迹理论的中部六省可持续发展评价研究 [J]. 环境保护, 2018, 46(10): 38–43.

[295] 王耕, 常畅, 石永辉. 基于文献计量的自然资本研究现状及热点 [J]. 生态学报, 2019, 39(21): 8183–8192.

[296] ALLISON E H, PERRY A L, BADJECK M, et al. Vulnerability of national economies to the impacts of climate change on fisheries[J]. Fish and fisheries, 2009, 10(2): 173–196.

[297] CORNELL A H, MAGUIRE C, KASPERSKI S, et al. Understanding vulnerability in alaska fishing communities: a validationmethodology for rapid assessment of indices related to well–being[J]. Ocean & coastal management, 2016, 124(7): 53–65.

[298] Thiault L, Marshall P, Gelcich S, et al. Space and timematter in social–ecological vulnerability assessments[J]. Marine Policy, 2018, 88(2): 213–221.

[299] 陈琦, 徐源. 我国海洋渔业社会—生态系统脆弱性影响因素分析：基于 ISM 模型 [J]. 科技与管理, 2019, 21(1): 21–26, 32.

[300] JANSSEN M A, SCHOON M L, KE W, et al. Scholarly networks on resilience, vulnerability and adaptation within the human dimensions of global environmental

change[J]. Global environmental change, 2006, 16(3): 240–252.

[301] 李博，苏飞，杨智，等．基于脆弱性视角的环渤海地区人海关系地域系统时空特征及演化分析 [J]. 生态学报，2018, 38(4): 1436–1445.

[302] ADGER W, KELLY P. Social vulnerability to climate change and the architecture of entitlements[J]. Mitigation and adaptation strategies for global change, 1999, 4(3): 253–266.

[303] 方创琳，王岩．中国城市脆弱性的综合测度与空间分异特征 [J]. 地理学报，2015, 70(2): 234–247.

[304] SMIT B, BURTON I, KLEIN R, et al. The science of adaptation: a framework for assessment[J]. Mitigation and adaptation strategies for globalchange, 1999, 4(3): 199–213.

[305] IPCC. The third assessment report of the Intergovernmental Panel on Climate Change[R]. London: Cambridge University Press, 2001.

[306] TURNER B L, KASPERSON R E, MATSON P A, et al. A framework for vulnerability analysis in sustainability science[J]. Proceedings of the National Academy of Sciences of the United States of America, 2003, 100(14): 8074–8079.

[307] 李鹤，张平宇，程叶青．脆弱性的概念及其评价方法 [J]. 地理科学进展，2008, 27(2): 18–25.

[308] 孙才志，曹强，王泽宇．环渤海地区海洋经济系统脆弱性评价 [J]. 经济地理，2019, 39(5): 37–46.

[309] 李博，韩增林．沿海城市人海关系地域系统脆弱性分类研究 [J]. 地理与地理信息科学，2010, 26(3): 78–81, 86.

[310] 陈琦，胡求光．中国海洋渔业社会—生态系统脆弱性评价及影响因素分析[J]. 农业现代化研究，2018, 39(3): 468–477.

[311] 乔青，高吉喜，王维，等．生态脆弱性综合评价方法与应用 [J]. 环境科学研究，2008, 21(5): 117–123.

[312] 陈桃，包安明，郭浩，等．中亚跨境流域生态脆弱性评价及其时空特征分析：以阿姆河流域为例 [J]. 自然资源学报，2019, 34(12): 2643–2657.

[313] 彭飞，富宁宁，张琦琦，等．海洋地缘环境系统构建及其脆弱性解析 [J]. 世界地理研究，2019, 28(2): 133–140.

[314] 马慧强，廉倩文，论宇超，等．基于 BP 神经网络的旅游经济系统脆弱性省际

空间分异 [J]. 资源科学 , 2019(12): 1–14.

[315] 彭飞 , 韩增林 , 杨俊 , 等 . 基于 BP 神经网络的中国沿海地区海洋经济系统脆弱性时空分异研究 [J]. 资源科学 , 2015, 37(12): 2441–2450.

[316] 张学玲 , 余文波 , 蔡海生 , 等 . 区域生态环境脆弱性评价方法研究综述 [J]. 生态学报 , 2018, 38(16): 5970–5981.

[317] 李永化 , 范强 , 王雪 , 等 . 基于 SRP 模型的自然灾害多发区生态脆弱性时空分异研究 : 以辽宁省朝阳县为例 [J]. 地理科学 , 2015, 35(11): 1452–1459.

[318] 何茜灵 , 李悦铮 , 徐凯 . 台湾地区旅游经济系统脆弱性评价研究 [J]. 国土与自然资源研究 , 2017, 166(1): 77–81.

[319] 彭飞 , 孙才志 , 刘天宝 , 等 . 中国沿海地区海洋生态经济系统脆弱性与协调性时空演变 [J]. 经济地理 , 2018, 38(3): 165–174.

[320] 魏晓旭 , 赵军 , 魏伟 , 等 . 中国县域单元生态脆弱性时空变化研究 [J]. 环境科学学报 , 2016, 36(2): 726–739.

[321] 孙才志 , 吴永杰 , 刘文新 . 基于熵权 TOPSIS 法的大连市水贫困评价及障碍因子分析 [J]. 水资源保护 , 2017, 33(4): 1–8.

[322] 孙才志 , 曹威威 , 肖春柳 . 长山群岛海洋渔业资源的平均营养级变化特征 [J]. 海洋通报 , 2019, 38(1): 87–95.

[323] 傅伯杰 , 王帅 , 张军泽 . “分类—统筹—协作”全球加快实现 SDGs 的路径 [J]. 可持续发展经济导刊 , 2019(Z2): 21–22.

[324] 李悦铮 . 大连长山群岛旅游度假区总体规划 [R]. 大连 : 辽宁师范大学 , 2008.

[325] 王辉 , 马永辉 , 张光生 , 等 . 全球海洋海岛国家公园特征梳理与借鉴 [J]. 北京林业大学学报 (社会科学版), 2019, 18(1): 52–59.

附录

表附录　2006—2018年近岸海域环境质量监测数据

年份	功能区	pH 值	化学需氧量/（mg·L^{-1}）	石油类/（mg·L^{-1}）	悬浮物/（mg·L^{-1}）	活性磷酸盐/（mg·L^{-1}）	无机氮/（mg·L^{-1}）
2006	一类区	8.14	1.04	0.012	3	0.004	0.029
	二类区	8.07	1.18	0.024	5	0.009	0.033
	三类区	8.05	1.25	0.043	8	0.01	0.05
2007	一类区	8.01	0.95	0.004	3	0.006	0.043
	二类区	8.04	0.90	0.016	5	0.009	0.046
	三类区	8.04	1.15	0.039	7	0.011	0.067
2008	一类区	8.13	0.79	0.005	2	0.003 6	0.052
	二类区	8.09	0.80	0.021	5	0.009 3	0.062
	三类区	8.07	0.72	0.039	7	0.011 4	0.072
2009	一类区	8.17	0.66	0.005	2	0.003 2	0.036
	二类区	8.14	0.88	0.02	5	0.027 5	0.046
	三类区	8.11	0.87	0.034	7	0.029 6	0.062
2010	一类区	8.11	0.71	0.006	2	0.002 4	0.045
	二类区	8.04	0.91	0.019	3	0.004 2	0.048
	三类区	8.03	0.99	0.032	7	0.005	0.053

续 表

年份	功能区	pH 值	化学需氧量/(mg·L⁻¹)	石油类/(mg·L⁻¹)	悬浮物/(mg·L⁻¹)	活性磷酸盐/(mg·L⁻¹)	无机氮/(mg·L⁻¹)
2011	一类区	8.13	0.73	0.006	3.3	0.005 2	0.031
	二类区	8.1	0.82	0.024	7	0.008	0.029
	三类区	8.1	0.91	0.036	8	0.009 5	0.046
2012	一类区	8.17	0.99	0.028	7.0	0.008 6	0.059
	二类区	8.14	1.04	0.031	9.0	0.012 7	0.076
	三类区	8.14	1.01	0.035	8.0	0.017 7	0.087
2013	一类区	8.12	0.81	0.014	8.3	0.011 8	0.089
	二类区	8.11	0.70	0.021	10.0	0.017 2	0.093
	三类区	8.11	0.99	0.020	11.0	0.021 6	0.100
2014	一类区	8	0.93	0.019	9	0.007 9	0.066
	二类区	7.97	0.74	0.026	9	0.017 1	0.063
	三类区	7.96	0.89	0.026	10	0.014 2	0.072
2015	一类区	8.07	0.88	0.013	8	0.009 8	0.068
	二类区	8.06	1	0.016	10	0.011 9	0.068
	三类区	8.05	0.9	0.017	10	0.012 8	0.076
2016	一类区	7.82～8.18	0.54	0.002	3.6	0.005	0.099
	二类区	8.0～8.12	0.74	0.013	8	0.011 9	0.048
	三类区	8.01～8.34	0.82	0.018	10	0.015 5	0.051
2017	一类区	8.0～8.11	0.78	0.004	6	0.002 9	0.058
	二类区	7.93～8.09	0.98	0.007	7	0.014 6	0.043
	三类区	7.91～8.22	1.02	0.011	8	0.015 5	0.052

续 表

年份	功能区	pH 值	化学需氧量/（mg·L⁻¹）	石油类/（mg·L⁻¹）	悬浮物/（mg·L⁻¹）	活性磷酸盐/（mg·L⁻¹）	无机氮/（mg·L⁻¹）
2018	一类区	8.07～8.14	0.89	0.007	—	0.003	0.06
	二类区	8.00～8.13	1.4	0.003	7	0.011	0.059
	三类区	7.96～8.19	1.46	0.003	9	0.012	0.086

注：“—”代表无数据。